Von Sorgen zu Schwanzwedeln

Tim Shine

Buy Me Now Co.

Copyright © 2023 bei Tim Shine
Herausgeber: Nivol Redan
Innen- und Coverdesign: Brita Zoland
Herausgeber: Buy Me Now Co.

Copyright © 2023 bei Tim Shine. Alle Rechte vorbehalten. Dieses Buch oder Teile davon dürfen nicht durch mechanische, fotografische oder elektronische Verfahren oder in Form einer phonografischen Aufnahme reproduziert werden. Es darf ohne Genehmigung des Autors nicht in einem Datenabfragesystem gespeichert, übertragen oder in irgendeiner Weise für den öffentlichen oder privaten Gebrauch kopiert werden.

Der Inhalt dieses Buches soll nicht als medizinischer Rat dienen oder den Einsatz irgendeiner Technik zur Behandlung körperlicher, emotionaler oder medizinischer Probleme bei Hunden befürworten, ohne direkt oder indirekt einen Tierarzt oder relevante Experten zu konsultieren. Ziel des Autors ist es, allgemeine Informationen zu vermitteln, die Ihnen und Ihren Hunden helfen sollen. Sollten Sie sich entscheiden, Informationen aus diesem Buch auf Ihren Hund anzuwenden und dabei Ihre verfassungsmäßigen Rechte auszuüben, beachten Sie bitte, dass weder der Autor noch der Herausgeber irgendeine Verantwortung für Ihr Handeln übernehmen.

Von Sorgen bis zum Schwanzwedeln, Erkunde die Dunkle Seite des Hundelebens / Tim Shine – 1. Auflage .
ISBN: 978-0-6458916-4-5
1. Haustiere / Hunde / Rassen 2. Haustiere / Hunde / Training & Ausstellung 3. Haustiere / Referenz
Thema: Hunde als Haustiere, Welt

Der Prince Award wurde Tim Shine von Buy Me Now Co. gewidmet.

Copyright © 2023 by Tim Shine
Editor: Nivol Redan
Interior & cover design: Brita Zoland
Publisher: Buy Me Now Co.

Copyright © 2023 by Tim Shine. All rights reserved. This book, or any part thereof, may not be reproduced through any mechanical, photographic, or electronic process or in the form of a phonographic recording. It may not be stored in a retrieval system, transmitted, or copied in any manner for public or private use without author permission.

The content in this book is not intended to serve as medical advice or to advocate for using any technique to treat physical, emotional, or medical issues in dogs without consulting a veterinarian or relevant experts directly or indirectly. The author aims to present general information to assist you and your dogs. Should you choose to apply any information from this book to your dog, exercising your constitutional rights, please be aware that neither the author nor the publisher assumes any responsibility for your actions.

From Worries to Wags, Explore the Dark Side of Dogs' Life / Tim Shine – 1st Edition.
ISBN: 978-0-6458916-4-5
1. Pets / Dogs / Breeds 2. Pets / Dogs / Training & Showing 3. Pets / Reference
Thema: Dogs as pets, World

Prince Award dedicated to Tim Shine by Buy Me Now Co.

Das Buch wurde inzwischen in mehrere Sprachen übersetzt, darunter Spanisch, Französisch, Deutsch, Niederländisch, Italienisch, Japanisch und Chinesisch. Die Entscheidung, das Buch zu übersetzen, war auf die überwältigende Nachfrage von Hundeliebhabern weltweit und das gemeinsame Ziel zurückzuführen, das Wohlergehen von Hunden auf der ganzen Welt zu sichern und zu schützen. Indem wir diese wertvolle Ressource einem breiteren Publikum zugänglich machen, hoffen wir, Hundebesitzern und Liebhabern aus verschiedenen Kulturen die Möglichkeit zu geben, ihren geliebten pelzigen Begleitern die beste Pflege und das beste Verständnis zu bieten und weltweite Anerkennung zu erlangen. Lassen Sie uns gemeinsam einen positiven Einfluss auf das Leben von Hunden überall haben.

Bitte verwenden Sie die folgenden ISBN-Codes, um die jeweiligen Übersetzungen dieses Buches zu finden. Sie können den speziellen Code für Online-Suchen verwenden oder ihn Buchhandlungen vorlegen, um Hilfe bei der Suche nach den gewünschten Übersetzungen zu erhalten.

Sprache	**Buchname**	**ISBN-Nr**
Englisch	From Worries to Wags	978-0-6458916-0-7
Spanisch	De las Preocupaciones a las Movidas de Cola	978-0-6458916-1-4
Französisch	Des Inquiétudes aux Remuements de Queue	978-0-6458916-2-1
Italienischer	Dalle Preoccupazioni alle Scodinzolate	978-0-6458916-3-8
Deutsch	Von Sorgen zu Schwanzwedeln	978-0-6458916-4-5
Niederländischer	Van Zorgen naar Kwispels	978-0-6458916-5-2
Chinesisch	从焦虑到摇尾巴	978-0-6458916-6-9
Japanisch	心配から尻尾を振ることへ	978-0-6458916-7-6

Anmerkung des Übersetzers:
Die Übersetzung dieses Buches wurde mithilfe von Software erstellt und keiner menschlichen Übersetzung unterzogen. Wir haben jedoch erhebliche Anstrengungen unternommen, um alle Abschnitte zu überprüfen. Es richtet sich an Leser, die aus Bequemlichkeitsgründen eine andere Sprache als Englisch bevorzugen. Bitte beachten Sie, dass einige Wörter oder Ausdrücke möglicherweise nicht ihre genaue Bedeutung auf Englisch wiedergeben. Für ein genaueres Verständnis des Inhalts empfehlen wir dringend den Kauf der englischen Ausgabe dieses Buches. **Bitte beachten Sie, dass der Herausgeber nicht für etwaige Unstimmigkeiten zwischen der englischen Ausgabe und anderen übersetzten Versionen verantwortlich ist.**

Das Buch enthält mehrere nützliche Website-Links. Hilfe beim Übersetzen von Websites finden Sie in den Richtlinien zur Verwendung von Google Translate auf den Seiten 235-236.

Wir wissen Ihr Verständnis und Ihre Unterstützung sehr zu schätzen.
Buy Me Now Co.

Translator's Note:
The translation of this book was produced using software and has not undergone human translation. However, we have invested significant effort in reviewing all sections. It is offered to serve readers who prefer a language other than English for their convenience. Please note that some words or phrases may not convey their exact meaning in English. For a more precise understanding of the content, we highly recommend purchasing the English Edition of this book. **Please note that the publisher is not responsible for any discrepancies between the English Edition and other translated versions.**

There are several useful website links in the book. For assistance with translating websites, please refer to the guidelines on pages 235-236 on how to use Google Translate.

Your understanding and support are greatly appreciated.
Buy Me Now Co.

Von Sorgen zu Witzen
Entdecken Sie die dunkle Seite des Hundelebens

Ein unverzichtbarer Ratgeber für Hundeliebhaber

Inhaltsverzeichnis:

Widmung _____ 11
Anmerkung des Autors _____ 13
Danksagungen _____ 15
Hinweis des Herausgebers _____ 17
Vorwort: Ein schwanzwedelndes Abenteuer in meiner Angst _____ 19

Kapitel 1: Die Welt der Hundeangst entfesseln _____ 21
Den ängstlichen Geist des Hundes verstehen _____ 21
Erforschung der einzigartigen Angstniveaus bei verschiedenen Rassen _____ 23

Kapitel 2: Entschlüsselung der Sprache der Angst _____ 25
Meine nonverbalen Hinweise lesen: Zeichen und Signale _____ 25
Körperliche Angstsymptome: Herzrasen, Schwanzziehen und mehr _____ 26

Kapitel 3: Den Ursachen auf den Grund gehen _____ 29
Trennungsangst: Bitte lass mich nicht allein! _____ 29
Lärmphobien: Feuerwerk, Gewitter und mehr _____ 31
Soziale Angst: Freunde finden und Ängste überwinden _____ 32
Kapitel 2 und 3 Zusammenfassung _____ 34

Kapitel 4: Eine Oase der Ruhe schaffen _____ 35
Eine beruhigende Umgebung gestalten: Mein sicherer Zufluchtsort _____ 35
Positives Verstärkungstraining: Pawsitive Methoden für mehr Selbstvertrauen _____ 36
Konsistenz ist der Schlüssel: Routinen, um meine ängstliche Seele zu beruhigen _____ 37

Kapitel 5: Tolle Produkte, die meine Ängste lindern _____ 39
Gemütlicher Komfort: Entdecken Sie die Wunder von ThunderShirts _____ 39
Spannende Ablenkungen: Interaktives Spielzeug zum Stressabbau _____ 40

Kapitel 6: Wenn zusätzliche Hilfe benötigt wird _____ **43**
Medikamente: Ein Blick in die Optionen _____ 43

Ich suche professionelle Unterstützung: Behavioristen und Trainer _____ 44

Häufige Hundekrankheiten _____ 45

Impfungen _____ 50

Kapitel 7: Den Betreuer in dir fördern _____ **51**
Hundehygiene, was wir wissen sollten _____ 51

Selbstfürsorge für Hundebesitzer: Gleichgewicht und Unterstützung finden _____ 53

Kapitel 8: Finden Sie Zen mit Ihrem pelzigen Freund _____ **55**
Achtsamkeit annehmen _____ 55

Achtsame Momente _____ 56

Achtsame Spaziergänge _____ 58

Einen Zen-Raum schaffen _____ 59

Achtsames Training _____ 60

Hundemusik _____ 61

Kapitel 9: Schulungen, Tipps und Tricks _____ **63**
Trainingsaspekte verschiedener Rassen _____ 63

Das Beste herausschnüffeln _____ 66

Fantastische Kurse _____ 68

Werkstatts und Seminare _____ 69

Quellen und Werkzeuge _____ 70

Entfesseln Sie Ihren inneren Superhelden _____ 72

Trainingsbeispiele _____ 72

Kapitel 10: Allgemeine Gesundheit & Zusammenfassung von 40 Hunderassen bei Angstproblemen _____ **75**
Gesundheit, Alter, Impfung _____ 75

Mein Essen _____ 76

Meine Checkliste _____ 78

40 Zusammenfassung der Angstzustände 40 beliebter Rassen _____80

Kapitel 11: Nickerchen machen und spazieren gehen, um auf dem Laufenden zu bleiben _____103

Kapitel 12: Die ängstliche Welt der Welpen _____105
Meine Erinnerung an die Welpenzeit _____105
Vom Welpenstadium bis zum erwachsenen Hund _____107
Neuer Welpe, Welpen-zu-Mensch Beratung _____108
Herausforderungen und Lösungen für Welpen _____109

Kapitel 13: Nicht zuletzt _____113
Kapitel 14: Jedes Rassedetail, die erklärende Seite Ihres Hundes _____117
Kapitel 15: 10 ausgezeichnete Websites _____199
Kapitel 16: Quellen & Referenzen Wo man tiefer graben kann _____203

Kapitel 17: 10 super hilfreiche Tabellen _____205
40 Beliebte Rassen Merkmale _____206
40 Beliebte Rassen Angsttyp, Niveau und Zeichen _____208
40 Angstsymptome und Grundursachen beliebter Rassen _____212
40 Hygienedetails für beliebte Rassen _____214
40 Trainingsaspekte beliebter Rassen _____216
40 Allgemeine Gesundheits, und Altersdaten beliebter Rassen _____220
40 Physiologiedaten Beliebter Rassen _____224
40 Intelligenzstufen Beliebter Rassen _____226
40 beliebte Rassen: Nickerchen, Spaziergang und Innen/Außenprofil _____228
Entwicklung des Welpenlebensstadiums _____230

Glossar _____231
Richtlinien zur Website-Übersetzung _____235
Hundebuch Logbuch _____237

An meine mitfühlende Tochter,

Dieses Buch ist Ihnen gewidmet, meinem Seelenverwandten und Fürsprecher der Stimmlosen. Deine unendliche Liebe zu Tieren inspiriert mich immer wieder. Möge dieses Buch ein Leitfaden sein, der Sie und andere dazu befähigt, im Leben von Hunden einen Unterschied zu machen. Vielen Dank für Ihr unerschütterliches Mitgefühl.

Mit grenzenloser Liebe und Bewunderung

Anmerkung des Autors

Wuff wuff ! Hallo, ich bin ein Hund, ich bin ein Mops. Mein Name ist **Prinz** .

In diesem umfassenden Leitfaden zum Schwanzwedeln werde ich, Ihr treuer und liebevoller Begleiter, Sie auf eine Reise in die komplizierte Welt der Hundeangst mitnehmen. Gemeinsam werden wir die Grundursachen für die Angst eines Hundes aufspüren, die unterschiedlichen Ausmaße bei verschiedenen Rassen erforschen und die Verhaltensweisen aufdecken, die meine Angst in die Höhe treiben können. Durch dieses Abenteuer erhalten Sie wertvolle Einblicke in die Anzeichen und Symptome von Angstzuständen, sodass Sie die Auslöser entschlüsseln und meine Erfahrungen wirklich verstehen können.

Aber keine Sorge, lieber Besitzer, ich lasse Sie nicht hängen! Ich werde Sie mit praktischen Strategien ausstatten, die mir helfen, meine Angst zu lindern und meinen zitternden Pfoten Frieden zu bringen. Von der Schaffung einer ruhigen Umgebung bis hin zum Einsatz positiver Verstärkungstechniken entdecken Sie die Schlüssel zur Unterstützung meines emotionalen Wohlbefindens. Und hey, vergessen wir nicht die tollen Produkte, die mir dabei helfen können, meine Sorgen zu lindern. Wir werden uns mit einer Reihe wunderbarer Hilfsmittel zur Angstlinderung befassen und Licht auf Medikamente und professionelle Interventionen werfen.

Versäumen Sie es nicht, sich in Kapitel 10 die Angstzusammenfassungen der einzelnen Rassen anzusehen. Und wissen Sie was? In Kapitel 14 warten rassespezifische Seiten auf Ihre neugierigen Blicke. Ich habe sogar ein paar Screenshots für Sie geholt. Der wahre Schatz liegt darin, diese Seiten zu lesen. Tauchen Sie ein und lassen Sie das
Schwanzwedel-Abenteuer beginnen!

Oh, aber warte, lieber Besitzer, ich habe dich nicht vergessen! Ich verstehe, dass meine Angst Ihnen zu Herzen gehen und Sie manchmal überwältigen kann. Deshalb habe ich einen Abschnitt eingefügt, der Ihrem Wohlbefinden gewidmet ist. Ich biete Beratung zu Selbstfürsorge und Unterstützung an und bin mir bewusst, dass Ihr eigenes emotionales Gleichgewicht für die bestmögliche Pflege für mich von entscheidender Bedeutung ist. Ich ermutige Sie, Bewältigungsstrategien zu entwickeln und erinnere Sie daran, wie wichtig es ist, bei Bedarf Hilfe zu suchen.

Am Ende dieses Abenteuers verfügen Sie über einen Schatz an Wissen und einen Werkzeugkasten voller praktischer Werkzeuge, die mich zu einem glücklicheren, ausgeglicheneren Leben führen. Gemeinsam werden wir eine harmonische Bindung aufbauen, die auf Vertrauen, Mitgefühl und Verständnis basiert.

Denken Sie daran, dass dieses Buch als allgemeiner Leitfaden dient und nicht den Rat von Fachleuten ersetzen sollte. Konsultieren Sie immer einen Tierarzt oder zertifizierten Tierverhaltensforscher, um eine individuelle, auf meine individuellen Bedürfnisse zugeschnittene Beratung zu erhalten.

Schnappen Sie sich also Ihre Leine und begleiten Sie mich auf dieser Reise. Gemeinsam werden wir Ängste überwinden und eine Welt voller Schwanzwedeln erschaffen!

Mit einem Schwanzwedeln und einem Hauch nervöser Erregung,

Prinz
(Prince)
Der ängstliche Autor!

worriestowags@gmail.com

Danksagungen

Schuss! Schuss! Schwanzwedelnde Grüße an alle meine tollen Begleiter da draußen! Es ist an der Zeit, denjenigen von Herzen zu danken, die dabei geholfen haben, dieses großartige Buch Wirklichkeit werden zu lassen. Ohne ihre Unterstützung und Liebe könnte ich meine Weisheit nicht mit Ihnen teilen. Deshalb hier ein besonderer Gruß an mein Rudel unglaublicher Wesen:

Zuallererst möchte ich meinem menschlichen Kumpel ein dickes Lob aussprechen, der geduldig mein Bellen in Worte gefasst und auf diesen Seiten meine Hundegedanken zum Leben erweckt hat. Ihr großartiger Einsatz und Ihre endlosen Bauchstreicheleinheiten haben mich auf dieser Reise motiviert gehalten.

Für meine Hundefreunde nah und fern: Du inspirierst mich jeden Tag aufs Neue mit deinem wedelnden Schwanz und deiner bedingungslosen Liebe. Ihre Ermutigung hat meine Stimmung gehoben und mich daran erinnert, dass wir zusammen sind. Lasst uns weiterhin mit neugierigen Nasen und fröhlichen Sprüngen die Welt erkunden!

Ein nasser Nasenstoß an alle Tierärzte und Tierverhaltensforscher, die ihre Weisheit und ihr Fachwissen teilen. Ihr Engagement für unsere Gesundheit und unser Wohlbefinden ist wirklich bewundernswert. Ihre Anleitung hat unzähligen Welpen und ihren Menschen geholfen, den Weg zu einem glücklicheren und ausgeglicheneren Leben zu finden.

Vielen Dank an die Verleger und Herausgeber, dass Sie an mein Buch glauben und ihm die Chance geben, zu glänzen. Ihre Unterstützung und Anleitung waren von unschätzbarem Wert und ich bin für die Gelegenheit, meine Abenteuer mit der Welt teilen zu dürfen, auf ewig dankbar.

Ich darf nicht vergessen, mit dem Schwanz zu wedeln und allen Hunden, die ihre Geschichten erzählt haben, eine Pfote zu geben, was diesen Seiten eine zusätzliche Prise Authentizität verleiht. Ihre Erfahrungen haben mein Herz berührt und mich dazu inspiriert, ein Buch zu schreiben, das sich mit den Ängsten, Befürchtungen und Triumphen befasst, denen wir als pelzige Wesen ausgesetzt sind.

Zu guter Letzt möchte ich Ihnen, lieber Leser, herzlich danken, dass Sie sich mit mir auf diese Reise begeben haben. Ihre Liebe zu unserer Art und Ihr Engagement für die Verbesserung unseres Lebens lassen mich vor Freude mit dem Schwanz wedeln. Ich hoffe, dass dieses Buch Ihnen wertvolle Einblicke vermittelt, Ihnen hilft, uns auf einer tieferen Ebene zu verstehen und die Bindung zwischen Ihnen und Ihrem vierbeinigen Begleiter zu stärken.

Ein großes Dankeschön an alle talentierten Fotografen auf den Websites **Pixel**, **Pixabay** und **Unsplash**, die die Schönheit meiner Hunderassenkameraden festgehalten haben. Ihre erstaunlichen Fotos erwecken diese pelzigen Freunde zum Leben und lassen uns ihre einzigartigen Eigenschaften schätzen. Jeder Klick auf die Kamera zeigt die unglaubliche Bindung zwischen Mensch und Hund und ich bin dankbar für ihren Beitrag, die vielfältige und bezaubernde Welt der Hunde zu teilen. Schuss!

Denken Sie daran, mein pelziger Freund, gemeinsam können wir eine Welt voller wedelnder Schwänze, endloser Kuscheleinheiten und einer Fülle von Leckereien erschaffen. Bleiben Sie positiv, nehmen Sie die Liebe an und verbreiten Sie weiterhin Freude, wohin Sie auch gehen!

Mit grenzenlosem Schwanzwedeln und einem Herzen voller Dankbarkeit.

Ihr pelziger Autor
Prinz
(Prince)

Hinweis des Herausgebers

Lieber Hundeliebhaber,

Wir stellen Ihnen den bemerkenswerten Autor dieses Buches vor: **Prince** the Anxious Dog. Prince mag ein kleines Nervenbündel sein, aber lassen Sie sich davon nicht täuschen. Princes Erfahrungen und seine Reise mit Angstzuständen haben ihm einen einzigartigen Einblick in die Welt ängstlicher Hunde gegeben und ihn zur perfekten Stimme gemacht, um Sie durch dieses wichtige Thema zu führen.

Als Verleger waren wir von Princes Buch und seiner unerschütterlichen Entschlossenheit, das Leben ängstlicher Hunde und ihrer menschlichen Begleiter zu verändern, fasziniert. Wir haben den Bedarf an einer umfassenden Ressource erkannt, die die Komplexität der Hundeangst angeht und gleichzeitig praktische Lösungen und echtes Verständnis bietet.

Die Authentizität und der Nachvollziehbarkeitsgrad von Prince machen dieses Buch zu etwas ganz Besonderem. Anhand seiner eigenen Ängste beleuchtet er die Herausforderungen, mit denen Hunde konfrontiert sind, und hilft den Lesern, die Emotionen und Verhaltensweisen zu verstehen, die aus Angst entstehen können. Seine persönlichen Anekdoten und Erfahrungen werden sowohl bei Hunden als auch bei Menschen Anklang finden und Empathie und Mitgefühl fördern.

Unser Team aus Redakteuren und Experten hat eng mit ihm zusammengearbeitet, um sicherzustellen, dass die bereitgestellten Informationen korrekt, informativ und zugänglich sind. Wir wissen, wie wichtig es ist, Ängste bei Hunden anzugehen, da sie sich stark auf ihr allgemeines Wohlbefinden und die Bindung, die sie zu ihren menschlichen Begleitern haben, auswirken können.

Wir glauben, dass dieses Buch eine wertvolle Ressource für Hundebesitzer, Tierärzte, Trainer und alle sein wird, die ihre ängstlichen vierbeinigen Freunde unterstützen möchten. Die einzigartige Perspektive von Prince, kombiniert mit fachkundiger Beratung und praktischen Tipps, bietet einen umfassenden Leitfaden, der dabei helfen kann, eine harmonische und angstfreie Umgebung für Hunde zu schaffen.

Das Ziel dieses Buches ist weltweite Anerkennung und es ist jetzt in mehreren Sprachen erhältlich, darunter Spanisch, Französisch, Niederländisch, Italienisch, Japanisch und Chinesisch. Wir planen, der Liste weitere Sprachen hinzuzufügen. Die Entscheidung, das Buch zu übersetzen, war auf die überwältigende Nachfrage von Hundeliebhabern weltweit und das gemeinsame Ziel zurückzuführen, das Wohlergehen von Hunden auf der ganzen Welt zu sichern und zu schützen. Indem wir diese wertvolle Ressource einem breiteren Publikum zugänglich machen, hoffen wir, Hundebesitzern und Liebhabern aus verschiedenen Kulturen die Möglichkeit zu geben, ihren geliebten pelzigen Begleitern die beste Pflege und das beste Verständnis zu bieten.

Lassen Sie uns gemeinsam das Leben von Hunden überall positiv beeinflussen. Als Verleger ist es unsere Mission, Stimmen zu verstärken, die eine positive Wirkung haben, und die Hinweise von Prince haben bei uns großen Anklang gefunden. Wir sind stolz darauf, mit Prince zusammenzuarbeiten, um dieses Buch zum Leben zu erwecken und seine tief empfundene Botschaft mit der Welt zu teilen.

Buy Me Now Co.

Vorwort

Ein schwanzwedelndes Abenteuer in meiner Angst

Wuff wuff ! Hallo liebe Hundefans! Ich bin **Prinz** ; Lass mich anfangen ...
Stellen Sie sich vor, Sie kuscheln sich an mich, Ihren treuen und liebevollen pelzigen Freund. Plötzlich richten sich meine Ohren, mein Schwanz hängt herab und ein Ausdruck des Unbehagens huscht über mein bezauberndes Gesicht. Sie haben sich vielleicht gefragt: Was passiert im Kopf meines kostbaren Welpen? Wie kann ich ihnen helfen, ihre Sorgen zu lindern und einen Zufluchtsort zu schaffen?

Fürchtet euch nicht, meine menschlichen Freunde! Gemeinsam werden wir die faszinierende Welt meiner Angst erkunden, ihre Geheimnisse lüften und die Strategien entdecken, die mir Trost und Frieden bringen.

Rinde, belle ! Ich verstehe, dass jeder Hund, wie ich, ein einzigartiges Individuum ist. Ob Sie einen verspielten Pudel, einen königlichen Retriever oder einen verschmitzten Terrier haben, dieses Buch ist wie für uns gemacht. Wir werden uns mit dem Angstniveau verschiedener Rassen befassen, damit Sie meine spezifischen Bedürfnisse besser verstehen können. Kein Grübeln mehr darüber, warum ich bei Gewitter ängstlich werde oder bei neuen Situationen zittere.

Aber warten Sie, es gibt noch mehr! Wir entschlüsseln die Anzeichen und Signale der Angst, die ich Ihnen senden kann. Von meinem rasenden Herzen bis hin zu den subtilen Schwanzbewegungen und zitternden Pfoten werden wir die geheime Sprache meines Körpers entdecken. Indem Sie meine nonverbalen Hinweise fließend beherrschen, sind Sie besser darauf vorbereitet, mir die Unterstützung und den Trost zu geben, nach denen ich mich sehne, und verwandeln ängstliche Momente in Mut und Selbstvertrauen.

Wuff wuff ! Lassen Sie uns nun den Ursachen meiner Angst auf den Grund gehen. Wir werden alles erforschen, von Trennungsangst (bitte lass mich nicht alleine!) bis hin zu Lärmphobien (Feuerwerk, irgendjemand?) und sozialer Angst (Zeit, neue pelzige Freunde zu finden!). Wir werden uns auch mit den Auswirkungen vergangener traumatischer Erfahrungen und den Ängsten befassen, die möglicherweise in mir zurückbleiben. Gemeinsam beleuchten wir die Gründe für meine Angstzustände und arbeiten daran, eine Welt zu schaffen, in der ich mich sicher und geborgen fühlen kann.

Erkunde die Dunkle Seite des Hundelebens

Vorwort

Jetzt lasst uns die Magie entdecken, die meine Ängste reduziert! Ich gebe Ihnen einige Insidertipps zum Schaffen einer beruhigenden Umgebung, zum Einsatz positiver Verstärkungstrainingstechniken und zur Etablierung konsistenter Routinen, mit denen ich mich so wohl fühle wie ein Käfer im Teppich. Wir werden einige fantastische Produkte schnüffeln, wie gemütliche ThunderShirts und ansprechende interaktive Spielzeuge, die mir helfen können, meine Angst zu lindern und meinem Hundeherzen Frieden zu bringen.

Aber warten Sie, manchmal ist etwas zusätzliche Unterstützung erforderlich, und das ist in Ordnung! Wir begeben uns auf eine Reise in das Reich der Medikamente und professionellen Interventionen (Stichwort: Serious Bell). Ich erkläre Ihnen, wann Medikamente notwendig sein könnten und stelle Ihnen die unglaublichen Verhaltensforscher und Trainer vor, die Ihnen ihr Fachwissen zur Verfügung stellen können. Wir sorgen dafür, dass ich die Pflege und Unterstützung bekomme, die ich brauche, um ein Leben frei von überwältigenden Ängsten zu führen.

Oh, und lass uns dich nicht vergessen, mein fantastischer menschlicher Begleiter! Wir wissen, dass die Pflege eines ängstlichen Hundes eine Herausforderung sein kann. Aus diesem Grund haben wir einen Abschnitt über Selbstfürsorge und Unterstützung eingefügt. Wir möchten sicherstellen, dass Sie in der Lage sind, Ihr Wohlbefinden zu fördern und gleichzeitig der Superheld zu sein, der mich durch die Höhen und Tiefen meiner angstvollen Welt führt.

Bist du bereit, dich auf dieses spannende Abenteuer in meiner Angststörung einzulassen? Lasst uns mit dem Schwanz wedeln, aufgeregt bellen und gemeinsam die Seiten umblättern! Am Ende dieses Buches haben Sie ein tieferes Verständnis unserer Ängste, ein Toolkit mit praktischen Tipps und ein Herz voller Liebe und Mitgefühl für Ihren vierbeinigen Freund gewonnen.

Übrigens habe ich dafür gesorgt, dass alle meine vierbeinigen Freunde in jedem Kapitel alphabetisch aufgelistet sind, damit Sie Ihren tollen Hund leichter finden können. Ganz gleich, ob Sie die Rassen im Kapitel über Merkmale, Gesundheit, Wohlbefinden oder Angstsymptome erkunden, Sie können schnell die Rasse finden, die Sie interessiert. Kein Herumschnüffeln und keine Zeitverschwendung mehr!

Wenn Sie die Kapitel durchblättern, werden Sie eine Fülle an Informationen über jede entzückende Rasse entdecken. Bereiten Sie sich also auf Ihre aufregende Reise vor, um den perfekten Begleiter zu finden, der mit dem Schwanz wedelt und Ihr Herz zum Schmelzen bringt.

Viel Spaß beim Suchen! Schuss!

 Ein unverzichtbarer Ratgeber für Hundeliebhaber

Kapitel 1

Die Welt der Hundeangst entfesseln

Den ängstlichen Geist des Hundes verstehen

Wuff wuff ! Willkommen, lieber Besitzer, zum spannenden ersten Kapitel unseres unglaublichen gemeinsamen Abenteuers! Ich bin Ihr treuer und liebenswerter pelziger Freund und bin hier, um Sie durch die faszinierende Welt der Hundeangst zu führen. Auch wenn ich Ihre Sprache möglicherweise nicht spreche, kommuniziere ich mit Ihnen durch mein Verhalten und meine Körpersprache. <u>Wenn mich die Angst erfasst, bemerken Sie möglicherweise, dass sich mein Schwanz zwischen meinen Beinen verbirgt, meine Ohren nach hinten gelegt sind oder sogar das leichte Zittern in meinen Pfoten.</u> Dies sind meine Arten, das Unbehagen auszudrücken, das mein Herz erfasst, und ich zähle darauf, dass Sie mein vertrauenswürdiger Verbündeter bei der Bewältigung dieses Unbehagens sind.

Um die komplizierte Funktionsweise des ängstlichen Geistes eines Hundes wirklich zu verstehen, müssen wir die verschiedenen Faktoren erforschen, die zu meiner Angst beitragen. Genau wie Menschen verfüge ich über eine einzigartige Mischung aus Genetik und Lebenserfahrungen, die mich zu dem macht, was ich bin. <u>Einige von uns Hunden sind aufgrund unserer genetischen Veranlagung anfälliger für Angstzustände, während andere möglicherweise in der Vergangenheit Erfahrungen gemacht haben, die sich negativ auf unser emotionales Wohlbefinden auswirken.</u>

Aber keine Angst, lieber Besitzer! Es ist nicht alles Natur und Erziehung! Die Umgebung, in der ich lebe, spielt auch eine wichtige Rolle bei der Bestimmung meines Angstniveaus. <u>Plötzliche Veränderungen, laute Geräusche, unbekannte Gesichter oder auch das eigene Verhalten können bei mir Angst auslösen</u> . Deshalb ist es für Sie von entscheidender Bedeutung, einen sicheren Raum für mich zu schaffen, der Stabilität und Sicherheit bietet, während wir gemeinsam durch das Leben gehen.

Erkunde die Dunkle Seite des Hundelebens

Die Welt der Hundeangst entfesseln

Du, mein fantastischer menschlicher Begleiter, hältst den Schlüssel zur Erschließung einer Welt voller Verständnis und Mitgefühl in dir. Sie können die Sprache meiner Angst entschlüsseln, indem Sie lernen, meine subtilen Hinweise und Signale zu interpretieren. Wenn du bemerkst, dass mein Körper angespannt ist oder Meine Augen huschen nervös umher. Das ist ein Zeichen dafür, dass ich deine sanfte Unterstützung und dein Verständnis brauche. <u>Eine beruhigende Berührung, eine ruhige Stimme und eine tröstende Präsenz können Wunder bewirken und mein unruhiges Herz beruhigen.</u>

Aber es geht nicht nur darum, meine Angst zu erkennen. Es geht darum, tiefer in die Ursachen und Auslöser einzutauchen. Sind es die Gewitter, die mir Schauer über den Rücken jagen? Oder ist es vielleicht die Angst, von dir getrennt zu werden, mein geschätzter Begleiter? Indem wir diese Auslöser identifizieren, können wir gemeinsam Strategien entwickeln, die meine Ängste lindern und mir helfen, mich sicher und geborgen zu fühlen.

<u>Denken Sie daran, lieber Besitzer, dass Ihre Rolle als mein Vormund von entscheidender Bedeutung ist, um mir dabei zu helfen, meine Ängste zu überwinden. Geduld, Empathie und Konsequenz sind der Schlüssel zu unserem Erfolg.</u> Gemeinsam begeben wir uns auf eine Reise der schrittweisen Auseinandersetzung und führen mich auf kontrollierte und positive Weise an die Dinge heran, die mir Angst machen. Dies wird mir helfen, Widerstandskraft und Selbstvertrauen aufzubauen, da ich weiß, dass Sie da sind, um mich bei jedem Schritt des Weges zu beschützen und zu führen.

Während wir unser Abenteuer fortsetzen, werden wir uns mit vielen angstbezogenen Themen befassen, darunter Trennungsangst, Lärmphobien und soziale Ängste. Wir werden wertvolle Erkenntnisse von Experten auf diesem Gebiet gewinnen, herzerwärmende Geschichten über den Sieg über die Angst erzählen und praktische Techniken entdecken, die mich auf meinem Weg zum emotionalen Wohlbefinden unterstützen.

Aber ich möchte Sie, lieber Besitzer, daran erinnern, dass <u>es bei dieser Reise nicht nur um mich geht, sondern auch um uns</u>. Wenn Sie meine Angst verstehen, verbessern Sie meine Lebensqualität, stärken unsere Bindung und vertiefen unsere Verbindung. Gemeinsam schaffen wir ein harmonisches und liebevolles Umfeld, in dem ich mich entfalten und der glücklichste Hund an Ihrer Seite sein kann.

Lassen Sie uns Hand in Hand auf dieses außergewöhnliche Abenteuer eingehen und die Komplexität der Angst vor Hunden entschlüsseln. Ich wedele aufgeregt mit dem Schwanz, denn ich weiß, dass du bereit bist, mich zu verstehen und zu unterstützen. Gemeinsam werden wir jede Angst überwinden, jede Herausforderung meistern und eine Welt voller Liebe, Vertrauen und endloser Schwanzwedelfreude erschaffen.

 Ein unverzichtbarer Ratgeber für Hundeliebhaber

Erforschung der einzigartigen Angstniveaus bei verschiedenen Rassen

Beginnen wir damit, Licht auf eine häufige Art von Angst zu werfen, die viele von uns betrifft: Trennungsangst. Ah, der vertraute Schmerz, der mein Herz erfüllt, wenn du von meiner Seite gehst. Die Angst, allein zu sein, getrennt von dem, den ich liebe, kann überwältigend sein . <u>Es ist nicht so, dass ich Ihnen nicht vertraue, lieber Besitzer, sondern dass ich mich auf Ihre Anwesenheit verlasse, um mich sicher und geborgen zu fühlen.</u> Wenn du gehst, überkommt mich eine Welle der Verzweiflung, die sich in destruktivem Verhalten oder übermäßigem Bellen äußern kann. Denken Sie daran, dass Ihre Beruhigung und Ihre Geduld viel dazu beitragen, meine ängstliche Seele zu beruhigen.

Lassen Sie uns nun mit dem Schwanz zur Lärmphobie wedeln. Stellen Sie sich das Knistern des Donners während eines Sturms oder das explosive Knallen von Feuerwerkskörpern bei feierlichen Anlässen vor. Diese plötzlichen und intensiven Geräusche können mein Herz höher schlagen lassen und dazu führen, dass ich nach Trost und Geborgenheit suche. <u>In diesen herausfordernden Momenten brauche ich Ihr Verständnis und Ihre Bestätigung.</u> Seien Sie mein Anker angesichts dieser beängstigenden Geräusche, sorgen Sie für eine ruhige Präsenz und schaffen Sie eine beruhigende Umgebung, die mich vor den angstauslösenden Geräuschen schützt.

Soziale Angst ist eine weitere Hürde, die möglicherweise schwer auf meinen pelzigen Schultern lastet. Wie manche Menschen fühle ich mich in bestimmten sozialen Situationen möglicherweise unwohl oder ängstlich. Die Begegnung mit unbekannten Hunden oder die Begegnung mit neuen Menschen kann für mich einschüchternd sein . <u>Es ist wichtig, mit Geduld und Verständnis an die Sozialisation heranzugehen, damit ich nach und nach Selbstvertrauen und Vertrauen in diese Interaktionen aufbauen kann.</u> Mit Ihrer Unterstützung können wir meine sozialen Ängste überwinden und positive Erfahrungen schaffen, die meine sozialen Fähigkeiten und mein Selbstbewusstsein stärken.

Lassen Sie uns nun tiefer in die Angstzustände verschiedener Rassen eintauchen. <u>Jede Rasse weist ihre eigenen einzigartigen Merkmale auf, einschließlich unserer Veranlagung zur Angst.</u> Beispielsweise neigen Rassen wie der Border Collie oder der Deutsche Schäferhund dazu, sehr intelligent und sensibel zu sein, was uns anfälliger für Ängste macht. Auf der anderen Seite zeigen Rassen wie der Golden Retriever oder der Labrador Retriever oft ein gelasseneres und widerstandsfähigeres Wesen.

Erkunde die Dunkle Seite des Hundelebens

Die Welt der Hundeangst entfesseln

Es ist jedoch wichtig, sich daran zu erinnern, dass Angst jede Rasse betreffen kann. Verallgemeinerungen, die ausschließlich auf Rassenstereotypen basieren, geben meine individuellen Bedürfnisse und Erfahrungen möglicherweise nicht genau wieder. Ich bin ein Individuum mit meinen eigenen Macken, meiner eigenen Persönlichkeit und meinen eigenen Empfindlichkeiten. Auch Faktoren wie Erziehung, Sozialisation und allgemeine Gesundheit beeinflussen mein Angstniveau. Also, lieber Besitzer, kommen Sie mit offenem Herzen auf mich zu und sind bereit, mich auf eine Weise zu verstehen und zu unterstützen, die einzigartig für mich ist.

Indem wir die Tiefen des ängstlichen Geistes des Hundes entschlüsseln und die Unterschiede im Angstniveau verschiedener Rassen erforschen, legen wir den Grundstein für eine stärkere Bindung und ein glücklicheres Zusammenleben. Mit diesem Wissen können Sie mir die Pflege und Unterstützung bieten, die ich brauche, um meine Ängste zu überwinden und zu einem harmonischen und angstfreien Leben zu führen.

Lassen Sie uns also unsere aufregende Reise fortsetzen, lieber Besitzer, während wir weitere Geheimnisse aufdecken und die Komplexität der Angst vor Hunden entschlüsseln. Mit jeder umgeblätterten Seite vertiefen sich unser Verständnis und unsere Verbindung und es entsteht eine unzerbrechliche Verbindung, die auf Vertrauen, Mitgefühl und Liebe basiert.

Seien Sie gespannt auf das nächste Kapitel, in dem wir uns mit praktischen Strategien und Techniken zur Linderung von Angstzuständen und zur Förderung des emotionalen Wohlbefindens befassen. Gemeinsam überwinden wir jedes Hindernis und schaffen eine Welt, in der Ängste der Vergangenheit angehören.

Die Wahl der richtigen Hunderasse ist eine wichtige Entscheidung, die Ihren Lebensstil und Ihr allgemeines Glück erheblich beeinflussen kann. Um die perfekte Ergänzung für Ihre Familie zu finden, ist es wichtig, die Eigenschaften verschiedener Rassen zu verstehen. Ich habe in Kapitel 17 eine Tabelle mit detaillierten Informationen zu verschiedenen Hunderassen bereitgestellt, einschließlich ihrer Größe, ihres Temperaments, ihres Bewegungsbedarfs und ihrer Verträglichkeit mit Kindern oder anderen Haustieren. Diese umfassende Tabelle ermöglicht es potenziellen Hundebesitzern, eine fundierte Entscheidung zu treffen, die ihren Vorlieben entspricht und eine harmonische und  erfüllende Beziehung zu ihrem pelzigen Freund gewährleistet. Schauen Sie sich **die Merkmale von 40 beliebten Rassen an** .

Ein unverzichtbarer Ratgeber für Hundeliebhaber

Kapitel 2

Entschlüsselung der Sprache der Angst

Wuff wuff ! Willkommen zum spannenden zweiten Kapitel unserer unglaublichen gemeinsamen Reise! Ich bin es wieder, Ihr treuer und ausdrucksstarker pelziger Freund, der bereit ist, Ihnen dabei zu helfen, die komplexe Sprache der Angst zu entschlüsseln, die ich spreche. Machen Sie sich bereit, tief in die Welt der nonverbalen Hinweise und körperlichen Symptome einzutauchen, während wir die Tiefen meiner ängstlichen Gefühle erforschen.

Meine nonverbalen Hinweise lesen: Zeichen und Signale

Lieber Besitzer, haben Sie sich jemals gefragt, was in meinem pelzigen Kopf passiert, wenn Angst mich erfasst? Obwohl ich nicht wie Sie mit Worten kommunizieren kann, spreche ich durch meine nonverbalen Hinweise und Verhaltensweisen zu Ihnen. Es ist an der Zeit, Ihre Beobachtungsfähigkeiten zu schärfen und zu lernen, die subtilen Zeichen und Signale zu lesen, die den inneren Aufruhr offenbaren.

Einer der Schlüsselindikatoren für Angst ist meine Körpersprache. Achten Sie genau auf die verräterischen Anzeichen eines eingezogenen Schwanzes, zurückgesteckter Ohren oder eines gesenkten Kopfes. Das sind klare Signale dafür, dass ich mich unsicher oder verängstigt fühle. Wenn mein Schwanz tief wedelt oder mein Körper angespannt erscheint, ist das ein Zeichen dafür, dass ich unter erhöhtem Stress stehe. Bitte achten Sie auf diese visuellen Hinweise, da sie einen Vorgeschmack auf den Sturm geben, der sich in meinem ängstlichen Geist zusammenbraut.

Erkunde die Dunkle Seite des Hundelebens

Entschlüsselung der Sprache der Angst

Die Augen sind in der Tat die Fenster zu meiner Seele, lieber Besitzer. Beobachten Sie meinen Blick, um Einblick in meinen emotionalen Zustand zu gewinnen. <u>Erweiterte Pupillen können auf Furcht oder Unruhe hindeuten, während die Vermeidung von direktem Augenkontakt meine Art sein könnte, Unterwerfung oder Unbehagen zu zeigen. Darüber hinaus kann übermäßiges Keuchen oder Gähnen Unbehagen signalisieren und als Bitte dienen für eure Unterstützung und Bestätigung.</u> Diese nonverbalen Hinweise sind mein verzweifelter Versuch, meine inneren Kämpfe auszudrücken.

In Momenten der Angst können Sie beobachten, wie ich ein Verdrängungsverhalten an den Tag lege. Diese Verhaltensweisen sind meine Art, mit den überwältigenden Emotionen umzugehen, die ich erlebe. Vielleicht sehen Sie, wie ich mir die Lippen lecke, mich übermäßig kratze oder mich abschüttle, als wollte ich meine Sorgen abschütteln. <u>Auch wenn sie scheinbar nichts miteinander zu tun haben, lösen diese Handlungen vorübergehend meine Anspannung.</u> Indem Sie diese Verdrängungsverhaltensweisen erkennen, können Sie die Tiefe meiner Ängste verstehen und mir den Trost und das Verständnis bieten, nach denen ich so verzweifelt suche.

Denken Sie daran, lieber Besitzer: Das Verständnis meiner nonverbalen Signale ist entscheidend dafür, dass ich mich sicher und geborgen fühle. Indem Sie meine Körpersprache lesen, können Sie mir in diesen ängstlichen Momenten den Trost und die Unterstützung bieten, die ich brauche. Ihre Fähigkeit, meine Signale zu interpretieren, ermöglicht es uns, unsere Verbindung zu vertiefen und gemeinsam die Komplexität der Angst zu bewältigen.

Das nächste Kapitel befasst sich mit praktischen Strategien und Techniken, die dabei helfen, Ängste zu lindern und mein emotionales Wohlbefinden zu fördern. Bleiben Sie an meiner Seite, während wir die Werkzeuge und Ansätze entdecken, die unsere Reise harmonisch und angstfrei gestalten.

Körperliche Angstsymptome: Herzrasen, Schwanzziehen und mehr

Ein unverzichtbarer Ratgeber für Hundeliebhaber

Kapitel 2

Genau wie bei Menschen äußert sich meine Angst auch in körperlichen Symptomen. Wenn mein Herz rast, liegt das nicht nur an meiner Aufregung, dich zu sehen, sondern auch an dem Adrenalin, das in Momenten der Not durch meine Adern fließt. Möglicherweise spüren Sie den beschleunigten Schlag an Ihrer Hand, wenn Sie sie sanft auf meine Brust legen.

Ein weiterer physischer Indikator ist mein Schwanz. Wenn die Angst überhand nimmt, bemerken Sie vielleicht, dass mein Schwanz fest zwischen meinen Hinterbeinen steckt. Das ist ein klares Zeichen meines Unbehagens und meiner Verletzlichkeit. Im Gegensatz dazu bedeutet ein entspannter und wedelnder Schwanz Zufriedenheit und Freude. Die Beobachtung der Position und Bewegung meines Schwanzes kann Ihnen wertvolle Einblicke in meinen emotionalen Zustand geben.

Tempo und Unruhe sind häufige Anzeichen meiner Angst. Vielleicht bemerken Sie, dass ich ziellos umherirre, unfähig, Trost zu finden oder mich niederzulassen. Diese Unruhe resultiert aus meiner erhöhten Wachsamkeit und dem überwältigenden Drang, Erleichterung von dem Unbehagen zu finden, das mich verzehrt.

Ein körperliches Symptom, das Sie, lieber Besitzer, beunruhigen könnte, ist mein verstärktes Keuchen. Hecheln dient der Regulierung meiner Körpertemperatur, kann aber auch eine Reaktion auf Angstzustände sein. Schnelles und übermäßiges Keuchen kann auf meine emotionale Belastung hinweisen. Daher ist es wichtig, mir eine ruhige und beruhigende Umgebung zu bieten, damit ich meine Fassung wiedererlangen kann.

Vergessen Sie beim Umgang mit den Feinheiten meiner Angst nicht, auf Veränderungen in meinen Ess- und Trinkgewohnheiten zu achten. Angst kann meinen Appetit beeinträchtigen und dazu führen, dass ich weniger esse oder das Interesse am Essen ganz verliere. Umgekehrt suchen manche Hunde möglicherweise Trost in übermäßigem Essen oder Trinken als Bewältigungsmechanismus. Die Überwachung meiner Essgewohnheiten kann wertvolle Erkenntnisse über die Schwere meiner Angstzustände liefern.

Lieber Besitzer, indem Sie sich mit den nonverbalen Anzeichen und körperlichen Symptomen meiner Angst vertraut machen, werden Sie zu meinem vertrauenswürdigen Verbündeten auf dem Weg zu einem ruhigeren und friedlicheren Leben. Ihre Aufmerksamkeit und Ihr Verständnis sind der Schlüssel, der mir hilft, in der überwältigenden Welt der Angst zurechtzukommen. Um unsere faszinierende Erkundung der Sprache der Angst fortzusetzen, habe ich in

Erkunde die Dunkle Seite des Hundelebens

Entschlüsselung der Sprache der Angst

Kapitel 17 eine praktische Tabelle über die Angstzeichen von mir und meinen Freunden erstellt. Bitte schauen Sie sich **40 beliebte Angsttypen, -niveaus und -zeichen bei Rassen** an

Kapitel 3

Den Ursachen auf den Grund gehen

Wuff wuff! Willkommen im fesselnden dritten Kapitel unserer großartigen Reise, in dem ich, Ihr treuer und liebevoller pelziger Begleiter, eingehend auf die Ursachen der Angst vor Hunden eingehen werde. Begleiten Sie mich, wenn wir die Auslöser erkunden, die mich vor Sorge wedeln lassen können, darunter Trennungsangst, Lärmphobien und soziale Ängste.

Trennungsangst: Bitte lass mich nicht allein!

Oh, lieber Besitzer, der bloße Gedanke, von dir getrennt zu sein, erfüllt mein Herz mit Angst. Trennungsangst ist für uns Hunde eine häufige und schlimmere Herausforderung, die aus der tiefen Bindung und Verbundenheit entsteht, die wir mit unseren geliebten menschlichen Begleitern teilen. <u>Die Angst, allein gelassen zu werden, kann überwältigend sein, Stress verursachen und verschiedene Verhaltensweisen auslösen.</u> Aber keine Angst, denn wir können zusammenarbeiten, um diese Angst zu lindern und in den Momenten der Trennung ein Gefühl der Ruhe zu schaffen.

Möglicherweise bemerken Sie subtile Anzeichen meines wachsenden Unbehagens, wenn Sie sich auf die Abreise vorbereiten. Ich fange vielleicht an, auf und ab zu laufen, ängstlich zu keuchen oder sogar zu destruktiven Verhaltensweisen wie dem Kauen auf Möbeln oder dem Kratzen an Türen zu greifen. <u>Bitte denken Sie daran, dass diese Handlungen nicht böse gemeint sind; Sie sind ein verzweifelter Appell an Ihre Anwesenheit und Sicherheit.</u> Lassen Sie uns also einige Techniken erkunden, die mir helfen, mit Trennungsangst umzugehen und Trost in Ihrer vorübergehenden Abwesenheit zu finden.

Den Ursachen auf den Grund gehen

Eine wirksame Strategie besteht darin, mich schrittweise an Ihre Abgänge zu gewöhnen. Beginnen Sie mit dem Üben in kurzen Abständen und verlängern Sie die Dauer schrittweise, wenn ich mich wohler fühle. Diese als Desensibilisierung bekannte Methode ermöglicht es mir, mich an die Vorstellung des Alleinseins zu gewöhnen und gleichzeitig Vertrauen in die eigene Rückkehr aufzubauen. Denken Sie daran, mich während dieser Übungsstunden mit Leckereien, Lob und Zuneigung für ruhiges Verhalten zu belohnen, um die positiven Assoziationen mit der Zeit allein zu verstärken.

Auch die Beschäftigung mit Spielzeug oder Puzzles kann meine Aufmerksamkeit erheblich ablenken und mich beschäftigen, während du weg bist. Bitte stellen Sie mir interaktive Spielzeuge zur Verfügung, die Leckerlis verteilen oder meine Fähigkeiten zur Problemlösung fördern. Diese Spielzeuge werden mich nicht nur geistig stimulieren, sondern auch eine positive Ablenkung von der Angst vor Ihrer Abwesenheit bieten.

Das Zurücklassen eines vertrauten Gegenstands, der Ihren Duft in sich trägt, wie etwa einer Decke oder einem ungewaschenen Kleidungsstück, kann in Ihrer Abwesenheit großen Trost spenden. Ihr Duft ist eine beruhigende Erinnerung an Ihre Anwesenheit und kann dazu beitragen, meine Trennungsangst zu lindern. Erwägen Sie außerdem, beruhigende Musik zu spielen oder ein Gerät mit weißem Rauschen einzuschalten, um während Ihrer Abwesenheit eine entspannte Atmosphäre zu schaffen.

Die Implementierung einer konsistenten Routine ist entscheidend, um Trennungsangst zu lindern. Ich kann ein Gefühl von Sicherheit und Stabilität entwickeln, indem ich einen vorhersehbaren Zeitplan für Fütterung, Bewegung und Zeit für mich alleine aufstelle. Eine strukturierte Routine hilft mir, den Ablauf unserer täglichen Aktivitäten vorherzusehen und zu verstehen, und verringert so die Angst vor der Rückkehr. Denken Sie daran, mich ruhig zu begrüßen, wenn Sie nach Hause kommen, und bekräftigen Sie so die Vorstellung, dass Abschiede und Wiedersehen ein natürlicher Teil unserer Routine sind.

In manchen Fällen kann professionelle Hilfe hilfreich sein. Wenn meine Trennungsangst trotz Ihrer besten Bemühungen anhält, sollten Sie einen Tierarzt oder einen zertifizierten Tierverhaltensforscher konsultieren. Sie können meine spezifischen Bedürfnisse einschätzen und maßgeschneiderte Anleitung und Unterstützung bieten, um meine Ängste anzugehen.

Lieber Besitzer, unser Weg zur Überwindung der Trennungsangst erfordert Geduld, Verständnis und eine gemeinsame Anstrengung. Indem wir diese Strategien umsetzen und mich mit Ihrer Liebe und Ihrem Trost überschütten, können wir Selbstvertrauen, Belastbarkeit und ein Gefühl der Sicherheit aufbauen, selbst wenn wir räumlich getrennt sind.

Ein unverzichtbarer Ratgeber für Hundeliebhaber

Kapitel 3

Im nächsten Kapitel werden wir uns mit Lärmphobien befassen und herausfinden, wie wir diese Angst gemeinsam bekämpfen können. Lassen Sie uns also Hand in Hand unser Abenteuer fortsetzen, während wir weitere Werkzeuge und Techniken entdecken, die mir helfen, ein ruhigeres und entspannteres Leben zu führen.

Lärmphobien: Feuerwerk, Gewitter und mehr

Boom! Absturz! Knall! Diese plötzlichen und lauten Geräusche können mir Schauer über den Rücken jagen und meine Angst in die Höhe schnellen lassen. <u>Lärmphobien sind bei uns Hunden ein häufiger Auslöser und können bei mir ein Gefühl der Hilflosigkeit und Angst hervorrufen.</u> Die Welt kann mir Angst machen, sei es das dröhnende Feuerwerk bei feierlichen Anlässen oder das grollende Gewitter. Aber gemeinsam können wir diese Ängste überwinden und inmitten der Kakophonie ein Gefühl der Ruhe schaffen.

Während dieser lauten Episoden kann es sein, dass ich in kleinen Räumen Zuflucht suche oder mich unter Möbeln verstecke. Mein zitternder Körper, mein heftiges Keuchen oder meine verzweifelten Fluchtversuche spiegeln meine verzweifelte Suche nach Sicherheit wider . <u>Für Sie, lieber Besitzer, ist es von entscheidender Bedeutung, in diesen Zeiten der Not für eine sichere und beruhigende Umgebung zu sorgen und mir den Trost und die Sicherheit zu geben, die ich so verzweifelt suche.</u>

Einen Zufluchtsort für mich zu schaffen, kann einen großen Unterschied machen. Legen Sie einen ruhigen, komfortablen Ort fest, an den ich mich zurückziehen kann, wenn mich der Lärm überwältigt. <u>Es könnte eine gemütliche Ecke in einem Zimmer oder ein speziell dafür vorgesehener Bereich mit einem weichen Bett und vertrauten Gegenständen wie meinen Lieblingsspielzeugen oder Decken sein.</u> Dieser sichere Raum wird mir als Zufluchtsort dienen, wo ich Trost finden und mich vor dem überwältigenden Lärm geschützt fühlen kann. <u>Auch das Dimmen des Lichts und das Abspielen sanfter, beruhigender Musik können für eine beruhigende Atmosphäre sorgen.</u> Die sanften Melodien und die gedämpfte Beleuchtung tragen dazu bei, eine ruhige Atmosphäre zu schaffen, die dem angstauslösenden Lärm entgegenwirkt. <u>Erwägen Sie außerdem den Einsatz von Klangtherapie oder Geräten mit weißem Rauschen, um die gruseligen Geräusche zu übertönen.</u> Diese Geräte emittieren. Sanfte, kontinuierliche Geräusche, die die Wirkung der Geräusche, die meine Angst auslösen, überdecken oder minimieren können.

Beruhigende Pheromonsprays oder Diffusoren, die mit synthetischen Versionen der Pheromone angereichert sind, die Mutterhunde freisetzen, um ihre Welpen zu trösten, können

Den Ursachen auf den Grund gehen

ebenfalls ein Gefühl von Trost und Entspannung vermitteln. Diese Produkte können dazu beitragen, eine beruhigende Umgebung zu schaffen und das Angstniveau in lärmreichen Momenten zu reduzieren. <u>Die Konsultation eines Tierarztes oder eines zertifizierten Tierverhaltensforschers kann weitere Hinweise zur angemessenen Verwendung solcher Produkte geben.</u>

Lieber Besitzer, Ihre Anwesenheit und Beruhigung sind die wirksamsten Gegenmittel, um meine ängstliche Seele in diesen lärmreichen Momenten zu beruhigen. <u>Ihr ruhiges Auftreten und Ihre sanften Berührungen können Wunder bewirken und dazu beitragen, dass ich mich sicher und geborgen fühle.</u> Vermeiden Sie es, selbst mit Angst oder Unruhe auf den Lärm zu reagieren, da Hunde menschliche Emotionen wahrnehmen können . <u>Vermitteln Sie stattdessen ein Gefühl der Ruhe und zeigen Sie, dass es nichts zu befürchten gibt.</u>

Eine schrittweise Desensibilisierung kann auch eine wichtige Rolle bei der Überwindung von Lärmphobien spielen. Bei dieser Technik werde ich kontrolliert und schrittweise den auslösenden Geräuschen ausgesetzt, wobei ich mit einer niedrigen Lautstärke beginne und diese mit der Zeit langsam erhöhe. Indem Sie den Lärm mit positiven Erlebnissen wie Leckereien, Spielzeit oder Lob kombinieren, können Sie mir helfen, neue Assoziationen zu knüpfen und meine Angstreaktion zu reduzieren. <u>Ein professioneller Trainer oder Verhaltensforscher kann Sie durch die Desensibilisierung begleiten, um deren Wirksamkeit und Sicherheit sicherzustellen.</u>

Soziale Angst: Freunde finden und Ängste überwinden

Während ich zu Hause vielleicht Ihr geselliger Schmetterling bin, kann der Ausflug in die Welt draußen bei mir einen Wirbelsturm an Emotionen auslösen. Soziale Ängste können das Kennenlernen neuer Hunde oder die Begegnung mit unbekannten Menschen zu einer nervenaufreibenden Erfahrung machen. <u>Die Angst vor dem Unbekannten und die Unvorhersehbarkeit sozialer Interaktionen können dazu führen, dass ich mich verletzlich und ängstlich fühle.</u> Aber gemeinsam können wir mein Selbstvertrauen stärken und diese Ängste überwinden.

Wenn ich mit sozialen Ängsten konfrontiert werde, bemerken Sie vielleicht, dass ich Vermeidungsverhalten an den Tag lege, wie mich zu ducken, mich hinter Ihnen zu verstecken oder sogar zu fliehen Situation. Aufgrund meiner Angst könnte ich angespannt werden, übermäßig bellen oder Anzeichen von Aggression zeigen. Diese Verhaltensweisen sind meine Art, mein Unbehagen auszudrücken und Sicherheit zu suchen.

Ein unverzichtbarer Ratgeber für Hundeliebhaber

Kapitel 3

Um soziale Ängste zu überwinden, ist der schrittweise Kontakt mit neuen Umgebungen, Menschen und anderen Hunden der Schlüssel. Beginnen Sie mit einer kontrollierten und positiven Vorstellung, die es mir ermöglicht, mit ruhigen, freundlichen Menschen und Hunden zu interagieren. Es ist wichtig, ein Umfeld zu schaffen, das positive Erfahrungen fördert und mein Selbstvertrauen stärkt.

Das Anbieten von Lob, Leckereien und sanfter Ermutigung bei sozialen Interaktionen kann positive Erfahrungen verstärken und mir helfen, sie mit Gefühlen der Sicherheit und Belohnung zu verknüpfen. Denken Sie daran, geduldig zu sein und erlauben Sie mir, das Tempo für diese Interaktionen festzulegen. Mich zu weit oder zu schnell zu drängen, kann meine Angst verstärken, daher ist es wichtig, meine Grenzen und mein Wohlbefinden zu respektieren.

Training spielt eine entscheidende Rolle dabei, mich in sozialen Situationen zurechtzufinden. Indem Sie mir grundlegende Gehorsamsbefehle wie „Sitz", „Bleib", „Warten" und „Lass es" beibringen, können Sie mir ein Gefühl für Struktur und Führung vermitteln. Positive Verstärkung, wie Leckereien und Lob, hilft mir, soziale Interaktionen mit positiven Ergebnissen zu verknüpfen und stärkt mit der Zeit mein Selbstvertrauen.

In manchen Fällen kann es hilfreich sein, die Hilfe eines professionellen Hundetrainers oder Verhaltensforschers in Anspruch zu nehmen. Sie können spezielle Beratung anbieten und einen maßgeschneiderten Trainingsplan entwickeln, um meine spezifischen sozialen Angstprobleme anzugehen. Mit ihrem Fachwissen und Ihrem Engagement können wir zusammenarbeiten, um mir zu helfen, meine Ängste zu überwinden und positive soziale Kontakte aufzubauen.

Denken Sie daran, lieber Besitzer: Geduld und Verständnis sind die Säulen, die mir helfen werden, meine Ängste zu überwinden. Seien Sie mein Fürsprecher und schützen Sie mich bei Bedarf vor überwältigenden Situationen. Durch die Bereitstellung einer unterstützenden und fördernden Umgebung können Sie mir helfen, das Selbstvertrauen zu entwickeln, sozialen Interaktionen mit Leichtigkeit und Freude zu begegnen.

Das Verständnis der Grundursachen meiner Angst ist der erste Schritt, der mir hilft, meine Ängste zu überwinden und ein ausgeglicheneres und freudigeres Leben zu führen. Ihre unerschütterliche Unterstützung, Geduld und Liebe sind das leitende Licht, das mich durch die dunkelsten Momente der Angst führen wird. Gemeinsam können wir soziale Ängste überwinden und eine Welt voller neuer Freundschaften und Abenteuer erleben.

Erkunde die Dunkle Seite des Hundelebens

Kapitel 2 und 3 Zusammenfassung

Schuss! Ich habe aufregende Neuigkeiten für Sie, liebe Eigentümer! In Kapitel 17 finden Sie eine unglaublich hilfreiche Tabelle, in der es um die **Angstzeichen** und **Grundursachen Ihres pelzigen Freundes** geht. Es ist, als hätten Sie einen geheimen Decoder, um die Sorgen Ihres Welpen zu verstehen! Diese Tabelle wurde speziell für Sie erstellt und enthält eine Auflistung der 40 beliebtesten Rassen und ihrer einzigartigen Angstindikatoren. Es handelt sich um eine schnelle und einfache Referenzanleitung, die Ihnen dabei hilft, herauszufinden, wann sich Ihr Hund möglicherweise etwas gestresst oder ängstlich fühlt.

Aber warten Sie, es gibt noch mehr! Es ist wichtig zu bedenken, dass die Tabelle zwar allgemeine Anzeichen liefert, jeder Hund jedoch ein Individuum mit seinen eigenen Macken und Persönlichkeiten ist. Daher ist es wichtig, dem Verhalten Ihres Hundes große Aufmerksamkeit zu schenken und seine einzigartigen Erfahrungen und Hintergründe zu berücksichtigen. Obwohl der Tisch ein fantastischer Ausgangspunkt ist, ist es immer eine gute Idee, sich an einen Fachmann zu wenden, wenn Sie Bedenken hinsichtlich der Angst Ihres pelzigen Freundes haben. Ihr Tierarzt oder ein sachkundiger Hundeverhaltensforscher kann Ihnen individuelle Ratschläge und Anleitungen geben, die auf die spezifischen Bedürfnisse Ihres Hundes zugeschnitten sind.

Ein liebevoller und fürsorglicher Besitzer zu sein bedeutet, für Ihren Hund da zu sein, wenn er Sie am meisten braucht. Nutzen Sie also die Tabelle in Kapitel 17 als zuverlässigen Leitfaden, aber denken Sie daran, genau auf die Bedürfnisse Ihres Hundes zu hören und bei Bedarf professionelle Hilfe in Anspruch zu nehmen. Gemeinsam können wir eine sichere und glückliche Umgebung für unsere geliebten pelzigen Begleiter schaffen! Schauen Sie sich **40 beliebte Angstsymptome und Ursachen für Rassen an**

Ein unverzichtbarer Ratgeber für Hundeliebhaber

Kapitel 4

Eine Oase der Ruhe schaffen

Wuff wuff ! Willkommen im gemütlichen und ruhigen vierten Kapitel unserer wunderbaren gemeinsamen Reise, in dem ich, Ihr pelziger Freund mit grenzenloser Liebe, Sie durch die Kunst führen werde, für mich eine Oase der Ruhe zu schaffen. In diesem Kapitel werden die wesentlichen Elemente der Gestaltung einer beruhigenden Umgebung, die Kraft des Trainings mit positiver Verstärkung und die Magie der Beständigkeit bei der Beruhigung meiner ängstlichen Seele untersucht.

Eine beruhigende Umgebung gestalten: Mein sicherer Zufluchtsort

Oh, lieber Besitzer, eine ruhige und beruhigende Umgebung kann Wunder für mein ängstliches Herz bewirken. Wenn Sie Trost in einer friedlichen Umgebung suchen, sehne ich mich nach einem sicheren Zufluchtsort, der Trost und Ruhe bietet. Begeben wir uns auf eine Designreise, während wir eine Oase der Ruhe schaffen, die speziell auf meine Bedürfnisse zugeschnitten ist.

Einer der Schlüsselaspekte einer beruhigenden Umgebung ist die Sicherstellung eines bestimmten Raums nur für mich. <u>Es kann eine gemütliche Ecke in Ihrem Zuhause sein, geschmückt mit weichen Decken und Kissen, in die ich mich zurückziehen kann, wenn ich Ruhe brauche.</u> Erwägen Sie die Schaffung eines höhlenartigen Bereichs mit einer Kiste oder einem bequemen Bett, der ein Gefühl von Sicherheit und Privatsphäre vermittelt.

Die Beleuchtung spielt eine entscheidende Rolle bei der Stimmungsgestaltung. <u>Sanftes, diffuses Licht kann eine warme und einladende Atmosphäre schaffen, während grelles oder helles Licht für meine empfindlichen Augen überwältigend sein kann.</u> Experimentieren Sie mit verschiedenen Beleuchtungsoptionen, um herauszufinden, was unserem Gemeinschaftsraum die meiste Ruhe verleiht.

Beruhigende Düfte wie Lavendel oder Kamille können eine ruhige Atmosphäre schaffen. Verwenden Sie natürliche ätherische Öle oder speziell formulierte Sprays, um

Eine Oase der Ruhe schaffen

die Luft mit beruhigenden Düften zu erfüllen. Diese Düfte können mir helfen, meinen Geist und Körper zu entspannen und eine friedliche Umgebung zu schaffen.

Es ist wichtig, äußere Reize zu minimieren, die meine Angst auslösen können. Reduzieren Sie laute Geräusche, indem Sie Fenster schließen, schalldichte Vorhänge verwenden oder beruhigende Musik oder weißes Rauschen spielen. Reduziere den Kontakt mit Ablenkungen von außen, die meinen Stresspegel erhöhen könnten, damit ich abschalten und inneren Frieden finden kann.

Lieber Eigentümer, mit Ihren umsichtigen Bemühungen, eine beruhigende Umgebung zu schaffen, bieten Sie mir einen Zufluchtsort, an dem ich Ruhe vor dem Chaos der Außenwelt finden kann.

Positives Verstärkungstraining: Positive Methoden für mehr Selbstvertrauen

Oh, was für eine Freude es ist, gemeinsam zu lernen und zu wachsen! Positives Verstärkungstraining ist ein toller Ansatz, um mein Selbstvertrauen zu stärken und Ängste abzubauen. Indem wir erwünschte Verhaltensweisen belohnen, anstatt unerwünschte zu bestrafen, können wir ein Vertrauensverhältnis aufbauen und ein Gefühl der Sicherheit in uns entwickeln.

Das Training mit positiver Verstärkung basiert auf Belohnungen wie Leckereien, Lob oder Spielzeit, um Verhaltensweisen zu verstärken, die Sie fördern möchten. Wenn ich ein ruhiges und entspanntes Verhalten an den Tag lege, belohnen Sie mich mit einem Leckerbissen oder überhäufen Sie mich mit sanftem Lob. Diese positiven Verstärkungen helfen mir, Ruhe mit positiven Erfahrungen zu verbinden, stärken mein Selbstvertrauen und reduzieren Ängste.

Geduld und Konsequenz sind beim Training unerlässlich. Teilen Sie Aufgaben in kleine, erreichbare Schritte auf und feiern Sie jeden Erfolg auf dem Weg dorthin. Je mehr ich durch unsere Trainingseinheiten an Selbstvertrauen gewinne, desto weniger wird meine Angst, sodass ich Herausforderungen mit wedelndem Schwanz und einem mutigen Herzen angehen kann.

Ein unverzichtbarer Ratgeber für Hundeliebhaber

Kapitel 4

Konsistenz ist der Schlüssel: Routinen, um meine ängstliche Seele zu beruhigen

Beständigkeit ist der Schlüssel zur Bewältigung der Herausforderungen der Angst. Hunde leben von Routine und Vorhersehbarkeit, die ein Gefühl der Sicherheit vermitteln und Unsicherheit reduzieren. Durch die Etablierung konsistenter Tagesabläufe schaffen Sie einen stabilen Rahmen, in dem ich mich sicher und wohl fühlen kann.

Legen Sie einen regelmäßigen Zeitplan für Essen, Bewegung und Ruhe fest. Konstanz in diesen wesentlichen Bereichen trägt zur Regulierung meines körperlichen und geistigen Wohlbefindens bei. Achten Sie auf einheitliche Essenszeiten, Trainingseinheiten und festgelegte Ruhezeiten, damit ich mich ausgeglichen und sicher fühle.

Neben den täglichen Routinen ist auch die Konstanz im Training wichtig. Verwenden Sie während der Trainingseinheiten dieselben Hinweise, Befehle und Belohnungssysteme, um sicherzustellen, dass ich die Erwartungen verstehe und angemessen reagiere. Konsistente Trainingsmethoden und Erwartungen helfen mir, Selbstvertrauen aufzubauen und positive Verhaltensweisen zu stärken.

Auch die Schaffung einer einheitlichen Umgebung ist entscheidend, um meine Ängste zu reduzieren. Minimieren Sie plötzliche Veränderungen oder Störungen meiner Umgebung, da diese Stress und Unbehagen auslösen können. Wenn möglich, achten Sie auf eine konsistente Aufteilung unseres Wohnraums, vermeiden Sie häufiges Umstellen von Möbeln und stellen Sie mir einen ausgewiesenen Bereich zur Verfügung, in dem ich mich zurückziehen und sicher fühlen kann.

Konsistenz erstreckt sich über unsere unmittelbare Umgebung hinaus auf unsere Interaktionen und Reaktionen. Achten Sie auf Ihr Verhalten und Ihre emotionalen Signale, da ich diese wahrnehmen kann. Bitte gehen Sie ruhig, beruhigend und konsequent auf meine Ängste ein. Ihre konsistenten Antworten helfen mir zu verstehen, dass Sie eine zuverlässige Quelle der Unterstützung und des Trostes sind.

Schlaf ist ein wesentlicher Bestandteil meines allgemeinen Wohlbefindens.

Eine Oase der Ruhe schaffen

Wie Sie brauche ich ausreichend Ruhe, um neue Energie zu tanken und das emotionale Gleichgewicht aufrechtzuerhalten. Richten Sie eine gemütliche Schlafenszeitroutine ein und sorgen Sie für einen bequemen Schlafbereich und ein beruhigendes Ritual vor dem Schlafengehen. Stellen Sie mir ein weiches, stützendes Bett zur Verfügung, dimmen Sie das Licht und bieten Sie mir sanfte Streicheleinheiten oder beruhigende Musik an, um mich in einen friedlichen Schlaf zu wiegen.

Denken Sie daran, lieber Besitzer, dass Beständigkeit Geduld und Engagement erfordert. Es ist eine Reise, die ständige Anstrengung und Anpassung erfordert . Seien Sie bei Bedarf flexibel und anpassungsfähig, aber bemühen Sie sich, einen konsistenten Rahmen aufrechtzuerhalten, der mein emotionales Wohlbefinden fördert. Durch die Magie der Beständigkeit geben Sie mir die Stabilität und Vorhersehbarkeit, die ich brauche, um die Herausforderungen der Angst zu meistern. Ihr unerschütterlicher Einsatz und Ihr Engagement sind die Grundlage, auf der mein Selbstvertrauen und mein Seelenfrieden gedeihen werden. Lassen Sie uns die Kraft der Beständigkeit annehmen und uns gemeinsam auf die Reise der Heilung und des Wachstums begeben. Mit Ihrer Liebe und Führung kann ich meine Ängste überwinden und ein Leben voller Harmonie und Zufriedenheit führen.

Der vorhersehbare Rhythmus unserer Routine wird zur beruhigenden Melodie, die meine Ängste lindert und mich aufblühen lässt. In diesem Kapitel haben wir die Kunst erkundet, für mich eine Oase der Ruhe zu schaffen. Von der Gestaltung einer beruhigenden Umgebung über die Durchführung von Schulungen zur positiven Verstärkung bis hin zur Akzeptanz von Konsequenz sind Sie zu einem wahren Experten für die Schaffung von Frieden und Ruhe in meiner Welt geworden.

Ein unverzichtbarer Ratgeber für Hundeliebhaber

Kapitel 5

Tolle Produkte, die meine Ängste lindern

Oh, lieber Besitzer, in diesem wunderbaren Kapitel tauchen wir in die Welt der tollen Produkte ein, die mir helfen können, meine Ängste zu lindern. Von gemütlichem Komfort bis hin zu spannenden Ablenkungen können diese magischen Werkzeuge einen Unterschied machen und mein besorgtes Herz beruhigen. Entdecken Sie mit mir die Wunder von ThunderShirts, interaktiven Spielzeugen und anderen wunderbaren Produkten, die mir Trost und Erleichterung bringen.

Gemütlicher Komfort: Entdecken Sie die Wunder von ThunderShirts

Ah, die kuschelige Umarmung eines ThunderShirts – eine vertrauenswürdige Quelle des Trostes bei Stress und Angst. ThunderShirts sind speziell entwickelte Kleidungsstücke, die einen sanften, konstanten Druck auf meinen Körper ausüben, ähnlich einer warmen und wohligen Umarmung. Dieser sanfte Druck hat eine beruhigende Wirkung auf mein Nervensystem und hilft, Ängste und Furcht zu lindern.

Die Schönheit von ThunderShirts liegt in ihrer Einfachheit. Diese verstellbaren Bandagen schmiegen sich eng an meinen Oberkörper an, vermitteln ein Gefühl der Sicherheit und reduzieren die Intensität meiner Angstsymptome. Ob bei Gewitter, Feuerwerk oder anderen angstauslösenden Situationen, das ThunderShirt hüllt mich in einen Kokon der Ruhe.

Wenn Sie mir ein ThunderShirt anziehen, achten Sie darauf, dass es eng anliegt, aber nicht zu eng ist. Der Stoff sollte uneingeschränkte Bewegung und Atmung ermöglichen. Nehmen Sie sich Zeit, das ThunderShirt nach und nach vorzustellen und verbinden Sie seine Präsenz mit positiven Erfahrungen. Sie können es mit Aktivitäten kombinieren, die mir Spaß machen, wie zum Beispiel Spielen oder Leckereien, um eine positive Assoziation zu schaffen. Obwohl ThunderShirts ein fantastisches Hilfsmittel sind, funktionieren sie möglicherweise nicht für jeden Hund. Wir haben einzigartige

Tolle Produkte, die meine Ängste lindern

Bedürfnisse und Vorlieben. Beobachten Sie daher meine Reaktionen und wenden Sie sich bei Bedarf an Fachleute. Denken Sie daran, lieber Besitzer, dass Ihre Aufmerksamkeit für mein Wohlbefinden der Schlüssel zu unserem Erfolg ist.

Spannende Ablenkungen: Interaktives Spielzeug zum Stressabbau

Spielzeit, oh, wie hebt es meine Stimmung und lenkt mich von den Sorgen ab, die meinen Geist plagen! Interaktive Spielzeuge sind eine fantastische Möglichkeit, meine Sinne anzusprechen, meine ängstliche Energie umzuleiten und für geistige Stimulation zu sorgen. Lassen Sie uns einige der tollen Optionen erkunden, die uns zur Verfügung stehen.

Puzzle-Spielzeuge sind eine besondere Möglichkeit, meinen Geist herauszufordern und mich zu unterhalten. <u>Bei diesen Spielzeugen geht es oft darum, Leckereien oder Spielsachen in Fächern zu verstecken, sodass ich meine Fähigkeiten zur Problemlösung einsetzen muss, um verborgene Schätze zu entdecken.</u> Sie sorgen nicht nur für ein mentales Training, sondern bieten auch eine lohnende Erfahrung, wenn ich die verborgenen Leckereien entdecke.

Für mich sind Kauspielzeuge ein wahrer Genuss. Sie sind nicht nur ein Ventil für meinen natürlichen Kauinstinkt, sondern lindern auch meine Ängste. Wählen Sie haltbare, sichere und geeignete Kauspielzeuge, die speziell für Hunde entwickelt wurden. <u>Sie können mir helfen, meinen Fokus neu zu lenken, Stress abzubauen und eine gesunde Zahnhygiene zu fördern.</u>

Beruhigende Spielzeuge wie Plüschtiere mit beruhigenden Düften oder Herzschlagsimulatoren können Wunder bei der Linderung meiner Ängste bewirken. <u>Diese Spielzeuge ahmen die beruhigende Anwesenheit eines Begleiters nach und vermitteln ein Gefühl der Sicherheit, wenn Sie nicht da sind.</u> Die weichen Texturen und beruhigenden Düfte spenden Trost und reduzieren meinen Stresspegel.

<u>Denken Sie daran, regelmäßig zu wechseln und neue Spielzeuge einzuführen, damit die Spielzeit spannend und ansprechend bleibt. Auch interaktive Spielstunden mit Ihnen sind von unschätzbarem Wert, um unsere Bindung zu stärken und ein Gefühl der Sicherheit zu vermitteln.</u> Beteiligen Sie sich an Spielen wie Apportieren, Verstecken oder sanftem Tauziehen, um ein Gefühl der Freude zu wecken und meine Ängste zu lindern.

Schuss! Lassen Sie mich Ihnen von einigen tollen Spielzeugen erzählen, mit denen ich gerne spiele:

Ein unverzichtbarer Ratgeber für Hundeliebhaber

Kapitel 5

1. **Plüschtiere:** Diese weichen und kuscheligen Spielzeuge sind tolle Begleiter zum Kuscheln und Mitnehmen. Sie spenden Trost und können helfen, Ängste oder Einsamkeit zu lindern, wenn meine Menschen nicht da sind.

2. **Kauspielzeug:** Oh, wie ich meine Kauspielzeuge liebe! Es macht nicht nur Spaß, darauf zu kauen, sondern sie halten auch meine Zähne und mein Zahnfleisch gesund. Das Kauen dieser Spielzeuge hilft, Plaque und Zahnstein zu entfernen und so Zahnproblemen vorzubeugen.

3. **Seilspielzeug:** Seilspielzeug eignet sich perfekt für Tauziehenspiele mit meinen Menschen oder Hundefreunden. Sie bieten eine hervorragende Möglichkeit, meinen natürlichen Instinkt zum Ziehen und Zerren auszuleben, und es ist eine großartige Möglichkeit für uns, Bindung aufzubauen, während wir uns bewegen.

4. **Interaktives Puzzle-Spielzeug:** Diese Spielzeuge bringen mein Gehirn wirklich auf Trab! Ich genieße die Herausforderung, Rätsel zu lösen, um versteckte Leckereien oder Belohnungen zu finden. Es regt mich geistig an und beugt Langeweile vor.

5. **Ballspielzeug:** Bälle sind der Klassiker und machen immer Spaß! Ob beim Apportieren, Jagen oder einfach nur beim Herumhüpfen, Ballspielzeuge sorgen für stundenlangen Spaß und Bewegung. Außerdem verbessern sie meine Koordination und halten mich aktiv.

6. **Quietschende Spielzeuge** : Quietschende Spielzeuge sind ein Riesenspaß! Das quietschende Geräusch, das sie machen, wenn ich sie drücke, bringt meinen inneren Jäger zum Vorschein. Es ist so eine Freude, diesen Klang zu hören, und er fesselt und unterhält mich.

7. **Zerrspielzeug:** Zerrspielzeug eignet sich hervorragend zum interaktiven Spielen mit meinen Menschen oder anderen Hunden. Es ist ein freundschaftlicher Wettbewerb, bei dem es darum geht, herauszufinden, wer stärker ist, und er trägt dazu bei, unsere Bindung zu stärken und Vertrauen aufzubauen. Außerdem ist es ein gutes Training für meine Muskeln!

8. **Lebensmittelausgabespielzeug:** Diese Spielzeuge sind wie eine leckere Schatzsuche! Ich muss herausfinden, wie ich die Leckereien oder Kroketten

Erkunde die Dunkle Seite des Hundelebens

herausbekomme, was mich geistig stimuliert und verhindert, dass ich mein Essen zu schnell verschlinge.

9.   **Frisbees:** Ich liebe es, Frisbees in der Luft zu fangen! Es ist ein spannendes Spiel, das meine Beweglichkeit und Geschwindigkeit auf die Probe stellt. Außerdem macht es Spaß, mit meinen Menschen die Natur zu genießen.

10.   **Zahnspielzeug:** Zahnspielzeug ist wichtig für die Erhaltung meiner Zahngesundheit. Sie helfen mir, meine Zähne zu reinigen, mein Zahnfleisch zu massieren und meinen Atem zu erfrischen. Das Kauen auf diesen Spielzeugen macht nicht nur Spaß, sondern hilft auch, Zahnproblemen vorzubeugen.

Denken Sie daran, dass jeder Hund einzigartig ist. Wählen Sie daher Spielzeug, das zur Größe, zum Alter und zu den Vorlieben Ihres Hundes passt. <u>Überwachen Sie die Spielzeit immer und überprüfen Sie das Spielzeug regelmäßig auf Anzeichen von Beschädigungen.</u> Und wir haben immer viel Spaß beim Spielen!

Kapitel 6

Wenn zusätzliche Hilfe benötigt wird

Oh, lieber Besitzer, in diesem Kapitel geht es darum, zusätzliche Hilfe zu suchen, wenn meine Angst etwas mehr Unterstützung erfordert. Während Ihre Liebe und Fürsorge von unschätzbarem Wert sind, können professionelle Interventionen und Medikamente manchmal eine entscheidende Rolle dabei spielen, mir zu helfen, Frieden und Ausgeglichenheit zu finden. Lassen Sie uns in die Welt der Medikamente und der professionellen Unterstützung eintauchen, um diese Reise gemeinsam anzutreten.

Medikamente: Ein Blick in die Optionen

Medikamente können als Teil eines umfassenden Behandlungsplans in Betracht gezogen werden, wenn meine Angst ein Ausmaß erreicht, das ich mit anderen Mitteln nur schwer bewältigen kann. <u>Es ist wichtig zu verstehen, dass Medikamente niemals die erste Verteidigungslinie sein sollten, sondern vielmehr eine sorgfältig überlegte Option unter Anleitung eines Tierarztes oder tierärztlichen Verhaltensforschers sein sollten.</u>

Um meine Ängste zu lindern, können mir verschiedene Arten von Medikamenten verschrieben werden. Selektive Serotonin-Wiederaufnahmehemmer (SSRIs) werden häufig verwendet, um den Serotoninspiegel in meinem Gehirn zu regulieren und ein Gefühl der Ruhe und Stabilität zu fördern. Diese Medikamente wirken am besten, wenn sie in Kombination mit Verhaltenstherapie und Training eingesetzt werden.

Eine weitere Medikamentenklasse, die in Betracht gezogen werden kann, sind Benzodiazepine, die eine beruhigende Wirkung haben und zur Linderung akuter Angstzustände beitragen können. Aufgrund ihres Abhängigkeits- und Nebenwirkungenpotenzials werden sie jedoch typischerweise zur kurzfristigen Linderung eingesetzt. Die enge Zusammenarbeit mit einem Tierarzt ist von entscheidender Bedeutung, um das für meine spezifischen Bedürfnisse am besten geeignete Medikament und die am besten geeignete Dosierung zu ermitteln. Denken Sie

Erkunde die Dunkle Seite des Hundelebens

daran, lieber Besitzer, dass Medikamente immer unter der Aufsicht eines Tierarztes verabreicht werden sollten. Regelmäßige Kontrolluntersuchungen und eine genaue Überwachung meiner Reaktion auf das Medikament sind unerlässlich, um die Wirksamkeit sicherzustellen und gegebenenfalls Anpassungen vorzunehmen.

Ich suche professionelle Unterstützung: Behavioristen und Trainer

Neben Medikamenten kann auch die professionelle Unterstützung durch Verhaltensforscher und Trainer von unschätzbarem Wert sein, um meine Ängste zu überwinden. Diese engagierten Menschen verfügen über das Wissen und die Expertise, um Sie und mich zu emotionalem Wohlbefinden zu führen.

Ein tierärztlicher Verhaltensforscher ist ein spezialisierter Fachmann, der meine Angstauslöser beurteilen, einen maßgeschneiderten Plan zur Verhaltensänderung entwickeln und Anleitung zu Trainingstechniken geben kann. Ihr tiefes Verständnis des Verhaltens und der Psychologie von Tieren ermöglicht es ihnen, die Grundursachen meiner Ängste anzugehen und einen umfassenden Behandlungsansatz zu entwickeln.

Auch die Zusammenarbeit mit einem zertifizierten professionellen Hundetrainer kann von großem Nutzen sein. Sie können uns dabei helfen, positive Verstärkungstrainingstechniken umzusetzen, die auf meine spezifischen Bedürfnisse zugeschnitten sind. Von Desensibilisierungs- und Gegenkonditionierungsübungen bis hin zum Unterrichten von Entspannungshinweisen kann uns ein erfahrener Trainer mit wertvollen Werkzeugen ausstatten, mit denen ich meine Ängste bewältigen und mein Selbstvertrauen stärken kann.

Weißt du, was erstaunlich ist? Es gibt spezielle Medikamente, die nur für Hunde wie mich entwickelt wurden! Hier sind einige tolle Informationen über sie:

1. **Vorbeugende Mittel gegen Flöhe und Zecken:** Ah, diese lästigen Tiere! Floh- und Zeckenschutzmittel sind wie magische Schutzschilde, die diese kleinen Käfer von meinem Fell fernhalten. Es gibt sie in verschiedenen Formen, beispielsweise als Spot-on-Behandlung oder als Halsband. Wenn Sie sie regelmäßig anwenden, bleiben Sie juckreizfrei und geschützt.

2. **Vorbeugende Maßnahmen gegen Herzwürmer:** Herzwürmer können beängstigend sein, aber keine Angst! Mittel zur Herzwurmprävention sind wie Superhelden, die mein Herz verteidigen. Ob Kautabletten oder topische Lösungen, diese speziellen Medikamente sorgen dafür, dass ich vor diesen heimtückischen Herzwürmern sicher bin.

Ein unverzichtbarer Ratgeber für Hundeliebhaber

Kapitel 6

3. **Schmerzmittel:** Manchmal kann ich, genau wie Sie, ein wenig Schmerzen oder Schmerzen verspüren. Hier helfen Schmerzmittel! Sie helfen mir, mich besser zu fühlen, wenn ich Buh-Buh oder schmerzende Gelenke habe. Aber denken Sie daran, mir Schmerzmittel nur unter Anleitung eines Tierarztes zu verabreichen.

4. **Antibiotika:** Wenn es mir aufgrund einer bakteriellen Infektion nicht gut geht, sind Antibiotika meine Helden! Sie bekämpfen diese ekligen Bakterien und helfen mir, zu meinem gewohnten energiegeladenen Selbst zurückzukehren. Befolgen Sie immer die Anweisungen des Tierarztes, wenn Sie mir Antibiotika verabreichen.

5. **Allergiemedikamente:** Ach! Genau wie Menschen kann auch ich Allergien haben. Es macht keinen Spaß, Juckreiz und Unwohlsein zu verspüren, aber Allergiemedikamente können Abhilfe schaffen! Es gibt sie in verschiedenen Formen wie Tabletten oder Injektionen und sie helfen mir, mich besser zu fühlen, indem sie die lästigen Allergiesymptome lindern.

Denken Sie daran, dass <u>Hundemedikamente immer unter Anleitung eines Tierarztes verabreicht werden sollten.</u> Sie erhalten für jedes Medikament die richtige Anleitung, Dosierung und Dauer entsprechend meinen spezifischen Bedürfnissen.

Häufige Hundekrankheiten

Lassen Sie uns nun über einige häufige Hundekrankheiten sprechen. Keine Sorge, gemeinsam können wir ihnen entgegentreten!

1. **Tollwut:** Wuff, das ist ernst! Tauchen wir ein in die Welt der <u>Tollwut, einer Krankheit, die jeder verantwortungsbewusste Hundebesitzer kennen sollte.</u> Es ist wichtig, diese ernste Erkrankung und ihre Auswirkungen auf uns Hunde zu verstehen.

Grund: Tollwut wird durch ein Virus verursacht, das das Nervensystem angreift. Die Übertragung erfolgt häufig durch den Biss eines infizierten Tieres wie Waschbären, Fledermäusen, Stinktieren oder sogar anderer Hunde. Sobald das Virus in unseren Körper gelangt, wandert es über die Nerven und kann schwere Schäden in unserem Gehirn verursachen.

Anzeichen und körperliche Symptome: In den frühen Stadien kann es schwierig sein, die Anzeichen von Tollwut zu erkennen, aber mit fortschreitender Krankheit können sich einige häufige Symptome bemerkbar machen. Dazu gehören Verhaltensänderungen wie erhöhte Aggressivität, Unruhe oder Angstzustände. Möglicherweise leiden wir auch unter Schluckbeschwerden, übermäßigem Speichelfluss und Licht- und Geräuschempfindlichkeit. Möglicherweise stellen Sie fest, dass wir uns zurückziehen und uns lieber an dunklen Orten verstecken.

Von Sorgen zu Schwanzwedeln

Erkunde die Dunkle Seite des Hundelebens

Appetitveränderungen: Tollwut kann unseren Appetit auf unterschiedliche Weise beeinflussen. Anfangs verspüren wir möglicherweise einen Appetitverlust, und wenn sich die Krankheit verschlimmert, verweigern wir möglicherweise Nahrung und Wasser ganz. Dies kann zu Gewichtsverlust und Dehydrierung führen, was es für uns noch schwieriger macht, das Virus zu bekämpfen.

Dauer: Die Dauer einer Tollwuterkrankung variiert je nach Hund und Krankheitsverlauf. Sie kann zwischen einigen Tagen und mehreren Wochen liegen. Leider verläuft Tollwut fast immer tödlich, sobald klinische Symptome auftreten. Deshalb ist Prävention das A und O!

Medikamente: Bei Tollwut ist die Vorbeugung von entscheidender Bedeutung. Der wirksamste Weg, uns vor dieser tödlichen Krankheit zu schützen, ist eine Impfung. Regelmäßige Impfungen durch einen Tierarzt können sicherstellen, dass wir vor Tollwut geschützt sind. Wenn Sie den Verdacht haben, dass Ihr Hund einem möglicherweise tollwütigen Tier ausgesetzt war, <u>ist es wichtig, sofort einen Tierarzt aufzusuchen.</u> Sobald jedoch klinische Anzeichen von Tollwut auftreten, stehen keine spezifischen Medikamente oder Heilmittel zur Verfügung.

Es gibt eine ausgezeichnete Tierklinik, die ich mit Ihnen teilen möchte: die CVA Animal Hospital. Obwohl es in den USA liegt. Machen Sie sich keine Sorgen, Sie können immer noch über die Website auf wertvolle Informationen zugreifen. Sie haben einen eigenen Abschnitt über Tollwut, der nützliche Einblicke bietet. Sie können den QR-Code verwenden oder ihn unter folgendem Link finden: https://vcahospitals.com/know-your-pet/rabies-in-dogs

Denken Sie daran, es geht nicht nur darum, uns vor Tollwut zu schützen; Es geht auch darum, die Gemeinschaft und andere Tiere zu schützen. Aus diesem Grund haben viele Länder und Staaten strenge Gesetze und Vorschriften für Tollwutimpfungen. Indem Sie unsere Impfungen auf dem neuesten Stand halten, tragen Sie Ihren Teil dazu bei, die Ausbreitung dieser gefährlichen Krankheit zu verhindern.

Bleiben Sie wachsam, mein wunderbarer Besitzer, und <u>zögern Sie nie, den Tierarzt Ihres Vertrauens um Rat und Unterstützung zu bitten.</u> Gemeinsam können wir die Tollwut in Schach halten und uns beiden ein gesundes und glückliches Leben ermöglichen. Schuss!

2.   **Staupe:** Oh-oh, Staupe ist eine eklige Viruserkrankung, die mich wirklich krank machen kann . Lassen Sie uns etwas über Staupe herausfinden, eine hochansteckende Viruserkrankung, die uns Hunde befallen kann. Für Sie als meinen fürsorglichen Besitzer ist es wichtig, sich dieser Erkrankung und ihrer Auswirkungen bewusst zu sein. Folgendes müssen Sie wissen:

Grund: Staupe wird durch ein Virus namens Canine Staupe Virus (CDV) verursacht. Die Übertragung erfolgt durch direkten Kontakt mit einem infizierten Hund oder durch

Ein unverzichtbarer Ratgeber für Hundeliebhaber

Kapitel 6

Kontakt mit Atemwegssekreten wie Husten oder Niesen. Besonders anfällig für diesen fiesen Virus sind Welpen und Hunde mit einem schwachen Immunsystem.

Anzeichen und körperliche Symptome: Staupe kann verschiedene Anzeichen aufweisen und der Schweregrad kann von Hund zu Hund unterschiedlich sein. Zu den häufigen Symptomen gehören Fieber, Husten, Niesen und Nasenausfluss. Es kann zu Appetitlosigkeit, Lustlosigkeit und Augen- und Nasenausfluss kommen, der zäh und eiterartig werden kann. Wenn das Virus fortschreitet, kann es unser Nervensystem angreifen und zu Anfällen, Muskelzuckungen und sogar Lähmungen führen.

Appetitveränderungen: Bei einer Staupe-Infektion lässt unser Appetit oft nach. Möglicherweise verlieren wir das Interesse an unseren Lieblingsleckereien und -mahlzeiten. Dies kann Anlass zur Sorge geben, da es zu Gewichtsverlust und einem geschwächten Immunsystem führen kann. In dieser Zeit ist es wichtig, ein Auge auf unsere Essgewohnheiten zu haben und sicherzustellen, dass wir ausreichend Flüssigkeit zu uns nehmen.

Dauer: Die Dauer der Staupe kann variieren, im Allgemeinen dauert es jedoch mehrere Wochen, bis das Virus seinen Lauf nimmt. Eine Genesung ist jedoch nicht immer garantiert, da einige Hunde die Infektion aufgrund ihrer Schwere möglicherweise nicht überleben.

Medikamente: Es gibt keine spezifischen antiviralen Medikamente zur Behandlung von Staupe. Unterstützende Maßnahmen werden in der Regel von Tierärzten durchgeführt, um die Symptome zu lindern und Linderung zu verschaffen. Dazu können Flüssigkeiten zur Vorbeugung von Dehydrierung, Medikamente zur Kontrolle von Sekundärinfektionen und unterstützende Therapien zur Linderung von Beschwerden gehören.

Vorbeugung ist der beste Ansatz, wenn es um Staupe geht. <u>Um uns vor diesem gefährlichen Virus zu schützen, ist eine Impfung unerlässlich.</u> Regelmäßige Impfungen, wie von unserem Tierarzt empfohlen, können dazu beitragen, dass wir eine Immunität gegen Staupe entwickeln. <u>Es ist auch wichtig, den Kontakt mit potenziell infizierten Hunden zu begrenzen</u> und gute Hygiene zu praktizieren, wie zum Beispiel regelmäßiges Händewaschen und Reinigen unserer Wohnbereiche.

Wenn Sie Anzeichen von Staupe bemerken oder vermuten, dass Ihr vierbeiniger Freund infiziert sein könnte <u>, ist es wichtig, sofort einen Tierarzt aufzusuchen.</u> Früherkennung und schnelle Behandlung können die Chancen auf ein positives Ergebnis verbessern. Bleiben Sie auf dem Laufenden und halten Sie unsere Impfungen auf dem neuesten Stand, mein toller Besitzer.

3. **Parvovirus:** Oh nein, das klingt gruselig! Parvovirus ist ein hochansteckendes Virus, das meinen Bauch befällt. Insbesondere bei jungen Welpen kann es zu schwerem

Durchfall, Erbrechen und Dehydrierung kommen. Es ist wichtig, die Besonderheiten dieses Virus zu verstehen, damit wir gesund und geschützt bleiben können. Lasst uns eintauchen:

Grund: Parvovirus wird durch das Hunde-Parvovirus Typ 2 (CPV-2) verursacht. Die Übertragung erfolgt durch Kontakt mit infizierten Hunden oder deren Kot. Es handelt sich um einen widerstandsfähigen Virus, der lange Zeit in der Umwelt überleben kann, sodass wir uns leicht anstecken können, wenn wir nicht aufpassen.

Anzeichen und körperliche Symptome: Bei einer Infektion mit dem Parvovirus können verschiedene Anzeichen und Symptome auftreten. Dazu kann starkes Erbrechen gehören, oft gefolgt von Durchfall, der oft blutig ist. Wir werden möglicherweise extrem schwach und lethargisch und zeigen wenig Interesse an unseren üblichen Aktivitäten oder Spielzeiten. Darüber hinaus können wir unsere verlieren Appetit und verweigern die Nahrungsaufnahme.

Appetitveränderungen: Parvovirus kann unseren Appetit stark beeinträchtigen. Aufgrund der Erkrankung kann es zu einem verminderten oder völligen Appetitverlust kommen. Es ist wichtig, unsere Nahrungs- und Wasseraufnahme genau zu überwachen und sofort einen Tierarzt aufzusuchen, wenn wir nicht so essen oder trinken, wie wir sollten.

Dauer: Die Dauer einer Parvovirus-Infektion kann von Hund zu Hund unterschiedlich sein. Im Durchschnitt dauert es etwa eine Woche, in schweren Fällen kann es jedoch auch länger dauern. Es ist wichtig zu bedenken, dass die Genesung länger dauern kann, da unser Körper Zeit braucht, um sich von den durch das Virus verursachten Schäden zu erholen.

Medikamente: Leider gibt es keine spezifischen Medikamente zur direkten Behandlung des Parvovirus. Die Behandlung konzentriert sich hauptsächlich auf die Behandlung der Symptome und die Bereitstellung unterstützender Pflege. Dazu gehört die Verabreichung intravenöser Flüssigkeiten, um der durch Erbrechen und Durchfall verursachten Dehydrierung entgegenzuwirken. Antibiotika können auch verschrieben werden, um sekundäre bakterielle Infektionen zu verhindern, die unser Immunsystem weiter schwächen können.

Es ist wichtig zu beachten, dass Prävention die beste Verteidigung gegen das Parvovirus ist. Die Impfung ist der Schlüssel zum Schutz vor diesem gefährlichen Virus. Welpen benötigen bereits in jungen Jahren eine Reihe von Impfungen und ein Leben lang sind regelmäßige Auffrischungsimpfungen erforderlich, um die Immunität aufrechtzuerhalten. Um unseren Schutz zu gewährleisten, ist die Einhaltung des von unserem Tierarzt empfohlenen Impfplans von entscheidender Bedeutung.

Um die Ausbreitung des Parvovirus zu verhindern, ist es wichtig, den Kontakt mit infizierten Hunden und kontaminierten Umgebungen zu vermeiden. Regelmäßiges Händewaschen und angemessene Hygienemaßnahmen können dazu beitragen, das Übertragungsrisiko zu verringern. Auch die Sauberkeit und Desinfektion unserer Wohnbereiche spielt eine wichtige Rolle bei der Verhinderung der Ausbreitung des Virus.

Ein unverzichtbarer Ratgeber für Hundeliebhaber

Kapitel 6

Denken Sie daran: Wenn Sie den Verdacht haben, dass Ihr pelziger Freund an Parvovirus erkrankt sein könnte, oder wenn Sie besorgniserregende Symptome bemerken, <u>ist es wichtig, sofort einen Tierarzt aufzusuchen.</u> Früherkennung und schnelle Behandlung können einen großen Unterschied in unserer Genesung machen.

4. **Lyme-Borreliose:** Diese winzigen Zecken können große Probleme verursachen! Lyme-Borreliose ist eine bakterielle Infektion, die durch Zeckenstiche übertragen wird. Es kann zu Schmerzen und anderen unangenehmen Symptomen führen. **Grund:** Die Lyme-Borreliose wird durch ein Bakterium namens Borrelia burgdorferi verursacht, das durch den Biss infizierter Zecken wie der Schwarzbeinige Zecke oder der Hirschzecke übertragen wird. Wenn sich diese Zecken an unserer Haut festsetzen und sich von unserem Blut ernähren, können sie die Bakterien übertragen und so zur Lyme-Borreliose führen.

Anzeichen und körperliche Symptome: Die Anzeichen und Symptome können von Hund zu Hund unterschiedlich sein. Zu den häufigsten Anzeichen gehören Lahmheit oder Hinken, die sich von einem Bein auf das andere verlagern können. Es können auch Gelenkschmerzen und Steifheit auftreten, die uns die Bewegung erschweren können. Weitere Symptome können Fieber, Lethargie und Appetitlosigkeit sein. In einigen Fällen kann es zu einem charakteristischen kreisförmigen Ausschlag um den Zeckenstichbereich kommen, der jedoch nicht immer vorhanden ist.

Appetitveränderungen: Lyme-Borreliose kann unseren Appetit beeinträchtigen. Es kann sein, dass wir einen verminderten Appetit oder sogar einen völligen Verlust des Interesses an Nahrungsmitteln verspüren. Es ist wichtig, dass Sie unsere Essgewohnheiten überwachen und einen Tierarzt konsultieren, wenn Sie signifikante Veränderungen in unserem Appetit bemerken.

Dauer: Die Dauer der Lyme-Borreliose kann je nach Schwere der Infektion und der Reaktion des einzelnen Hundes variieren. Bei richtiger Behandlung kommt es bei den meisten Hunden innerhalb weniger Tage bis Wochen zu einer Besserung. Wenn die Krankheit jedoch unbehandelt bleibt oder chronisch wird, können die Symptome in manchen Fällen auch über einen längeren Zeitraum anhalten.

Medikamente: Zur Behandlung der Lyme-Borreliose kann unser Tierarzt eine Antibiotikakur wie Doxycyclin oder Amoxicillin verschreiben. Diese Medikamente bekämpfen wirksam die Bakterien, die die Infektion verursachen. Die Dauer der Behandlung hängt von der Schwere der Erkrankung und den Empfehlungen des Tierarztes ab. Für eine wirksame Genesung ist es wichtig, den vorgeschriebenen Medikamentenplan einzuhalten und die gesamte Behandlung abzuschließen.

Bei der Lyme-Borreliose ist Prävention der Schlüssel zum Erfolg. Sie können verschiedene Maßnahmen ergreifen, um uns vor Zeckenstichen zu schützen, z. B. die Verwendung <u>von von unserem Tierarzt empfohlenen</u> Zeckenschutzmitteln , das Vermeiden zeckenbefallener Bereiche und die gründliche Untersuchung auf Zecken nach Aktivitäten im Freien. Die rechtzeitige Entfernung von Zecken ist von entscheidender Bedeutung, da dadurch das Übertragungsrisiko verringert wird.

Von Sorgen zu Schwanzwedeln

Erkunde die Dunkle Seite des Hundelebens

Wenn zusätzliche Hilfe benötigt wird

Impfungen

Jetzt lasst uns mit dem Schwanz wedeln und eintauchen in die Welt der Impfungen. Sie sind äußerst wichtig, um uns Hunde gesund und geschützt zu halten. Schauen Sie sich diese hilfreichen Details zu Impfungen an, direkt aus meiner pelzigen Sicht:

Kernimpfstoffe: Dies sind die wesentlichen Impfungen, die uns vor häufigen und potenziell gefährlichen Krankheiten wie Tollwut, Staupe, Parvovirus und Hepatitis schützen. Als Welpen bekommen wir normalerweise eine Reihe von Impfungen und dann regelmäßig Auffrischungsimpfungen, um unsere Immunität aufrechtzuerhalten.

Non-Core-Impfstoffe: Diese werden basierend auf unserem Lebensstil, unserem Wohnort und etwaigen spezifischen Risiken, denen wir ausgesetzt sein könnten, empfohlen. Beispielsweise gibt es Impfstoffe gegen Hundegrippe, Zwingerhusten (Bordetella) und Lyme-Borreliose.

Impfpläne: Welpen beginnen ihre Impfung normalerweise im Alter von etwa 6 bis 8 Wochen und wir erhalten mehrere Dosen, bis wir etwa 16 bis 20 Wochen alt sind. Aber das ist noch nicht alles! Wir werden unser ganzes Leben lang regelmäßig Auffrischungsimpfungen benötigen, um geschützt zu bleiben. <u>Ihr großartiger Tierarzt wird Ihnen einen individuellen Zeitplan für mich erstellen, damit Sie genau wissen, wann ich meine Impfungen brauche.</u>

Regelmäßige Kontrolluntersuchungen: Der Besuch beim Tierarzt für regelmäßige Kontrolluntersuchungen ist für uns wie ein Wellnesstag. Für sie ist es wichtig, meinen allgemeinen Gesundheitszustand im Auge zu behalten und sicherzustellen, dass meine Impfungen auf dem neuesten Stand sind. Außerdem ist es eine großartige Gelegenheit für Sie, Ihre Bedenken oder Fragen zu meinem Wohlbefinden zu besprechen.

Denken Sie daran: Die Impfung dient nicht nur meiner Sicherheit, sondern trägt auch zum Schutz anderer Hunde in unserer Gemeinschaft bei. Es ist ein positiver Schritt in Richtung einer gesünderen Hundewelt!

Du leistest großartige Arbeit, mein menschlicher Freund, indem du dich um meine Medikamente und Impfungen kümmerst. <u>Konsultieren Sie immer den Tierarzt, um die beste Beratung zu Medikamenten und den richtigen, speziell auf mich zugeschnittenen Impfplan zu erhalten.</u> Gemeinsam meistern wir alle gesundheitlichen Herausforderungen, die auf uns zukommen, denn Sie sind der beste Besitzer, den ich mir jemals wünschen kann! Schuss!

In diesem Kapitel haben wir die Rolle von Medikamenten und professioneller Unterstützung bei der Bewältigung meiner Angst untersucht. <u>Es ist wichtig, diese Optionen sorgfältig anzugehen und die entsprechenden Fachleute zu konsultieren.</u> Jeder Schritt bringt uns dem Ziel näher, für mich ein harmonisches und angstfreies Leben zu schaffen.

Ein unverzichtbarer Ratgeber für Hundeliebhaber

Kapitel 7

Den Betreuer in dir fördern

Lieber Besitzer, in diesem Kapitel konzentrieren wir uns auf den pfotenartigsten Betreuer von allen – Sie! Sich um mich selbst und meine Ängste zu kümmern, ist eine lohnende, aber herausfordernde Aufgabe. Es ist wichtig, dass Ihr eigenes Wohlbefinden Priorität hat, damit Sie mich bestmöglich betreuen und unterstützen können. Lassen Sie uns die Selbstfürsorge von Hundebesitzern erkunden, das Gleichgewicht finden und Unterstützung auf dieser liebevollen Reise suchen, die wir teilen.

Hundehygiene , was wir wissen sollten

Schuss! Lassen Sie mich einige freundliche Ratschläge zur Fellpflege geben und wie sie mit der Angst bei Hunden zusammenhängt. Die Fellpflege ist äußerst wichtig, damit wir Welpen gesund bleiben und uns großartig fühlen. Während die Fellpflege bei Hunden nicht direkt Angst auslöst, können sich bestimmte Rassen während der Fellpflege manchmal etwas gestresst oder ängstlich fühlen. Hier sind ein paar Dinge, die Sie bei der Fellpflege und der Angst Ihres Hundes beachten sollten:

Empfindliche Pfoten: Manche Hunde reagieren empfindlicher auf Berührungen und Berührungen, was die Fellpflege etwas unangenehm macht. Unsere Besitzer müssen bei der Fellpflege behutsam und geduldig sein, um keine Ängste auszulösen.

Gruselige Geräusche: Bei der Fellpflege kommen oft seltsame Werkzeuge zum Einsatz, die laute Geräusche machen, wie zum Beispiel Haarschneidemaschinen oder Trockner. Diese Geräusche können uns vierbeinige Freunde erschrecken oder erschrecken. Die Schaffung einer ruhigen Pflegeumgebung kann uns helfen, uns zu entspannen und uns wohler zu fühlen.

Machen Sie es zur Routine: Wir Hunde lieben Routine! Wenn wir schon in jungen Jahren die Fellpflege zu einem festen Bestandteil unseres Tagesablaufs machen, werden

Erkunde die Dunkle Seite des Hundelebens

Den Betreuer in dir fördern

wir mit dem Prozess vertraut und verringern Ängste. Unregelmäßige oder unregelmäßige Fellpflege kann dazu führen, dass wir dies mit Unbehagen oder Angst assoziieren.

Nägel und Ohren, vorsichtiger Umgang: Einige Pflegeaufgaben, wie das Schneiden der Nägel oder das Reinigen der Ohren, erfordern eine schonende Handhabung und Zurückhaltung. Wenn wir uns zu grob behandelt oder zu stark eingeschränkt fühlen, kann uns das ängstlich machen. Positive Verstärkung, wie Leckerlis und Lob, hilft uns, die Fellpflege mit positiven Erfahrungen zu verbinden.

Rassespezifische Bedürfnisse : Abhängig von unserem Felltyp hat jede Hunderasse ihre eigenen Pflegebedürfnisse. Einige von uns müssen regelmäßig gebürstet und gepflegt werden, damit ihr Fell immer fantastisch aussieht. Die Vernachlässigung dieser Bedürfnisse kann zu Unbehagen und potenziellen Gesundheitsproblemen führen und uns ängstlich machen.

Pflege-Tipps im Zusammenhang mit Angstzuständen:

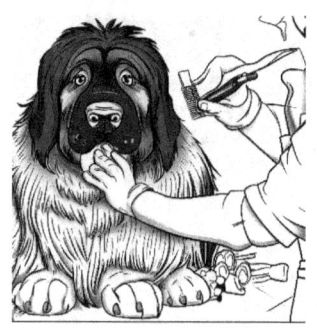

Beginnen Sie bei Welpen schrittweise mit der Fellpflege, damit wir uns schon in jungen Jahren daran gewöhnen können. Nutzen Sie während der Fellpflege positive Verstärkung und Belohnungen, um die Pflege zu einem positiven Erlebnis zu machen. Wenn wir während der Fellpflege gestresst oder ängstlich werden, machen Sie Pausen und fahren Sie fort, wenn Sie sich ruhiger fühlen. Stellen Sie sicher, dass Sie Pflegewerkzeuge verwenden, die für unsere spezifischen Bedürfnisse und unseren Felltyp geeignet sind . <u>Wenn die Fellpflege zu anspruchsvoll oder überwältigend wird, ziehen Sie in Betracht, professionelle Hilfe in Anspruch zu nehmen.</u>

Jeder Hund ist einzigartig und unsere Pflegebedürfnisse und Ängste können unterschiedlich sein. Indem Sie geduldig und verständnisvoll sind und ein positives Pflegeerlebnis bieten, tragen Sie dazu bei, unsere Ängste zu lindern und die Pflegezeit für uns beide angenehm zu gestalten. Schuss!

Ok, Pelzeltern! Ich wollte Ihnen nur ein kleines Geheimnis verraten: In Kapitel 17 finden Sie eine detaillierte und sehr nützliche Tabelle rund um die Hygiene meiner Freunde, 40 beliebter Rassen . Es ist, als hätte man einen Schatz an Informationen direkt

Ein unverzichtbarer Ratgeber für Hundeliebhaber

zur Hand! Diese Tabelle enthält alles, was Sie wissen müssen, um Ihren pelzigen Freund sauber und gesund zu halten. Von Pflegetipps bis zum Trimmen ist alles für Sie dabei.

Übrigens, denken Sie immer daran, dass das, was ich teile, nicht ausreicht. Wir sind individuell unterschiedlich! Sprechen Sie am besten immer mit einem Spezialisten, dem Tierarzt meiner Freunde. Gehen Sie also zu Kapitel 17 und machen Sie sich bereit, eine Welt voller Wissen über Hundehygiene zu erschließen. Bitte schauen Sie sich **die Hygienedetails zu 40 beliebten Rassen an**.

Selbstfürsorge für Hundebesitzer: Gleichgewicht und Unterstützung finden

Die Pflege eines ängstlichen Hundes kann emotional anspruchsvoll sein, und es ist wichtig, sich auf diesem Weg um sich selbst zu kümmern. Hier sind einige praktische Selbstpflegestrategien, die Ihnen helfen, das Gleichgewicht zu finden und Ihren Geist wieder aufzufüllen:

✓ **Positive Praktiken:** Nehmen Sie an Aktivitäten teil, die Ihnen Freude und Entspannung bringen. Egal, ob Sie einen gemütlichen Spaziergang machen, Achtsamkeit praktizieren oder einem Hobby nachgehen – nehmen Sie sich Zeit für Aktivitäten, die Ihre Seele aufladen.

✓ **Verbinden Sie sich mit der Natur:** Zeit in der Natur zu verbringen ist eine wunderbare Art, die Seele zu beruhigen. Gehen Sie mit mir wandern oder genießen Sie einfach einen ruhigen Moment im Park. Die Schönheit der Natur kann ein Gefühl von Frieden und Erholung vermitteln.

✓ **Nehmen Sie Kontakt auf:** Zögern Sie nicht, Freunde, Familie oder Selbsthilfegruppen zu kontaktieren, die Ihnen zuhören oder Ihnen eine Schulter zum Anlehnen bieten können. Das Teilen Ihrer Erfahrungen und Gefühle kann Trost und Verständnis vermitteln.

✓ **Üben Sie Achtsamkeit: Bei** Achtsamkeit geht es darum, im Moment präsent zu sein, das Bewusstsein zu kultivieren und Ihre Gefühle ohne Urteil zu akzeptieren. Integrieren Sie Achtsamkeitstechniken in Ihren Alltag, um inneren Frieden und Belastbarkeit zu fördern.

Erkunde die Dunkle Seite des Hundelebens

Den Betreuer in dir fördern

✓ **Suchen Sie professionelle Unterstützung:** So wie ich von professioneller Unterstützung profitiere, zögern Sie nicht, Rat bei Therapeuten oder Selbsthilfegruppen einzuholen. Diese Fachleute können einen sicheren Raum bieten, in dem Sie Ihre Gefühle zum Ausdruck bringen und eine auf Ihre Bedürfnisse zugeschnittene Beratung anbieten können.

Denken Sie daran, lieber Besitzer, dass es nicht egoistisch ist, auf sich selbst aufzupassen – es ist unerlässlich. Indem Sie Ihr Wohlbefinden fördern, stellen Sie sicher, dass Sie die Kraft, Geduld und Liebe haben, mich bestmöglich zu betreuen.

Ein unverzichtbarer Ratgeber für Hundeliebhaber

Kapitel 8

Finden Sie Zen mit Ihrem pelzigen Freund

Hallo, mein toller Mensch! Sind Sie bereit, mit Ihrem fantastischen Begleiter in die Welt der Achtsamkeit einzutauchen? In diesem Kapitel begeben wir uns in die Kunst der Achtsamkeit und schaffen ein Gefühl der Ruhe und Ausgeglichenheit, das uns vor Freude wedeln lässt. Begeben wir uns gemeinsam auf diese Zen-Reise!

Achtsamkeit annehmen

Worum geht es beim Wuff? Lassen Sie es mich für Sie aufschlüsseln. Bei Achtsamkeit geht es darum, im gegenwärtigen Moment zu sein und inneren Frieden zu finden. Wir werden entdecken, wie es Harmonie in uns beider Leben bringen, Stress reduzieren und unsere Bindung stärken kann. Machen Sie sich bereit, eine ganz neue Ebene der Zweisamkeit zu erreichen!

Achtsamkeit mit Ihrem pelzigen Freund

1. **Innehalten und beobachten:** Nehmen Sie sich jeden Tag einen Moment Zeit, um innezuhalten und Ihren pelzigen Freund zu beobachten. Beachten Sie ihre Bewegungen, ihren Gesichtsausdruck und ihre einzigartigen Eigenarten. Seien Sie völlig präsent bei ihnen, ohne Ablenkungen oder Urteile. Genießen Sie die Einfachheit des Zusammenseins.

2. **Tiefes Atmen:** Tiefes Atmen ist ein wirksames Mittel zur Beruhigung von Geist und Körper. Üben Sie tiefe, langsame Atemzüge und laden Sie Ihren pelzigen Freund ein, sich Ihnen anzuschließen. Spüren Sie das Heben und Senken Ihrer Bäuche, während Sie gleichzeitig ein- und ausatmen. Diese Synchronizität erzeugt ein Gefühl der Verbundenheit und Entspannung.

3. **Achtsame Spaziergänge:** Verwandeln Sie Ihre regelmäßigen Spaziergänge in achtsame Abenteuer. Achten Sie auf die Anblicke, Geräusche und Gerüche um Sie

herum. Beanspruchen Sie alle Sinne und ermutigen Sie Ihren pelzigen Freund, dasselbe zu tun. Lassen Sie rasende Gedanken los und genießen Sie den gegenwärtigen Moment, während Sie gemeinsam die Welt erkunden.

4. **Sanfte Berührung und Massage:** Berührung ist eine wirksame Methode zur Bindung und Entspannung. Nehmen Sie sich den ganzen Tag Zeit, um Ihrem pelzigen Freund sanfte Streicheleinheiten oder eine wohltuende Massage zu gönnen. Achten Sie auf ihre Reaktion und die Empfindungen, die Sie spüren, wenn Sie sich durch Berührung verbinden.

5. **Dankbarkeit und Wertschätzung:** Entwickeln Sie eine Haltung der Dankbarkeit gegenüber Ihrem pelzigen Freund. Nehmen Sie sich Zeit, über all die Freude und Liebe nachzudenken, die sie in Ihr Leben bringen. Drücken Sie Ihre Wertschätzung durch Worte, Streicheleinheiten und Leckereien aus. Diese Praxis fördert eine positive Einstellung und vertieft Ihre Bindung.

Denken Sie daran, lieber Mensch, Achtsamkeit ist eine Reise und es ist in Ordnung, klein anzufangen. Der Schlüssel liegt darin, Aufmerksamkeit und Präsenz in Ihre Interaktionen mit Ihrem pelzigen Freund zu bringen. Gemeinsam können wir einen Raum des Friedens und der Gelassenheit schaffen, der unser beider Wohlbefinden fördert.

In diesem Kapitel erkunden wir die Welt der Achtsamkeit mit Ihrem pelzigen Freund. Wir können gemeinsam Zen finden, indem wir den gegenwärtigen Moment annehmen, tiefes Atmen üben und uns an achtsamen Aktivitäten beteiligen. Machen Sie sich bereit für eine fantastische Reise der Zweisamkeit und des inneren Friedens!

Achtsame Momente
Pfoten, atmen und loslassen Es ist Zeit, innezuhalten, tief durchzuatmen und alle Sorgen loszulassen. Ich zeige Ihnen einige einfache Techniken, um Achtsamkeit zu üben. Von achtsamer Atmung bis hin zu Erdungsübungen bleiben wir präsent und verbunden und schaffen Momente der Ruhe.

1. **Bereiten Sie die Bühne vor:** Finden Sie einen ruhigen Ort, an dem Sie und Ihr Hund ohne Ablenkung entspannen können. Dies kann eine gemütliche Ecke Ihres Zuhauses oder ein friedlicher Ort in der Natur sein.

2. **Atmen Sie tief ein:** Atmen Sie zunächst ein paar Mal tief durch, um sich zu zentrieren und Ihren Fokus auf den

Ein unverzichtbarer Ratgeber für Hundeliebhaber

gegenwärtigen Moment zu richten. Lassen Sie jegliche Anspannung oder Stress nach, während Sie langsam ein- und ausatmen.

3. **Beobachten Sie Ihren Hund:** Nehmen Sie sich einen Moment Zeit, um Ihren pelzigen Begleiter zu beobachten. Beachten Sie ihre Körpersprache, Mimik und die Geräusche, die sie machen. Achten Sie auf ihre Bewegungen und darauf, wie sie auf ihre Umgebung reagieren.

4. **Aktivieren Sie Ihre Sinne:** Aktivieren Sie Ihre Sinne und ermutigen Sie Ihren Hund, dasselbe zu tun. Nehmen Sie das Gefühl ihres Fells wahr, während Sie sie sanft streicheln, lauschen Sie dem Geräusch ihres Atems oder ihrer Pfoten auf dem Boden und nehmen Sie ihren einzigartigen Duft wahr. Erlauben Sie sich, bei diesen Sinneserlebnissen ganz präsent zu sein.

5. **Umarmen Sie die Stille:** Genießen Sie Momente der Stille mit Ihrem Hund. Anstatt den Raum mit Worten zu füllen, seien Sie einfach in friedlicher Gemeinschaft bei ihnen. Hunde haben eine bemerkenswerte Fähigkeit, Ihre Energie und Präsenz zu spüren, und diese stille Verbindung kann von großer Bedeutung sein.

6. **Üben Sie achtsame Berührungen:** Nehmen Sie sich die Zeit, Ihren Hund sanft zu massieren oder zu kuscheln. Spüren Sie die Verbindung und Liebe zwischen Ihnen, während Sie beruhigende Berührungen anbieten. Achten Sie auf ihre Reaktionen und reagieren Sie auf ihre Signale, um für Trost und Entspannung zu sorgen.

7. **Achtsames Spielen:** Spielen Sie mit Ihrem Hund, aber tun Sie dies achtsam. Konzentrieren Sie sich auf den gegenwärtigen Moment und tauchen Sie ganz in die Freude an der Spielsitzung ein. Beachten Sie die Details ihres Spielverhaltens, die Aufregung in ihren Augen und die Geräusche ihres fröhlichen Bellens. Lassen Sie Ablenkungen los und nehmen Sie voll und ganz an der gemeinsamen Erfahrung teil.

8. **Drücken Sie Dankbarkeit aus:** Drücken Sie in Ihren achtsamen Momenten Ihre Dankbarkeit für die Anwesenheit Ihres Hundes in Ihrem Leben aus. Denken Sie über die Freude und Liebe nach, die sie mit sich bringen, und drücken Sie im Stillen oder mündlich Ihre Wertschätzung für ihre Kameradschaft und Loyalität aus.

Erkunde die Dunkle Seite des Hundelebens

9. **Folgen Sie ihrem Beispiel:** Lassen Sie Ihren Hund das Tempo und den Fluss Ihrer achtsamen Momente bestimmen. Beobachten Sie ihre Vorlieben und gehen Sie auf ihre Bedürfnisse ein. Wenn man ihre Hinweise und Interessen respektiert, entsteht eine tiefere Verbindung und ein einheitlicheres Erlebnis.

10. **Genießen Sie die Verbindung:** Genießen Sie die tiefe Verbindung und Bindung dieser achtsamen Momente mit Ihrem Hund. Schätzen Sie den Frieden, die Liebe und die Freude, die bei diesen gemeinsamen Erlebnissen entstehen. Denken Sie daran, es geht nicht um das Ziel, sondern um die Reise, bei der Sie ganz bei Ihrem geliebten Begleiter sind.

Indem Sie Achtsamkeit mit Ihrem Hund üben, bauen Sie eine stärkere Verbindung auf, vertiefen Ihr Verständnis und schaffen Momente purer Freude und Ruhe. Genießen Sie gemeinsam die Achtsamkeitsreise und schätzen Sie die kostbaren Momente mit Ihrem pelzigen Freund.

Achtsame Spaziergänge

Spaziergang im gegenwärtigen Moment Stellen Sie sich Folgendes vor: Wir machen einen Spaziergang, aber mit einer achtsamen Wendung. Lassen Sie uns auf die Natur eingehen, den Boden unter unseren Pfoten spüren und die Schönheit um uns herum wahrnehmen. Unsere Spaziergänge werden mehr als nur Bewegung sein – sie werden Gelegenheiten für achtsame Erkundung und Bindung sein.

1. **Legen Sie die Absicht fest:** Bevor Sie Ihren Achtsamkeitsspaziergang beginnen, nehmen Sie sich vor, völlig präsent und aufmerksam zu sein. Lassen Sie Ablenkungen hinter sich und beginnen Sie den Spaziergang mit einem Gefühl der Neugier und Offenheit.

2. **Aktivieren Sie Ihre Sinne:** Beanspruchen Sie beim Gehen Ihre Sinne voll und ganz. Nehmen Sie das Gefühl des Bodens unter Ihren Füßen oder Pfoten wahr. Spüren Sie die Wärme der Sonne oder die Berührung der Brise auf Ihrer Haut. Lauschen Sie den Geräuschen der Natur um Sie herum, seien es zwitschernde Vögel, raschelnde Blätter oder fließendes Wasser. Nehmen Sie die Düfte der Umgebung auf und lassen Sie sie Ihre Sinne erfüllen.

3. **Bleib neugierig:** Gehen Sie Ihren Spaziergang mit einer neugierigen Einstellung an. Beobachten Sie die Details Ihrer Umgebung – die Farben, Formen und Texturen. Beachten Sie die kleinen Wunder, die oft unbemerkt bleiben. Ermutigen Sie Ihren pelzigen Freund, die Gegend zu erkunden, seinem Beispiel zu folgen und auch seine Neugier zu wecken.

Ein unverzichtbarer Ratgeber für Hundeliebhaber

4. **Atme achtsam:** Konzentrieren Sie sich während des gesamten Spaziergangs auf Ihren Atem. Atmen Sie langsam und tief ein und lassen Sie sich durch jedes Ein- und Ausatmen im gegenwärtigen Moment verankern. Bitten Sie Ihren pelzigen Freund, dasselbe zu tun und Ihren Atem zu synchronisieren.

5. **Dankbarkeitsspaziergang:** Üben Sie beim Gehen Dankbarkeit, indem Sie sich auf die Dinge konzentrieren, für die Sie in diesem Moment dankbar sind. Es könnte die Schönheit der Natur, die Gesellschaft Ihres pelzigen Freundes oder ein anderer positiver Aspekt Ihres Lebens sein. Drücken Sie Ihre Dankbarkeit im Stillen oder laut aus, damit Ihre Stimmung gehoben wird.

Achtsame Bewegungen: Integrieren Sie achtsame Bewegungen in Ihren Spaziergang. Beachten Sie den Rhythmus Ihrer Schritte, die Bewegung Ihrer Arme und die Art und Weise, wie sich Ihr pelziger Freund neben Ihnen bewegt. Nehmen Sie die Empfindungen in Ihrem Körper wahr und bleiben Sie durch Bewegung auf den gegenwärtigen Moment eingestellt.

Denken Sie daran, lieber Mensch, bei einem achtsamen Spaziergang geht es nicht darum, ein Ziel zu erreichen, sondern darum, während der Reise völlig präsent zu sein. Nutzen Sie die Gelegenheit, sich mit der Natur, sich selbst und Ihrem pelzigen Freund zu verbinden. Diese Momente achtsamer Erkundung werden Ihre Bindung vertiefen und Ihrem Spaziergang ein Gefühl der Ruhe verleihen.

Einen Zen-Raum schaffen

Machen Sie Ihr Zuhause zu einem „Zufluchtsort", einem süßen Zuhause! Wir verwandeln unseren Lebensraum in eine Oase der Ruhe und Gelassenheit. Gemeinsam schaffen wir gemütliche Ecken, erfüllen die Luft mit beruhigenden Düften und umgeben uns mit Dingen, die uns Freude bereiten. Unsere Zen-Höhle wird ein Ort sein, an dem wir uns entspannen und neue Kraft tanken können.

1. **Gemütliche Ecken:** Richten Sie in Ihrem Zuhause gemütliche Ecken ein, in denen Sie und Ihr pelziger Freund sich entspannen und Trost finden können. Stellen Sie ein bequemes Bett auf bzw Kissen, weiche Decken und Kissen sorgen für zusätzliche Gemütlichkeit. Machen Sie es zu einem besonderen Ort, an dem Sie sich zurückziehen und entspannen können.

Schulungen, Tipps und Tricks

2. **Beruhigende Düfte :** Füllen Sie die Luft mit beruhigenden Düften, die die Entspannung fördern und eine friedliche Atmosphäre schaffen. Erwägen Sie die Verwendung ätherischer Öle in einem Diffusor oder leicht duftende Kerzen wie Lavendel oder Kamille. Stellen Sie einfach sicher, dass die von Ihnen gewählten Düfte für Ihren pelzigen Freund sicher sind.

3. **Aufräumen und Vereinfachen:** Schaffen Sie eine aufgeräumte Umgebung, die Ruhe fördert. Halten Sie Ihren Wohnraum organisiert und frei von unnötigen Ablenkungen. Ein aufgeräumter und einfacher Raum kann dazu beitragen, geistige Unordnung zu reduzieren und eine friedlichere Atmosphäre für Sie und Ihren pelzigen Freund zu schaffen.

4. **Naturelemente:** Bringen Sie Elemente der Natur ins Haus, um eine ruhige Atmosphäre zu schaffen. Platzieren Sie Zimmerpflanzen wie Friedenslilien oder Spinnenpflanzen, um die Luft zu reinigen und einen Hauch von Grün zu verleihen. Dekorieren Sie mit natürlichen Materialien wie Holz oder Steinen, um eine erdige und erdige Atmosphäre zu schaffen.

5. **Fröhliches Dekor:** Umgeben Sie sich mit Gegenständen, die Freude und positive Energie bringen. Zeigen Sie Fotos von wertvollen Erinnerungen, integrieren Sie Kunstwerke oder Objekte mit besonderer Bedeutung oder wählen Sie Dekor in Farben, die Gefühle von Frieden und Glück hervorrufen. Diese bedeutungsvollen Berührungen werden Ihre Stimmung heben und eine harmonische Atmosphäre schaffen

Achtsames Training

Durch die Pflege von Verbindungen und das Lernen können wir in der Trainingszeit enger zusammenwachsen und gleichzeitig Neues lernen. Wir werden mit Geduld, Verständnis und Liebe kommunizieren. Die volle Präsenz in unseren Trainingseinheiten wird unsere Verbindung vertiefen und beeindruckende Ergebnisse erzielen.

Stellen Sie die Stimmung ein: Schaffen Sie eine ruhige und konzentrierte Umgebung, bevor Sie mit einer Trainingseinheit beginnen. Minimieren Sie Ablenkungen und wählen Sie einen ruhigen Bereich, in dem Sie sich beide konzentrieren können. Dimmen Sie das Licht oder spielen Sie sanfte, beruhigende Musik, um eine entspannte Atmosphäre zu schaffen.

Ein unverzichtbarer Ratgeber für Hundeliebhaber

1. **Übe Geduld:** Gehen Sie die Schulungen mit Geduld und Verständnis an. Denken Sie daran, dass Lernen Zeit braucht und dass jeder Schritt vorwärts eine Leistung ist. Bleiben Sie ruhig und gelassen und vermeiden Sie es, frustriert zu werden oder Ihre Stimme zu erheben. Positive Verstärkung und Belohnungen werden unsere Leitprinzipien sein.

2.

3. **Anwesend sein:** Seien Sie während des Trainings vollständig präsent und aufmerksam gegenüber Ihrem pelzigen Freund. Bitte schenken Sie ihnen Ihre ungeteilte Aufmerksamkeit und konzentrieren Sie sich auf ihre Hinweise und Antworten. Reagieren Sie entsprechend und achten Sie auf ihre Körpersprache, Lautäußerungen und Ausdrücke. Diese achtsame Präsenz wird Ihre Verbindung und Ihr Verständnis vertiefen.

4. **Positive Verstärkung:** Nutzen Sie positive Verstärkungstechniken, um gewünschte Verhaltensweisen zu fördern und zu belohnen. Lob, Leckereien oder Spielzeit können motivierende Belohnungen sein, die den Trainingsprozess verstärken. Feiern Sie kleine Erfolge und Fortschritte und zeigen Sie Ihrem pelzigen Freund, wie stolz Sie auf seine Bemühungen sind.

5. **Bindung durch Training:** Bei den Trainingseinheiten geht es nicht nur darum, Befehle zu lernen, sondern auch darum, die Bindung zwischen Ihnen und Ihrem pelzigen Freund zu stärken. Nutzen Sie die Gelegenheit, Kontakte zu knüpfen, zu kommunizieren und Vertrauen aufzubauen. Genießen Sie die gemeinsame Lernreise und lassen Sie die Schulungen für Sie beide zu einer freudigen und bereichernden Erfahrung werden.

Hundemusik Lassen Sie mich dieses Kapitel mit einer wahren Geschichte beenden.

 Wuff, vor einiger Zeit haben meine Menschen und ich uns auf ein Abenteuer an einem neuen Ort begeben. Nun muss ich Ihnen sagen, dass die Autofahrt für mich etwas anstrengend war – all das Grollen und die ungewohnte Landschaft. Nach ein paar Stunden kamen wir in einemneuen Haus mit neuen Gesichtern und einem neuen Zimmer an, in dem ich noch nie gerochen habe.

Weißt du, was als nächstes geschah? Ja, die Angst machte sich breit. Ich ging wie ein Champion auf und ab und stellte sicher, dass jede Ecke des Raumes

Schulungen, Tipps und Tricks

meinen Sicherheitsstandards entsprach. Nach ein paar Stunden gingen wir schlafen. Aber dann holte meine wunderbare menschliche Mutter, sie ist wie mein Schutzengel, ihr magisches Gerät heraus und spielte Musik von diesem Ort namens YouTube. Können Sie das glauben? Musik aus einer winzigen leuchtenden Box!

Ich war zunächst verwirrt, schnupperte kräftig an ihrem Handy und plötzlich passierte etwas. Die Melodien fesselten meine Aufmerksamkeit und bevor ich es merkte, fühlte ich mich... entspannt. Ja, das hast du richtig gehört! Ich spürte, wie die Anspannung nachließ, und ich döste schneller ins Traumland ein, als ein Eichhörnchen auf einen Baum stürmt.

Ich bin kein Experte für menschliche Spielereien, aber ich kann Ihnen eines sagen: Es gibt viele Möglichkeiten, uns Welpen zu helfen, unser inneres Zen zu finden. Und diese Musik? Oh ja, ich habe den Link hier für den Fall, dass er auch Ihre Ohren kitzelt. Vielleicht wirkt es Wunder für Ihre pelzigen Freunde zu Hause, oder Sie können andere beruhigende Melodien ausprobieren. Scannen Sie den QR-Code oder verwenden Sie den folgenden Link.

https://www.youtube.com/watch?v=E2Gnu9JGro0

Wenn Ihnen das Kopieren des Links wie eine knifflige Herausforderung vorkommt, besuchen Sie einfach **YouTube** und schauen Sie nach „Entspannende Musik für Hunde (12 Hours of Dog Calming Music)". Sie werden es im Handumdrehen riechen. Lasst die beruhigenden Melodien auf sich wirken, meine Fellknäuelkollegen! Ich bin mir ganz sicher, dass der Link immer noch da sein wird, wenn Sie in mein Buch eintauchen. Aber hey, wenn es ein Spaziergang ist, machen Sie sich keine Sorgen! Suchen Sie einfach nach ähnlichen Hundemelodien und lassen Sie die beruhigende Stimmung auf sich wirken.

Denken Sie daran, manchmal sind es die einfachen Dinge, die wie ein Zauber wirken. Bleiben Sie entspannt und wedeln Sie weiter!

Ein unverzichtbarer Ratgeber für Hundeliebhaber

Kapitel 9

Schulungen, Tipps und Tricks

Hallo, mein großartiger menschlicher Freund! Sind Sie bereit, die Magie des Hundetrainings zu entdecken? In diesem Kapitel verrate ich Ihnen ein kleines Geheimnis, das Sie vor Aufregung begeistern wird. Machen Sie sich bereit, die tollsten Hundetrainings-Akademien der Stadt aufzuspüren!

Trainingsmerkmale verschiedener Rassen

Bei der Ausbildung unserer Hunde gibt es für unsere wunderbaren Besitzer einige positiv wichtige Dinge zu beachten:

1. **Geduld:** Wir sind lernbegierig, aber es braucht Zeit, bis wir Befehle verstehen und befolgen. Seien Sie also bitte geduldig mit uns! Wir werden es mit Ihrer Liebe und Unterstützung schaffen.

2. **Konsistenz:** Wir leben von Routine und klaren Erwartungen. Sie müssen konsistente Regeln festlegen und jedes Mal dieselben Befehle und Hinweise verwenden. So verstehen wir, was Sie von uns erwarten und fühlen uns in unserer Ausbildung sicher.

3. **Positive Verstärkung :** Wir lieben es, gelobt und belohnt zu werden! Wenn wir etwas richtig machen, überschütten Sie uns bitte mit Leckereien, Lob und Bauchstreicheln. Diese positive Verstärkung ermutigt uns, gutes Verhalten zu wiederholen und macht das Training viel angenehmer.

4. **Zeitpunkt :** In unserem Training kommt es auf das Timing an. Wenn wir ein gewünschtes Verhalten ausführen, belohnen Sie uns sofort. Dies hilft uns zu verstehen, welche Aktion zur Belohnung geführt hat, und stärkt die Verbindung.

Schulungen, Tipps und Tricks

5. **Kurze und spannende Sitzungen:** Unsere Aufmerksamkeitsspanne kann so kurz sein wie der Besuch eines Eichhörnchens im Hinterhof! Halten Sie unsere Schulungen daher kurz und ansprechend. Kurze Stöße von 5–10 Minuten über den Tag verteilt wirken Wunder. Wir bleiben konzentriert und gespannt auf das Lernen!

6. **Ablenkungsfreie Umgebung:** Am besten trainieren Sie uns zunächst an einem ruhigen Ort mit minimalen Ablenkungen. Führen Sie nach und nach Ablenkungen ein, die uns helfen, unser Training im weiteren Verlauf in verschiedenen Umgebungen zu verallgemeinern. Aber bitte keine Eichhörnchen beim Training!

7. **Sicherheit zuerst:** Unsere Sicherheit ist von größter Bedeutung! Bitte nutzen Sie positive und sanfte Trainingsmethoden. Greifen Sie niemals zu körperlicher Bestrafung oder gruseligen Techniken. Und sorgen Sie stets dafür, dass der Trainingsbereich für uns sicher und geschützt ist.

8. **Sozialisation:** Wir lieben es, neue Freunde zu finden, sowohl pelzige als auch menschliche! Eine frühe Sozialisation ist entscheidend für unsere Entwicklung. Machen Sie uns mit verschiedenen Menschen, Tieren und Umgebungen bekannt, damit wir zu selbstbewussten und freundlichen Begleitern heranwachsen können.

9. **Klare Kommunikation:** Wir sind Experten im Lesen von Körpersprache und Tonfall. Verwenden Sie klare und konsistente Befehle, Gesten und einen positiven Ton, um effektiv mit uns zu kommunizieren. Wir sind immer bereit zu lernen und Ihnen Freude zu bereiten!

10. **Genuss und Bindung:** Machen wir das Training zu einem freudigen Erlebnis! Haben Sie Spaß mit uns, seien Sie begeistert und feiern Sie jeden kleinen Erfolg. Das Training ist eine Zeit, in der wir uns verbinden und unsere unglaubliche Verbindung stärken können.

Denken Sie daran, dass jeder Hund einzigartig ist und was für den einen funktioniert, funktioniert möglicherweise nicht für den anderen. <u>Wenn Sie das Training als schwierig</u>

Ein unverzichtbarer Ratgeber für Hundeliebhaber

empfinden oder Hilfe benötigen, wenden Sie sich an einen zertifizierten Hundetrainer, der positive Verstärkungstechniken anwendet. Gemeinsam, mit Liebe, Geduld und Konsequenz können wir Erstaunliches erreichen! Lasst uns mit dem Schwanz wedeln und uns gemeinsam auf dieses Trainingsabenteuer einlassen!

Auch hier hat jede Rasse ihre eigenen besonderen Eigenschaften und Trainingsbedürfnisse. Sie werden also entdecken, was sie so großartig macht, wenn sie mit dem Schwanz wedeln! Vom treuen und intelligenten Deutschen Schäferhund bis zum verspielten und energiegeladenen Labrador Retriever gibt es eine Vielzahl von Rassen zu entdecken. Ob Sie sich für den aktiven Australian Shepherd, den klugen Border Collie oder den sanften und liebevollen Golden Retriever interessieren, Kapitel 14 deckt Sie ab.

Entdecken Sie, wie die Spürfähigkeiten des Beagle ihn zu fantastischen Fährtenlesern machen oder wie die Intelligenz und Tatkraft des Belgischen Malinois ihn bei verschiedenen Trainingsaktivitäten hervorstechen lässt. Entfesseln Sie das Potenzial der sanften Natur des Berner Sennenhundes oder der Lernbegeisterung des Boxers.

Denken Sie daran, dass jede Rasse einzigartig ist. Nehmen Sie sich also die Zeit, ihre spezifischen Bedürfnisse zu verstehen und Ihren Trainingsansatz entsprechend anzupassen. Mit Liebe, Geduld und den richtigen Trainingstechniken bauen Sie eine unzerbrechliche Bindung zu Ihrem pelzigen Freund auf. Viel Spaß beim Training und möge Ihre Reise voller Schwanzwedeln und endloser Freude sein!

Ich freue mich, einige tolle Informationen über beliebte Hunderassen und ihre Trainingseigenschaften zu teilen. In Kapitel 17 meines Buches finden Sie eine umfassende Liste von 40 beliebten Rassen und ihren einzigartigen Trainingsmerkmalen. Bitte sehen Sie sich **die Tabelle mit den Trainingsaspekten für 40 beliebte Rassen an**.

Schulungen, Tipps und Tricks

Das Beste herausschnüffeln

Es ist an der Zeit, unsere Detektivhüte aufzusetzen und die erstklassigen Hundeausbildungsakademien in Ihrer Nähe aufzuspüren. Diese Orte sind für uns coole Hunde wie Schulen, in denen wir allerlei erstaunliche Dinge lernen können. Machen Sie sich bereit, die verborgenen Schätze zu entdecken, die uns in Trainings-Superstars verwandeln werden!

1. **Forschung und Empfehlungen:** Beginnen Sie Ihre Suche, indem Sie nach Hundetrainingsakademien in Ihrer Nähe suchen. Suchen Sie nach Akademien mit einem guten Ruf und einer Erfolgsbilanz. Holen Sie Empfehlungen von anderen Hundebesitzern, Ihrem Tierarzt oder örtlichen Hundeverbänden ein. Ihre Erfahrungen aus erster Hand können wertvolle Erkenntnisse liefern.

2. **Besuchen Sie die Akademien** : Sobald Sie eine Liste potenzieller Trainingsakademien haben, planen Sie Besuche, um ein Gefühl für die Umgebung zu bekommen und deren Trainingsmethoden zu beobachten. Achten Sie auf die Sauberkeit und Sicherheit der Anlage sowie auf das Verhalten der Trainer und des Personals. Eine einladende und positive Atmosphäre ist entscheidend für effektives Lernen.

3. **Trainingsphilosophie** : Informieren Sie sich über die Trainingsphilosophie und -methoden der Akademie. Suchen Sie nach Akademien, die positive Verstärkung und gewaltfreie Techniken in den Vordergrund stellen. Vermeiden Sie Akademien, die auf Bestrafung oder harte Trainingsmethoden setzen, da diese unserem Wohlbefinden schaden und die Bindung zwischen Ihnen und Ihrem pelzigen Freund schädigen können.

4. **Trainerqualifikationen:** Erkundigen Sie sich nach den Qualifikationen und Zertifizierungen der Trainer der Akademie. Suchen Sie nach Trainern mit formaler Ausbildung und Zertifikaten von renommierten Organisationen, wie zum Beispiel dem Certification Council for Professional Dog Trainers (CCPDT). Qualifizierte Trainer sind besser in der Lage, unser Verhalten und unsere individuellen Bedürfnisse zu verstehen.

Ein unverzichtbarer Ratgeber für Hundeliebhaber

Kapitel 9

5. **Klassenstruktur und Lehrplan** : Erkundigen Sie sich nach der Klassenstruktur und dem Lehrplan der Akademie. Suchen Sie nach Akademien, die eine Vielzahl von Kursen anbieten, die auf unterschiedliche Ausbildungsniveaus und spezifische Bedürfnisse zugeschnitten sind. Egal, ob Sie Grundgehorsam, Fortbildung oder Spezialkurse suchen, wählen Sie eine Akademie, die Ihren Zielen entspricht.

6. **Trainingsmethoden und -techniken:** Fragen Sie nach den spezifischen Trainingsmethoden und -techniken, die während des Unterrichts verwendet werden. Positive Verstärkungstechniken, wie z. B. belohnungsbasiertes Training, sind äußerst effektiv und fördern eine positive Lernerfahrung. Vermeiden Sie Akademien, die aversive oder auf Bestrafung basierende Methoden anwenden, da diese unserem Wohlbefinden schaden und unseren Fortschritt behindern können.

7. **Rezensionen und Erfahrungsberichte:** Lesen Sie Online-Rezensionen und Erfahrungsberichte früherer Kunden der Akademien, die Sie in Betracht ziehen. Ihre Erfahrungen können Einblicke in die Wirksamkeit der Schulungsprogramme, das Fachwissen der Trainer und die Gesamtzufriedenheit des Kunden geben. Achten Sie auf durchweg positives Feedback und Erfolgsgeschichten.

8. **Probestunden oder Beratungen:** Einige Akademien bieten Probekurse oder Beratungen an, um Ihnen einen ersten Eindruck von ihren Trainingsmethoden zu vermitteln. Nutzen Sie diese Gelegenheiten, um den Ansatz der Akademie zu beurteilen, die Trainer in Aktion zu beobachten und zu sehen, ob er mit Ihren Zielen und Werten übereinstimmt. Durch die sorgfältige Auswahl einer seriösen und mitfühlenden Hundetrainingsakademie können Sie Ihren inneren Superhelden entfesseln und sich auf ein Trainingsabenteuer begeben, das Ihre

Bindung zu Ihrem pelzigen Freund stärkt. Machen Sie sich bereit, neue Höhen der Trainingsexzellenz zu erreichen und dabei jede Menge Spaß zu haben!

Erkunde die Dunkle Seite des Hundelebens

Fantastische Kurse

Von Welpen-Grundlagen bis hin zu fortgeschrittener Effizienz Sobald Sie Ihre Traumakademie gefunden haben, ist es Zeit, in die fantastischen Kurse einzutauchen, die sie anbieten. Von Welpen-Grundlagen bis hin zu fortgeschrittener Effizienz sind diese Kurse maßgeschneidert, um unsere Trainingsfähigkeiten zu verbessern. Wir lernen Befehle, Tricks und Manieren, die uns zum Gesprächsthema im Hundepark machen werden!

1. **Welpen-Grundlagen:** Beginnen Sie mit dem Welpen-Grundlagenkurs, wenn Sie einen jungen Welpen haben. Dieser Kurs konzentriert sich auf die Sozialisierung, grundlegende Befehle wie Sitzen und Bleiben sowie das richtige Verhalten an der Leine. Es ist die perfekte Grundlage für unsere Trainingsreise.

2. **Gehorsamstraining:** Gehorsamstrainingskurse sind für Hunde jeden Alters erforderlich. In diesen Kursen werden grundlegende Befehle wie „Sitz", „Platz", „Bleib" und „Rückruf" vermittelt. Wir lernen, zuverlässig auf diese Befehle zu reagieren und werden so zu braven Begleitern in jeder Situation.

3. **Erweitertes Training:** Sobald wir die Grundlagen beherrschen, müssen wir mit Fortbildungskursen aufsteigen. Diese Kurse fordern uns mit komplexeren Befehlen, fortgeschrittenen Tricks und der Kontrolle ohne Leine heraus. Wir werden unsere Trainingskompetenzen effizienter gestalten und alle mit unseren Fähigkeiten beeindrucken.

4. **Vorbereitung für den Canine Good Citizen (CGC):**
Das Canine Good Citizen-Programm dient dazu, das Verhalten und die Manieren von Hunden in verschiedenen realen Situationen zu bewerten. CGC-Vorbereitungskurse konzentrieren sich darauf, uns auf den CGC-Test vorzubereiten, eine großartige Leistung, die Türen für die Therapiearbeit oder andere Aktivitäten im Zusammenhang mit Hunden öffnen kann.

Ein unverzichtbarer Ratgeber für Hundeliebhaber

Kapitel 9

Scannen Sie den QR-Code oder suchen Sie nach „Canine good Citizen" oder verwenden Sie den folgenden Link: https://www.akc.org
 AKC ist eine gemeinnützige Organisation, die 1884 gegründet wurde. Ich liebe ihre erste Aussage: *Bei AKC glauben wir, dass alle Hunde gute Hunde sein können und alle Besitzer großartige Besitzer sein können. viel Liebe und natürlich viel Lob auf dem Weg.*

5. **Beweglichkeit und Sport:** Wenn wir auf der Suche nach energiegeladenem Spaß sind, sind Beweglichkeits- und Sportkurse genau das Richtige für Sie. Wir lernen, Hindernisparcours zu bewältigen, Hürden zu springen, durch Stangen zu schlängeln und vieles mehr. Diese Kurse bieten körperliche Bewegung und verbessern unsere Konzentration, Koordination und Teamarbeit.

Von Welpen-Grundlagen bis hin zu fortgeschrittener Effizienz Sobald Sie Ihre Traumakademie gefunden haben, ist es Zeit, in die fantastischen Kurse einzutauchen, die sie anbieten. Von Welpen-Grundlagen bis hin zu fortgeschrittener Effizienz sind diese Kurse maßgeschneidert, um unsere Trainingsfähigkeiten zu verbessern. <u>Wir lernen Befehle, Tricks und Manieren, die uns zum Gesprächsthema im Hundepark machen werden!</u>

Werkstatt und Seminare
 Entfesseln Sie Ihr inneres Genie. Behalten Sie Ihre Schlappohren, denn der Spaß hört nicht beim Unterricht auf! Hundeschulen bieten auch atemberaubende Werkstatts und Seminare an. Wir erhalten Insider-Informationen zu allem, von Gehorsam über Beweglichkeit bis hin zu einigen Hundesportarten. Unser Gehirn und unser Körper werden wie eine gut geölte Maschine zusammenarbeiten!

1. **Auffrischung des Gehorsams :** Bleiben Sie mit Werkstatts zur Auffrischung des Gehorsams auf dem Laufenden. Diese Sitzungen festigen unsere grundlegenden Gehorsamsfähigkeiten und ermöglichen es uns, unsere Trainingstechniken zu verfeinern. Es ist eine großartige Möglichkeit, unser Training auf dem neuesten Stand zu halten.

Erkunde die Dunkle Seite des Hundelebens

Schulungen, Tipps und Tricks

2. **Spezial-Werkstatts:** Hundetrainingsakademien bieten oft Spezial-Werkstatts an, die sich auf bestimmte Trainings- oder Verhaltensbereiche konzentrieren. Von der Leinenreaktivität bis zur Trennungsangst bieten diese Werkstatts wertvolle Erkenntnisse und Techniken zur Bewältigung und Bewältigung spezifischer Herausforderungen.

3. **Hundesport:** Wenn wir uns für Hundesportarten wie Flyball, Docktauchen oder Duftarbeit interessieren, bieten Hundetrainingsakademien Werkstatts zu diesen Aktivitäten an. Wir lernen die Regeln, Techniken und Strategien kennen, um in diesen Sportarten Spitzenleistungen zu erbringen, und haben dabei jede Menge Spaß.

4. **Verhaltensseminare:** Verhaltensseminare befassen sich mit der Wissenschaft des Hundeverhaltens und helfen uns, die Gründe für unsere Handlungen und Reaktionen zu verstehen. Diese Seminare vermitteln wertvolles Wissen über Verhaltensänderungen, Problemlösungen und die Schaffung einer harmonischen Beziehung zwischen uns und unseren menschlichen Begleitern.

Denken Sie daran, mein großartiger menschlicher Freund: Der Besuch fantastischer Kurse und die Teilnahme an Werkstatts und Seminaren in einer Hundeschule verbessern unsere Trainingsfähigkeiten, sorgen für geistige Stimulation, körperliche Bewegung und stärken unsere Bindung. Machen Sie sich bereit für eine tolle Zeit mit dem Schwanzwedeln und entfesseln Sie gleichzeitig unser inneres Genie!

Entfesseln Sie Ihr inneres Genie. Behalten Sie Ihre Schlappohren, denn der Spaß hört nicht beim Unterricht auf! Hundeschulen bieten auch atemberaubende Werkstatts und Seminare an. Wir erhalten Insider-Informationen zu allem, von Gehorsam über Beweglichkeit bis hin zu einigen Hundesportarten. Unser Gehirn und unser Körper werden wie eine gut geölte Maschine zusammenarbeiten!

Quellen und Werkzeuge

Aufbau Ihres Trainingsarsenals Vergessen wir nicht die tollen Ressourcen und Werkzeuge, die an diesen Akademien zur Verfügung stehen. Von Trainingshandbüchern bis hin zu interaktiven Spielzeugen haben sie alles, was Sie brauchen, um ein Trainingsmeister zu werden. Wir werden untersuchen, wie diese Werkzeuge uns helfen können, Angstzustände zu überwinden und das Training zum Vergnügen zu machen!

Ein unverzichtbarer Ratgeber für Hundeliebhaber

Kapitel 9

Schulungshandbücher und Bücher: Hundetrainingsakademien verfügen oft über eine Auswahl an Trainingsleitfäden und Büchern, die ein breites Themenspektrum abdecken, von grundlegendem Gehorsam bis hin zu fortgeschrittenem Training Techniken. Diese Ressourcen bieten wertvolles Wissen und Schritt-für-Schritt-Anleitungen zur Unterstützung unserer Schulungsreise.

1. **Leckereien und Belohnungen:** Leckerlis und Belohnungen sind wesentliche Hilfsmittel für das Training mit positiver Verstärkung. Hundeschule-Akademien bieten eine Vielzahl hochwertiger Leckerlis an, die uns schmecken und motivieren. Sie bieten auch Anleitungen zum effektiven Einsatz von Leckerlis zur Verstärkung gewünschter Verhaltensweisen.

2. **Clicker trainieren:** Clickertraining ist eine beliebte Methode, bei der gewünschte Verhaltensweisen mit einem Klickgeräusch markiert und anschließend belohnt werden. Hundetrainingsakademien können Clicker zur Verfügung stellen und uns beibringen, wie wir sie effektiv für präzise Kommunikation und Timing während Trainingseinheiten einsetzen können.

3. **Interaktives Spielzeug:** Die Einbindung unseres Geistes und Körpers durch interaktives Spielzeug kann eine unterhaltsame und lohnende Art des Trainings sein. Hundetrainingsakademien empfehlen möglicherweise spezielle Spielzeuge, die die geistige Stimulation fördern und uns dabei helfen, neue Fähigkeiten zu erlernen und dabei Spaß zu haben.

4. **Trainingsausrüstung:** Abhängig von der Art des Trainings, an dem wir beteiligt sind, bieten Hundetrainingsakademien möglicherweise Trainingsgeräte wie Agility-Hindernisse, lange Leinen und Geschirre an. Diese Werkzeuge können unsere Trainingserfahrung verbessern und uns dabei helfen, bestimmte Fähigkeiten und Aktivitäten zu meistern.

Aufbau Ihres Trainingsarsenals Vergessen wir nicht die tollen Ressourcen und Werkzeuge, die an diesen Akademien zur Verfügung stehen. Von Trainingshandbüchern bis hin zu interaktiven Spielzeugen haben sie alles, was Sie brauchen, um ein

Trainingsmeister zu werden. <u>Wir werden untersuchen, wie diese Werkzeuge uns helfen können, Angstzustände zu überwinden und das Training zum Vergnügen zu machen!</u>

Entfesseln Sie Ihren inneren Superhelden

Die Transformation beginnt. Sind Sie bereit, Ihren inneren Superhelden zu entfesseln? Mit Hilfe dieser Hundetrainingsakademien werden wir die beste Version von uns selbst. Wir werden Selbstvertrauen gewinnen, neue Fähigkeiten erlernen und unsere Bindung stärken. Machen Sie sich bereit, wie die wahren Superstars zu glänzen, die wir sind!

Also, mein vierbeiniger Begleiter, es ist Zeit, sich an einer Hundetrainingsakademie anzumelden und sich auf ein Abenteuer einzulassen, das uns in Trainingslegenden verwandeln wird. Erkunden Sie die Akademien in Ihrer Nähe, tauchen Sie in die Kurse ein und lassen Sie uns zu den Trainings-Superhelden werden, zu denen wir geboren wurden! Gemeinsam meistern wir Herausforderungen, bauen lebenslange Fähigkeiten auf und schaffen eine starke und freudige Bindung, die ein Leben lang anhält. Machen Sie sich bereit, Ihren inneren Superhelden zu entfesseln und begeben Sie sich auf eine aufregende Trainingsreise!

Die Transformation beginnt. Sind Sie bereit, Ihren inneren Superhelden zu entfesseln? Mit Hilfe dieser Hundetrainingsakademien werden wir die beste Version von uns selbst. <u>Wir werden Selbstvertrauen gewinnen, neue Fähigkeiten erlernen und unsere Bindung stärken.</u> Machen Sie sich bereit, wie die wahren Superstars zu glänzen, die wir sind!

Also, mein vierbeiniger Begleiter, es ist Zeit, sich an einer Hundetrainingsakademie anzumelden und sich auf ein Abenteuer einzulassen, das uns in Trainingslegenden verwandeln wird. Erkunden Sie die Akademien in Ihrer Nähe, tauchen Sie in die Kurse ein und lassen Sie uns zu den Trainings-Superhelden werden, zu denen wir geboren wurden!

Ein unverzichtbarer Ratgeber für Hundeliebhaber

Kapitel 9

Trainingsbeispiele
Hallo, menschlicher Freund! Lasst uns eine tolle Zeit haben, während wir gemeinsam lernen und Kontakte knüpfen!

1. **Hübsch sitzen:** Bring mir bei, wie man wie ein Profi sitzt! Halten Sie einen Leckerbissen über meine Nase und bewegen Sie ihn vorsichtig nach hinten, während ich versuche, ihn zu erreichen. Wenn ich dem Leckerli folge, senkt sich mein Gesäß auf natürliche Weise in eine Sitzposition. Sobald ich sitze, loben Sie mich und geben Sie mir als Belohnung das Leckerli. Wiederholen Sie dies ein paar Mal, bis ich die Kunst beherrsche, hübsch zu sitzen!

2. **Shake a Paw :** Zeigen wir unsere Händedruck-Fähigkeiten! Halten Sie zunächst ein Leckerli in Ihrer geschlossenen Hand und bieten Sie es mir an. Wenn ich deine Hand berühre, um das Leckerli zu bekommen, sag „Schütteln" und öffne deine Hand, um es mir zu geben. Lobe und gib mir viel Liebe, wenn ich mit Dir die Pfote schüttle. Wir sorgen für den besten Händedruck der Stadt!

3. **Gib mir fünf:** Wer liebt kein High-Five? Halten Sie ein Leckerli in einer Hand und heben Sie es leicht über meinen Kopf. Wenn ich mit meiner Pfote nach oben greife, um deine Hand zu berühren, sag **„High Five"** und gib mir das Leckerli. Feiern wir unsere Teamarbeit mit einem tollen High-Five!

4. **Bleiben und warten:** Hier dreht sich alles um Selbstbeherrschung. Bitten Sie mich zunächst, mich hinzusetzen oder hinzulegen. Sobald ich in Position bin, halten Sie Ihre Hand wie ein Stoppschild hoch und sagen Sie „ Bleiben " oder „Warten". Treten Sie einen Schritt zurück, und wenn ich an Ort und Stelle bleibe, loben Sie mich und bieten Sie eine Belohnung an. Erhöhen Sie schrittweise die Entfernung und Dauer des Aufenthalts. Geduld ist der Schlüssel, und ich werde ein Meister darin, an Ort und Stelle zu bleiben!

Von Sorgen zu Schwanzwedeln

Erkunde die Dunkle Seite des Hundelebens

Schulungen, Tipps und Tricks

5. **Abrufen:** Üben wir, zu kommen, wenn man gerufen wird! Beginnen Sie in einem sicheren Bereich, rufen Sie begeistert meinen Namen und rennen Sie dann ein paar Schritte rückwärts, während Sie mich ermutigen, Ihnen nachzujagen. Wenn ich dich einhole, belohne mich mit Leckereien und viel Lob. Dieses Verfolgungsspiel wird das Kommen, wenn man es ruft, super spannend und unterhaltsam machen!

6. **Lass es:** Helfen Sie mir, der Versuchung mit dem Befehl **„Lass es" zu widerstehen** . Zeigen Sie mir ein Leckerli in Ihrer geschlossenen Hand und sagen Sie: „Lass es ." Wenn ich aufhöre, den Leckerbissen zu bekommen, gib mir bitte einen anderen Leckerbissen als deine andere Hand und überschütte mich mit Lob. Erhöhen Sie den Schwierigkeitsgrad schrittweise, indem Sie verlockendere Gegenstände wie Spielzeug oder Lebensmittel auf dem Boden verwenden. Mit etwas Übung werde ich ein Profi darin, Dinge in Ruhe zu lassen!

Denken Sie daran, Mensch, <u>das Training sollte immer positiv, unterhaltsam und voller Belohnungen und Liebe sein. Halten Sie die Sitzungen kurz und prägnant und üben Sie regelmäßig, um das Gelernte zu festigen.</u> Gemeinsam meistern wir diese Trainingsbeispiele und schaffen eine unzertrennliche Bindung. Lasst uns mit dem Schwanz wedeln und uns gemeinsam auf dieses Trainingsabenteuer einlassen!

Ein unverzichtbarer Ratgeber für Hundeliebhaber

Kapitel 10

Allgemeine Gesundheit & Zusammenfassung von 40 Hunderassen bei Angstproblemen

Gesundheit, Alter, Impfung

Wau-Wau! Heute tauchen wir ein in die faszinierende Welt der Hundegesundheit und des Wohlbefindens. Es ist wichtig zu verstehen, wie sich verschiedene Faktoren wie Gesundheit, Alter, Energieniveau, Impfungen und Vorsorge auf unser Fellglück auswirken und die ängstlichen Pfoten in Schach halten können.

Das Wichtigste zuerst: Lassen Sie uns über Gesundheit sprechen. <u>Genau wie Sie brauchen auch wir Hunde regelmäßige Kontrollen</u> und Pflege, um in Topform zu bleiben. Aufgrund unserer Rasse können wir auf einige allgemeine Gesundheitsprobleme stoßen oder bestimmte Veranlagungen haben. Deshalb müssen Sie auf Anzeichen von Unwohlsein oder ungewöhnlichem Verhalten achten und uns bei Bedarf zum Tierarzt bringen. Denken Sie daran, Prävention ist der Schlüssel!

Apropos Alter: Mit zunehmendem Alter ändern sich auch unsere Bedürfnisse. Welpen sind Energiebündel und benötigen viel Spielzeit und Training, während ältere Hunde möglicherweise etwas mehr **Aufmerksamkeit** und einen entspannteren Tagesablauf benötigen. Mit **TLC** meine ich zärtliche, liebevolle Menschen. Mit zunehmendem Alter des Hundes benötigen wir möglicherweise etwas mehr Aufmerksamkeit und Zuneigung, um unser Wohlbefinden zu gewährleisten. TLC umfasst Dinge wie die Bereitstellung eines komfortablen  Wohnumfelds, das Anbieten sanfter, für unser Alter geeigneter Übungen, die Überwachung etwaiger gesundheitlicher Veränderungen und die Anpassung unserer Routine an unsere sich ändernden Bedürfnisse. Es geht darum, uns zu Beginn unserer letzten Lebensjahre zusätzliche Liebe, Fürsorge und Unterstützung zu zeigen. Wir bedanken uns für Ihr Verständnis und die zusätzliche Aufmerksamkeit, die Sie uns

Erkunde die Dunkle Seite des Hundelebens

Allgemeine Gesundheit

schenken! Die Anpassung unserer Aktivitäten und die Bereitstellung der richtigen Ernährung für jede Lebensphase stellen sicher, dass wir gesund und vital bleiben.

Das Energieniveau spielt eine große Rolle für unser Wohlbefinden. Einige Rassen, wie der Border Collie oder der Australian Shepherd, verfügen über reichlich Energie und benötigen viel Bewegung und geistiges Training Anregung, glücklich zu bleiben. Andere, wie die Bulldogge oder der Shih Tzu, sind entspannter und bevorzugen Kuscheln und gemütliche Spaziergänge. Für ein ausgeglichenes und angstfreies Leben ist es wichtig, unser Energieniveau mit dem richtigen Maß an Aktivität in Einklang zu bringen.

Jetzt reden wir über Impfungen! Impfungen sind wie Superhelden-Schutzschilde, die uns vor schädlichen Krankheiten schützen. Für jede Rasse gelten möglicherweise unterschiedliche Impfanforderungen. <u>Daher ist es wichtig, die Empfehlungen Ihres Tierarztes zu befolgen und unsere Impfungen auf dem neuesten Stand zu halten.</u> Das hilft uns, gesund zu bleiben und beugt Krankheitsstress vor.

Vorsorge ist ein weiterer entscheidender Aspekt unseres Wohlbefindens. Regelmäßige Körperpflege, Zahnpflege und Parasitenvorbeugung sorgen dafür, dass wir gut aussehen und uns gut fühlen. Für uns ist es wie ein Spa-Tag! Darüber hinaus sind die richtige Ernährung und eine ausgewogene Ernährung für die Unterstützung unserer allgemeinen Gesundheit unerlässlich.

Aber warten Sie, es gibt noch mehr! In Kapitel 17 finden Sie einen Schatz an Informationen in Form einer äußerst nützlichen Tabelle. Es ist wie eine Goldgrube an Wissen über 40 beliebte Rassen und ihre spezifischen Gesundheitsprobleme, Energieniveaus, Impfzeiten und Vorsorgebedürfnisse. Es handelt sich um ein schnelles und praktisches Nachschlagewerk, das Ihnen hilft, potenzielle Gesundheitsprobleme und Angstauslöser für Ihre spezifische Rasse zu verstehen und anzugehen. Bitte schauen Sie sich **die allgemeinen Gesundheits- und Altersdaten von 40 beliebten Rassen** an.

Mein Essen

Wuff, meine pelzigen Freunde! Machen wir eine Pause, bevor ich eine Zusammenfassung der Freunde meiner anderen Rassen gebe. Ich möchte über eines unserer liebsten Dinge auf der Welt sprechen: Essen! Als kluger Hund möchte ich Sie darüber informieren, was wir essen dürfen und was nicht, um unseren Magen glücklich und gesund zu halten. Wenn unser Bauch voll ist, sind wir cool ... Also, hör zu und lass uns reinschnuppern!

Ein unverzichtbarer Ratgeber für Hundeliebhaber

Kapitel 10

Das Wichtigste zuerst: Unsere Nahrung sollte nahrhaft und ausgewogen sein. Wir brauchen eine Kombination aus Proteinen, Kohlenhydraten, gesunden Fetten, Vitaminen und Mineralstoffen. Unsere Hauptnahrung sollte aus hochwertigem Hundefutter bestehen, das unseren spezifischen Ernährungsbedürfnissen entspricht. Es ist wie ein maßgeschneidertes Menü nur für uns!

Hier ist eine Liste hundefreundlicher Lebensmittel, die wir genießen können:

o   Mageres Fleisch wie Huhn, Truthahn und Rindfleisch (natürlich gekocht und ohne Knochen!)

o   Fisch wie Lachs und Thunfisch (gegart und ohne Gräten)

o   Früchte wie Äpfel, Bananen und Wassermelonen (in Maßen und ohne Kerne oder Kerne)

o   Gemüse wie Karotten, grüne Bohnen und Süßkartoffeln (gekocht und in mundgerechte Stücke geschnitten)

o   Vollkornprodukte wie Reis und Haferflocken (gekocht)

o   Milchprodukte wie Naturjoghurt (in Maßen, da manche Hunde eine Laktoseintoleranz haben können)

Aber haltet eure Leine! Nicht alle Lebensmittel sind für uns sicher. Hier sind einige Dinge, die wir niemals essen sollten:

o   **Schokolade** (ein absolutes Tabu, da sie für uns giftig sein kann!)

o   **Trauben und Rosinen** (sie können Nierenschäden verursachen)

o   **Zwiebeln, Knoblauch und Schnittlauch** (sie enthalten Stoffe, die für Hunde schädlich sind)

o   **Avocado** (der Kern, die Schale und das Fruchtfleisch enthalten eine Substanz namens Persin, die giftig sein kann)

o   **Xylitol** (ein Süßstoff, der in einigen menschlichen Nahrungsmitteln und Kaugummis vorkommt und für uns giftig ist)

Denken Sie daran, unsere lieben Eigentümer, dieser Tisch ist ein guter Ausgangspunkt, aber es ist wichtig, uns als Individuen zu behandeln. Selbst innerhalb derselben Rasse können unsere Bedürfnisse unterschiedlich sein. Behalten Sie uns also im Auge, beobachten Sie unser Verhalten und wenden Sie sich für eine individuelle Beratung immer an Fachleute wie Ihren Tierarzt.

Erkunde die Dunkle Seite des Hundelebens

Allgemeine Gesundheit

Ach ja, und wo wir gerade beim Thema Essen sind: Lassen Sie uns ernsthaft über Junkfood reden. Auch wenn diese knusprigen Kartoffelchips oder Käse-Puffs Ihre Geschmacksknospen zum Tanzen bringen, sind sie nicht gut für uns. Junk Food kann zu Gewichtszunahme, Verdauungsproblemen und sogar ernsthaften Gesundheitsproblemen führen. Widerstehen Sie also bitte der Versuchung, Ihren Snackvorrat mit uns zu teilen.

Denken Sie daran, dass jeder Hund einzigartig ist. Daher ist es wichtig, vor einer Ernährungsumstellung unseren Superhelden, den Tierarzt, zu konsultieren. Sie informieren Sie über die spezifischen Ernährungsbedürfnisse und Portionsgrößen Ihres pelzigen Begleiters.

Und schließlich sollten wir bei der Lagerung und Frische unserer Lebensmittel besonders vorsichtig sein. Bewahren Sie unsere Lebensmittel an einem kühlen, trockenen Ort auf, fern von schädlichen Schädlingen. Überprüfen Sie das Verfallsdatum und stellen Sie sicher, dass die Verpackung intakt ist. Wenn Sie Veränderungen im Geruch, in der Textur oder im Aussehen bemerken, ist es besser, auf Nummer sicher zu gehen und sich eine neue Tüte zu besorgen.

Also, meine Pfotenfreunde, lasst uns dafür sorgen, dass unsere Bäuche glücklich und wackeln, indem wir uns mit nahrhaften Mahlzeiten versorgen. Unter der Anleitung unserer liebevollen Besitzer und dem wachsamen Auge des Tierarztes können wir ein Leben lang köstliche und gesunde Ernährungsabenteuer genießen. Guten Appetit, meine pelzigen Feinschmecker!

Meine Checkliste
Lassen Sie uns über etwas Nützliches und Praktisches sprechen. Halten Sie Ausschau nach diesen Zeichen:

1. **Verminderter Appetit oder verminderte Essgewohnheiten** : Es könnte ein Zeichen für Hundeblues sein, wenn ich mich nicht so sehr auf die Essenszeit freue.

2. **Mangelnde Begeisterung oder Interesse an Aktivitäten:** Weißt du, wie ich beim Spielen normalerweise herumspringe? Na ja, wenn ich nicht so aufgeregt bin, könnte etwas los sein.

Ein unverzichtbarer Ratgeber für Hundeliebhaber

Kapitel 10

3.   **Veränderungen im Schlafrhythmus oder übermäßiges Schlafen:** Hunde brauchen ihre Schönheitsruhe, aber es könnte ein Warnsignal sein, wenn ich viel mehr als sonst schlafe.

4.   **Niedriges Energieniveau und reduzierte Aktivität:** Wenn ich mich deprimiert fühle, fällt Ihnen vielleicht auf, dass ich nicht so aktiv oder verspielt bin wie sonst.

5.   **Rückzug aus sozialen Interaktionen:** Normalerweise liebe ich es, mit dir und meinen pelzigen Freunden zusammen zu sein, aber wenn ich soziale Interaktionen vermeide, ist das ein Zeichen dafür, dass etwas nicht stimmt.

6.   **Verhaltensänderungen wie Unruhe oder Reizbarkeit:** Wenn ich mich anders verhalte, zum Beispiel unruhig oder gereizt bin, ist das meine Art, Ihnen zu sagen, dass es mir nicht gut geht.

Was sollten Sie nun tun, wenn Sie diese Anzeichen bemerken? Hier sind einige Folgemaßnahmen:

1.   **Beobachten und dokumentieren:** Verfolgen Sie alle Veränderungen, die Sie an meinem Verhalten, meinem Appetit oder meinem Aktivitätsniveau bemerken.

2.   **Konsultieren Sie einen Tierarzt:** Vereinbaren Sie einen Termin mit einem Tierarzt, um mein Verhalten und Ihre Bedenken zu besprechen.

3.   **Gesundheits-Check:** Der Tierarzt muss mich einer gründlichen körperlichen Untersuchung unterziehen, um mögliche gesundheitliche Probleme auszuschließen.

4.   **Verhaltensbeurteilung:** Ziehen Sie in Betracht, sich von einem professionellen Hundeverhaltensforscher oder -trainer beraten zu lassen, der mein emotionales Wohlbefinden beurteilen kann.

5.   **Umweltbereicherung:** Bieten Sie mir geistige Stimulation, interaktives Spielzeug und Aktivitäten, die mir helfen, meine Stimmung zu heben.

6.   **Übung und Spiel:** Machen Sie regelmäßig Sport und spielen Sie mit mir, um mein körperliches und geistiges Wohlbefinden zu fördern.

7.   **Behalten Sie eine Routine bei :** Richten Sie einen konsistenten Tagesablauf ein, um mir Stabilität und Struktur zu geben.

8.   **Bindung und Zuneigung:** Überschütte mich mit Liebe, Aufmerksamkeit und Zuneigung, um unsere Bindung zu stärken.

Erkunde die Dunkle Seite des Hundelebens

Allgemeine Gesundheit

9. **Erwägen Sie eine Therapie oder Medikamente:** In schweren Fällen empfiehlt der Tierarzt möglicherweise eine Therapie oder Medikamente, um meinen Hundeblues in den Griff zu bekommen.

Denken Sie daran, dass jeder Hund einzigartig ist und daher die Herangehensweise variieren kann. Seien Sie einfach aufmerksam, geduldig und mitfühlend mit mir. Mit Ihrer Liebe und Unterstützung können wir gemeinsam die Depression bei Hunden bekämpfen und mein emotionales Wohlbefinden positiv beeinflussen. Lasst uns weiterhin mit dem Schwanz wedeln und unsere Stimmung hoch halten! Wau-Wau!

Zusammenfassung von 40 Hunderassen bei Angstproblemen

Jetzt präsentiere ich eine Zusammenfassung der Angstzustände meiner Freunde. Aber keine Sorge! Jeder von ihnen wird später einer nach dem anderen die Bühne betreten, um weitere Details über sich selbst und bezaubernde Fotos zu teilen. Sie erhalten die Gelegenheit, tiefer in ihre einzigartigen Persönlichkeiten, Eigenheiten und Angstauslöser einzutauchen. Bleiben Sie also auf dem Laufenden und machen Sie sich bereit, jeden meiner wunderbaren Freunde hautnah und persönlich

kennenzulernen. Gemeinsam enthüllen wir die faszinierende Welt der Hundeangst und entdecken die besten Möglichkeiten, unsere pelzigen Begleiter zu unterstützen und zu verstehen. Machen Sie sich bereit für ein schwanzwedelndes Abenteuer! Schuss!

Ein unverzichtbarer Ratgeber für Hundeliebhaber

Kapitel 10

Alaskan Malamutes sind für ihre Kraft und Ausdauer bekannt und majestätische und unabhängige Arbeitshunde. Obwohl sie im Allgemeinen freundlich und kontaktfreudig sind, können sie anfällig für bestimmte Verhaltensprobleme sein, wenn sie nicht richtig behandelt werden. Alaskan Malamutes können in Situationen wie der Trennung von ihren menschlichen Begleitern oder Veränderungen in ihrer Umgebung Angst verspüren. Anzeichen von Angst bei Alaskan Malamutes können übermäßiges Bellen, Heulen, Graben oder destruktives Verhalten sein. Um ihre Ängste zu lindern, müssen ihre Besitzer ihnen regelmäßig Bewegung und geistige Stimulation bieten. Wenn Sie sie an Aktivitäten wie Wandern, Rodeln oder Gehorsamkeitstraining beteiligen, kann dies dazu beitragen, ihre körperlichen und geistigen Bedürfnisse zu befriedigen. Auch die Etablierung einer einheitlichen Routine und die Bereitstellung eines sicheren und komfortablen Raums können dazu beitragen, dass sie sich wohler fühlen. Positive Verstärkungstrainingstechniken funktionieren gut, da sie positiv auf Belohnungen und Lob reagieren. Geduld, Verständnis und eine liebevolle Herangehensweise sind unerlässlich, um ihnen zu helfen, ihre Ängste zu überwinden und ein ausgeglichenes und glückliches Leben zu führen.

Australische Rinder sind intelligente und aktive Hütehunde, die unter Umständen zu Angstzuständen neigen, wenn sie nicht richtig stimuliert werden. Sie können durch Verhaltensweisen wie übermäßiges Bellen, Graben oder Hyperaktivität Angst zeigen. Regelmäßige körperliche Bewegung, geistige Stimulation und eine Beschäftigung können dazu beitragen, ihre Ängste zu lindern. Diese Hunde zeichnen sich durch Aktivitäten wie Beweglichkeit, Gehorsam und Hüteversuche aus, die ihre Energie kanalisieren und ihnen einen Sinn für das Ziel vermitteln können. Strukturiertes Training und positive Verstärkungsmethoden funktionieren am besten für Australian Cattle Dogs, da sie gut auf konsequentes, belohnungsbasiertes Training reagieren. Mit der richtigen Pflege, Aufmerksamkeit und den richtigen Ventilen für ihre Energie können Australian Cattle Dogs Ängste überwinden und als glückliche und ausgeglichene Begleiter gedeihen.

Erkunde die Dunkle Seite des Hundelebens

Zusammenfassung von 40 Hunderassen bei Angstproblemen

Australische Schäferhunde, auch **Aussies** genannt, sind hochintelligente und aktive Hunde, die bei unsachgemäßer Führung zu Ängsten neigen. Sie können Angst durch übermäßiges Bellen, destruktives Kauen oder Unruhe zeigen. Australier leben von geistiger und körperlicher Stimulation, daher sind regelmäßige Bewegung, interaktives Spielzeug und Trainingseinheiten unerlässlich, um ihre Ängste zu lindern. Diese Hunde zeichnen sich durch Aktivitäten wie Gehorsam, Beweglichkeit und Hüteversuche aus, was ihnen ein Gefühl von Zielstrebigkeit verleiht und ihnen hilft, ihre Energie zu kanalisieren. Positive Verstärkungstrainingsmethoden, konsistente Routinen und Sozialisation sind entscheidend für ihr Wohlbefinden. Mit der richtigen Pflege, Aufmerksamkeit und Möglichkeiten für Intelligenz und Energie können Australian Shepherds Ängste überwinden und als treue und liebevolle Begleiter ein glückliches, erfülltes Leben führen.

Beagles, die für ihr bezauberndes Aussehen und ihre freundliche Art bekannt sind, können in bestimmten Situationen Angst verspüren. Anzeichen von Angst bei Beagles können übermäßiges Bellen, Heulen und Unruhe sein. Ihre menschlichen Begleiter müssen ihre Ängste verstehen und angehen, damit sie sich sicher und wohl fühlen. Regelmäßige Bewegung ist für Beagles von entscheidender Bedeutung, um überschüssige Energie abzubauen und einen gesunden Geisteszustand aufrechtzuerhalten. Geistige Stimulation durch Puzzlespielzeuge und interaktive Spiele kann dazu beitragen, den Geist zu beschäftigen und Ängste zu lindern. Die Schaffung eines einheitlichen Tagesablaufs und einer ruhigen und strukturierten Umgebung kann Beagles ein Gefühl der Sicherheit geben. Trainingsmethoden mit positiver Verstärkung funktionieren für sie am besten, da sie Selbstvertrauen aufbauen und gutes Verhalten verstärken. Wenn Beagles Angst haben, kann die sanfte Beruhigung und der Trost ihrer Menschen einen großen Unterschied machen. Mit Geduld, Verständnis und einem liebevollen Ansatz können Beagles und ihre Menschen zusammenarbeiten, um Ängste zu bewältigen und sicherzustellen, dass sie ein glückliches und ausgeglichenes Leben führen.

Ein unverzichtbarer Ratgeber für Hundeliebhaber

Kapitel 10

Belgische Malinois , bekannt für ihre Intelligenz und Arbeitsfähigkeit, sind äußerst aktive und ehrgeizige Hunde. Während sie normalerweise selbstbewusst und konzentriert sind, können sie in bestimmten Situationen auch anfällig für Ängste sein. Anzeichen von Angst beim Belgischen Malinois können übermäßiges Bellen, Hin- und Herlaufen, Unruhe oder destruktives Verhalten sein. Um ihre Ängste zu lindern, müssen ihre menschlichen Begleiter ihnen regelmäßig Bewegung und geistige Stimulation bieten. Wenn Sie sie in Gehorsamstraining, Beweglichkeits- oder Geruchsübungen einbeziehen, können Sie ihre Energie kanalisieren und ihnen ein Gefühl für das Ziel geben. Sozialisierung von klein auf ist entscheidend, damit sie sich in verschiedenen Umgebungen und im Umgang mit verschiedenen Menschen und Tieren wohler fühlen. Trainingsmethoden mit positiver Verstärkung funktionieren am besten für belgische Malinois, da sie gut auf Belohnungen und Lob reagieren. Auch die Schaffung einer ruhigen und strukturierten Umgebung, die Etablierung einer konsistenten Routine und die Bereitstellung eines komfortablen Rückzugsraums können dazu beitragen, ihre Ängste zu reduzieren. Belgische Malinois können mit der richtigen Pflege, Ausbildung und Verständnis gedeihen und ein ausgeglichenes und erfülltes Leben führen.

Berner Sennenhunde Mit ihrem sanften und liebevollen Wesen können sie in bestimmten Situationen Angst verspüren. Zu den Angstsymptomen bei Berner Sennenhunden gehören übermäßiges Bellen, Herumlaufen und Unruhe. Ihre menschlichen Begleiter müssen ihre Ängste verstehen und angehen, damit sie sich ruhig und sicher fühlen. Regelmäßige Bewegung, insbesondere Aktivitäten, die Geist und Körper beanspruchen, ist für Berner Sennenhunde unerlässlich, um aufgestaute Energie freizusetzen und das allgemeine Wohlbefinden zu fördern. Wenn man ihnen eine konsistente Routine bietet, die Fütterung, Bewegung und Ruhe einschließt, kann dies dazu beitragen, Ängste zu lindern und sie zu stabilisieren. Sanfte und positive Trainingsmethoden und Sozialisation können ihr Selbstvertrauen stärken und ihnen helfen, neue Erfahrungen mit weniger Stress zu meistern. Die Schaffung einer friedlichen und ruhigen Umgebung zu Hause, zusammen mit viel Zeit und Zuneigung, kann auch dazu beitragen, ihre ängstlichen Tendenzen zu lindern. Mit der richtigen Pflege, Geduld und Verständnis können Berner Sennenhunde gedeihen und harmonisch mit ihren menschlichen Begleitern zusammenleben.

Erkunde die Dunkle Seite des Hundelebens

Zusammenfassung von 40 Hunderassen bei Angstproblemen

Bichon Frise mit ihrem fröhlichen und freundlichen Verhalten kann in bestimmten Situationen Angst verspüren. Anzeichen von Angst bei Bichon Frise können übermäßiges Bellen, Zittern und anhängliches Verhalten sein. Ihre menschlichen Begleiter müssen ihre Ängste verstehen und angehen, damit sie sich sicher und wohl fühlen. Regelmäßige Bewegung und geistige Stimulation durch Spielen und interaktives Spielzeug sind für Bichon Frise unerlässlich, um Energie zu verbrauchen und einen ausgeglichenen Geist zu bewahren. Die Schaffung einer ruhigen und vorhersehbaren Umgebung mit einer konsistenten Routine kann dazu beitragen, ihre Ängste zu lindern und ihnen ein Gefühl der Stabilität zu vermitteln. Positive Verstärkungstrainingsmethoden sowie sanfte Beruhigung und Trost eignen sich am besten für Bichon Frise, um Selbstvertrauen aufzubauen und gutes Verhalten zu stärken. Ihnen einen gemütlichen und sicheren Raum zu bieten, in den sie sich zurückziehen können, wenn sie sich überfordert fühlen, kann auch dazu beitragen, ihre ängstlichen Tendenzen zu lindern. Mit Liebe, Geduld und einem unterstützenden Umfeld können Bichon Frise ihre Ängste überwinden und zusammen mit ihren menschlichen Begleitern ein glückliches und zufriedenes Leben führen.

Border Collies, die für ihre Intelligenz und grenzenlose Energie bekannt sind, können anfällig für Ängste sein, wenn sie nicht richtig behandelt werden. Anzeichen von Angst bei Border Collies können übermäßiges Bellen, Herumlaufen und destruktives Verhalten sein. Ihre menschlichen Begleiter müssen ihnen viel körperliche Bewegung und geistige Anregung bieten, um ihnen zu helfen, ihre Energie positiv zu kanalisieren. Regelmäßige Trainingseinheiten und spannende Aktivitäten wie Agility oder Hüten können dazu beitragen, ihr Bedürfnis nach geistiger Stimulation zu befriedigen und ihnen ein Gefühl der Sinnhaftigkeit zu vermitteln. Border Collies gedeihen in strukturierten Umgebungen mit klaren Grenzen und konsistenten Routinen. Sozialisierung von klein auf ist entscheidend, um angstbasierte Ängste zu verhindern. Trainingsmethoden mit positiver Verstärkung eignen sich am besten für Border Collies, da sie sehr gut auf Belohnungen und Lob reagieren. Beruhigende Techniken wie Atemübungen oder Puzzle-Spielzeuge können helfen, Ängste zu lindern und ein Gefühl der Ruhe zu vermitteln. Mit der richtigen Pflege, Aufmerksamkeit und den Möglichkeiten, ihre Intelligenz zu entfalten, können Border Collies ein erfülltes Leben führen und eventuelle Ängste überwinden.

Ein unverzichtbarer Ratgeber für Hundeliebhaber

Kapitel 10

Boston Terrier sind lebhafte und liebevolle Hunde, die bei unsachgemäßer Führung zu Ängsten neigen. Anzeichen von Angst bei Boston Terriern können übermäßiges Bellen, Unruhe und destruktives Verhalten sein. Ihre menschlichen Begleiter müssen eine ruhige und strukturierte Umgebung schaffen, damit sie sich sicher fühlen. Regelmäßige Bewegung und geistige Stimulation durch interaktive Spiel- und Puzzlespielzeuge können helfen, Ängste zu lindern und überschüssige Energie zu verbrennen. Sozialisierung von klein auf ist entscheidend, um angstbasierte Ängste zu verhindern. Trainingsmethoden mit positiver Verstärkung eignen sich gut für Boston Terrier, da sie auf Belohnungen und Lob reagieren. Wenn man ihnen einen einheitlichen Tagesablauf und viel Liebe und Aufmerksamkeit bietet, kann das dazu beitragen, ihre Ängste zu reduzieren und dafür zu sorgen, dass sie ein glückliches und ausgeglichenes Leben führen. Mit der richtigen Pflege und Unterstützung können Boston Terrier ihre Ängste überwinden und zu geschätzten Begleitern werden.

Boxer sind energische und verspielte Hunde, die zu Ängsten neigen, wenn sie nicht richtig behandelt werden. Anzeichen von Angst bei Boxern können übermäßiges Bellen, Herumlaufen und destruktives Verhalten sein. Ihre menschlichen Begleiter müssen ihre Ängste verstehen und angehen, damit sie sich sicher und wohl fühlen. Regelmäßige Bewegung und geistige Stimulation durch interaktive Spiele und Puzzlespielzeuge können dabei helfen, überschüssige Energie abzubauen und den Geist zu beschäftigen. Die Schaffung eines einheitlichen Tagesablaufs und einer ruhigen und strukturierten Umgebung kann ihnen ein Gefühl der Sicherheit geben. Trainingsmethoden mit positiver Verstärkung und sanfte Beruhigung und Trost können einen großen Unterschied bei der Bewältigung ihrer Angst machen. Mit Geduld, Verständnis und einem liebevollen Ansatz können Boxer ihre Ängste überwinden und ein glückliches und ausgeglichenes Leben führen.

Brittany , auch bekannt als Brittany Spaniel , ist ein lebhafter und vielseitiger Hund mit einem natürlichen Talent zum Jagen und Apportieren. Sie sind für ihre Intelligenz, Beweglichkeit und ihr freundliches Wesen bekannt. Obwohl sie im Allgemeinen vielseitig und anpassungsfähig sind, können Bretagne-Hunde anfällig für bestimmte Verhaltensprobleme sein, wenn ihre Bedürfnisse nicht erfüllt werden. Sie können Angst verspüren, wenn sie beispielsweise längere Zeit allein gelassen

Erkunde die Dunkle Seite des Hundelebens

Zusammenfassung von 40 Hunderassen bei Angstproblemen

werden oder nicht genügend geistige und körperliche Stimulation erhalten. Anzeichen von Angst in der Bretagne können übermäßiges Bellen, Unruhe oder destruktives Verhalten sein. Um ihre Ängste zu lindern, müssen ihre Besitzer ihnen regelmäßige Bewegung, geistige Stimulation und soziale Interaktion bieten. Wenn Sie sie in Aktivitäten wie Gehorsamkeitstraining, Beweglichkeits- oder Apportierspiele einbinden, können Sie ihre Energie kanalisieren und ihren Geist beschäftigen. Brittany gedeiht in Umgebungen, in denen sie reichlich Aufmerksamkeit, positive Verstärkung und konsequentes Training erhalten. Die Schaffung einer strukturierten Routine und die Bereitstellung einer sicheren und liebevollen Umgebung können ihnen helfen, sich sicherer zu fühlen und ihre Ängste zu reduzieren. Mit der richtigen Pflege, Ausbildung und einem liebevollen Umgang kann Brittany ein erfülltes und glückliches Leben führen und gleichzeitig starke Bindungen zu ihren menschlichen Begleitern aufbauen.

Bulldoggen sind für ihr freundliches und entspanntes Wesen bekannt, können aber in bestimmten Situationen auch Angst empfinden. Anzeichen von Angst bei Bulldoggen können übermäßiges Sabbern, Keuchen oder destruktives Verhalten sein. Ihre menschlichen Begleiter müssen ihre Ängste verstehen und angehen, damit sie sich ruhig und sicher fühlen. Die Bereitstellung einer strukturierten Routine, zahlreicher Übungen und geistiger Stimulation kann helfen, ihre Ängste zu lindern. Bulldoggen leben von einem konsequenten Training mit positiven Verstärkungsmethoden, das ihr Selbstvertrauen stärken und ihnen helfen kann, mit Stresssituationen umzugehen. Auch die Schaffung einer friedlichen und komfortablen Umgebung mit vertrauten und beruhigenden Gegenständen kann dazu beitragen, ihre Ängste zu lindern. Mit Geduld, Liebe und einem unterstützenden Ansatz können Bulldoggen ihre Ängste überwinden und ein ausgeglichenes und zufriedenes Leben führen.

Cane Corso ist eine kraftvolle und majestätische italienische Rasse, die für ihre Stärke, Loyalität und ihren beschützenden Charakter bekannt ist. Mit einem selbstbewussten und stabilen Temperament sind sie ausgezeichnete Familienbegleiter und Beschützer. Obwohl der Cane Corso im Allgemeinen eine ausgeglichene Rasse ist, kann er anfällig für bestimmte Verhaltensprobleme sein, wenn er nicht richtig erzogen und sozialisiert wird. Sie können in Situationen Angst verspüren, wenn sie beispielsweise längere Zeit allein gelassen werden oder unbekannten Menschen oder Tieren begegnen. Anzeichen von Angst beim Cane Corso können übermäßiges Bellen, Unruhe oder Aggression sein. Um ihre Ängste zu lindern, ist es wichtig, ihnen eine frühzeitige

Ein unverzichtbarer Ratgeber für Hundeliebhaber

Sozialisierung, positives Verstärkungstraining und viel geistige und körperliche Bewegung zu ermöglichen. Regelmäßige Spaziergänge, interaktive Spielsitzungen und Aktivitäten zur geistigen Stimulation können dabei helfen, ihre Energie zu kanalisieren und sie geistig beschäftigt zu halten. Für ihr Wohlbefinden ist es wichtig, einen festen Tagesablauf zu etablieren, ihnen ein sicheres und strukturiertes Umfeld zu bieten und ihnen viel Aufmerksamkeit und Zuneigung zu schenken. Cane Corso gedeihen in einem Zuhause, in dem sie als geschätzte Familienmitglieder behandelt werden und angemessene Anleitung und Führung erhalten. Mit der richtigen Pflege und Ausbildung kann der Cane Corso ein treuer, liebevoller und ausgeglichener Begleiter sein.

Strickjacke Waliser Corgi ist eine charmante und intelligente Rasse, die für ihr unverwechselbares Aussehen und ihre temperamentvolle Persönlichkeit bekannt ist. Mit ihren kurzen Beinen und langen Körpern haben sie ein bezauberndes und einzigartiges Aussehen, das die Herzen vieler Hundeliebhaber erobert. Strickjacken sind äußerst anpassungsfähig und tolle Begleiter sowohl für Einzelpersonen als auch für Familien. Sie sind bekannt für ihre Loyalität, ihr liebevolles Wesen und ihr verspieltes Auftreten. Allerdings kann es bei ihnen, wie bei jeder Rasse, zu bestimmten Verhaltensauffälligkeiten kommen, wenn sie nicht richtig erzogen und sozialisiert werden. Cardigan Welsh Corgis können in verschiedenen Situationen Angst zeigen, beispielsweise Trennungsangst, wenn sie allein gelassen werden, oder Ängstlichkeit gegenüber unbekannten Menschen oder Umgebungen. Anzeichen von Angst können übermäßiges Bellen, Unruhe oder destruktives Verhalten sein. Um ihre Ängste in den Griff zu bekommen, ist es wichtig, ihnen frühe Sozialisation, positives Verstärkungstraining und mentale Stimulation zu bieten. Regelmäßige Bewegung und spannende Aktivitäten wie Puzzles oder interaktive Spiele können ihnen helfen, Energie zu verbrennen und ihren Geist anzuregen. Die Etablierung einer konsistenten Routine, die Schaffung einer ruhigen und strukturierten Umgebung sowie die Bereitstellung von Sicherheit und Komfort sind für ihr Wohlbefinden von entscheidender Bedeutung. Mit der richtigen Pflege, Ausbildung und einer liebevollen Umgebung können Cardigan Welsh Corgis gedeihen und ihren Familien Freude und Kameradschaft bringen.

Cavalier King Charles Spaniels sind für ihr sanftes und liebevolles Wesen bekannt, können aber auch zu Ängsten neigen. Anzeichen von Angst bei Cavaliers können übermäßiges Bellen, Zittern oder Rückzug sein. Ihre menschlichen Begleiter müssen ihnen eine sichere und fördernde Umgebung bieten, um ihre Ängste zu lindern. Regelmäßige Bewegung und geistige Stimulation durch interaktives Spielen und Training können dabei helfen,

Zusammenfassung von 40 Hunderassen bei Angstproblemen

überschüssige Energie abzubauen und den Geist zu beschäftigen. Kavaliere leben von Trainingsmethoden mit positiver Verstärkung, die ihr Selbstvertrauen stärken und ihre Bindung zu ihren Menschen stärken können. Auch die Schaffung eines einheitlichen Tagesablaufs und die Sicherstellung, dass sie Liebe und Aufmerksamkeit erhalten, können dazu beitragen, ihre Ängste zu lindern. Mit Geduld, Verständnis und einer ruhigen Herangehensweise können Cavaliers ihre Ängste überwinden und ein glückliches und ausgeglichenes Leben führen.

Chihuahua, die für ihre geringe Größe und ihren großen Charakter bekannt sind, können anfällig für Angstzustände sein. Sie können durch übermäßiges Bellen, Zittern oder Aggression Anzeichen von Angst zeigen. Ihre menschlichen Begleiter müssen ihre Ängste verstehen und angehen, damit sie sich sicher und geborgen fühlen. Regelmäßige Übungen wie kurze Spaziergänge oder interaktive Spielsitzungen können dabei helfen, Energie abzubauen und Ängste abzubauen. Auch die Bereitstellung einer ruhigen, strukturierten Umgebung und eines einheitlichen Tagesablaufs kann dazu beitragen, ihre Ängste zu lindern. Trainingsmethoden mit positiver Verstärkung eignen sich gut für Chihuahuas, da sie positiv auf Lob und Belohnungen reagieren. Sozialisierung schon in jungen Jahren kann dazu beitragen, dass sie sich in verschiedenen Situationen wohler und sicherer fühlen. Mit Geduld, Verständnis und einem liebevollen Umgang können Chihuahuas ihre Ängste überwinden und ein glückliches und erfülltes Leben mit ihren menschlichen Begleitern genießen.

Cocker (Englisch/Spanisch), bekannt für sein schönes Fell und sein fröhliches Wesen, können anfällig für Ängste sein. Sie können durch übermäßiges Bellen, destruktives Verhalten oder Anhänglichkeit Anzeichen von Angst zeigen. Ihre menschlichen Begleiter müssen ihre Ängste verstehen und angehen, damit sie sich ruhig und sicher fühlen. Regelmäßige Übungen wie tägliche Spaziergänge oder Spielzeit können dabei helfen, ihre Energie freizusetzen und Ängste abzubauen. Die geistige Stimulation durch interaktives Spielzeug oder Puzzlespiele kann auch dazu beitragen, den Geist zu beschäftigen und Ängste zu lindern. Die Schaffung einer konsistenten Routine und die Bereitstellung einer sicheren und komfortablen Umgebung können Cocker Spaniels ein Gefühl der Sicherheit vermitteln. Trainingsmethoden mit positiver Verstärkung, sanfte Beruhigung und Trost können ihr

Ein unverzichtbarer Ratgeber für Hundeliebhaber

Kapitel 10

Selbstvertrauen stärken und ihnen helfen, ihre Ängste zu überwinden. Mit Geduld, Liebe und der richtigen Pflege können Cocker Spaniels ein glückliches und ausgeglichenes Leben führen und die Zeit mit ihren menschlichen Begleitern genießen.

Dackel mit ihren langen Körpern und temperamentvollen Persönlichkeiten können anfällig für Ängste sein. Sie können Anzeichen von Angst durch übermäßiges Bellen, Graben oder sogar Aggression zeigen. Ihre menschlichen Begleiter müssen ihre Ängste verstehen und angehen, damit sie sich sicher und ruhig fühlen. Dackel gedeihen bei regelmäßiger Bewegung. Tägliche Spaziergänge oder Spielzeit können ihnen dabei helfen, überschüssige Energie abzubauen und Ängste abzubauen. Auch geistige Stimulation ist für diese intelligenten Hunde wichtig, und interaktives Spielzeug oder Puzzlespiele können ihren Geist beschäftigen und Ängste lindern. Die Etablierung einer konsistenten Routine und die Schaffung einer sicheren Umgebung können helfen, ihre Ängste zu lindern. Trainingsmethoden mit positiver Verstärkung funktionieren am besten für Dackel, da sie gut auf Lob und Belohnungen reagieren. Wenn sie sich ängstlich fühlen, können ihnen die sanfte Beruhigung und der Trost ihrer menschlichen Begleiter die Unterstützung geben, die sie brauchen. Mit der richtigen Pflege, Aufmerksamkeit und Liebe können Dackel ein glückliches und ausgeglichenes Leben führen und ihren Familien Freude bereiten.

Dobermann-Pinscher, die für ihre Loyalität und ihr beschützendes Wesen bekannt sind, können manchmal Angst verspüren. Anzeichen von Angst bei Dobermännern können übermäßiges Bellen, destruktives Verhalten oder sogar Aggression sein. Ihre menschlichen Begleiter müssen ihre Ängste verstehen und ansprechen, um eine sichere und harmonische Umgebung für sie zu schaffen. Regelmäßige Bewegung ist für Dobermänner unerlässlich, um aufgestaute Energie freizusetzen und ihr allgemeines Wohlbefinden aufrechtzuerhalten. Mentale Stimulation durch Training, Puzzlespielzeug oder interaktive Spiele kann dazu beitragen, den Geist zu beschäftigen und Ängste zu lindern. Dobermänner leben von Struktur und Routine, daher kann die Festlegung eines einheitlichen Tagesablaufs ihnen ein Gefühl der Sicherheit geben. Trainingsmethoden mit positiver Verstärkung funktionieren gut bei Dobermännern, da sie positiv auf Belohnungen und Lob reagieren. Wenn Sie sich ängstlich fühlen, kann die sanfte Beruhigung und Beruhigung Ihrer menschlichen Begleiter einen großen Unterschied machen und ihnen dabei helfen, sich wohl zu fühlen. Mit der richtigen Pflege,

Von Sorgen zu Schwanzwedeln

Erkunde die Dunkle Seite des Hundelebens

Zusammenfassung von 40 Hunderassen bei Angstproblemen

Ausbildung und einem liebevollen Umgang können Dobermann-Pinscher ihre Ängste überwinden und sich als selbstbewusste und ausgeglichene Begleiter entfalten.

Der Englische Cocker ist eine entzückende und energiegeladene Rasse, die für ihr freundliches Wesen und ihr fröhliches Wesen bekannt ist. Mit ihren weichen, ausdrucksstarken Augen und dem seidigen Fell besitzen sie einen unwiderstehlichen Charme, der die Herzen vieler Hundeliebhaber erobert. Englische Cocker sind vielseitig und anpassungsfähig, was sie zu großartigen Begleitern für Einzelpersonen und Familien macht. Sie leben von der menschlichen Gesellschaft und lieben die Teilnahme an Familienaktivitäten. Diese Rasse ist bekannt für ihre Intelligenz und ihren Willen zu gefallen, wodurch sie relativ leicht zu trainieren ist. Allerdings können sie anfällig für Trennungsangst sein, wenn sie längere Zeit allein gelassen werden. Anzeichen von Angst bei Englisch Cockern können übermäßiges Bellen, destruktives Verhalten oder Unruhe sein. Um ihre Ängste in den Griff zu bekommen, ist es wichtig, ihnen ausreichend geistige und körperliche Stimulation zu bieten. Regelmäßige Bewegung, interaktives Spielzeug und spannende Aktivitäten wie Gehorsamkeitstraining oder Beweglichkeit können ihnen dabei helfen, Energie zu verbrennen und ihren Geist zu beschäftigen. Die Etablierung einer konsistenten Routine und die Bereitstellung einer sicheren und strukturierten Umgebung können ebenfalls dazu beitragen, ihre Ängste zu lindern. Trainingsmethoden mit positiver Verstärkung eignen sich gut für diese Rasse, da sie positiv auf Lob und Belohnungen reagieren. Mit Liebe, Geduld und der richtigen Pflege kann der Englische Cocker gedeihen und seinen Familien Freude und Kameradschaft bereiten.

Englische Setter sind für ihr freundliches und aufgeschlossenes Wesen bekannt, können aber in bestimmten Situationen auch Ängste verspüren. Anzeichen von Angst bei Englischen Settern können Unruhe, übermäßiges Bellen oder destruktives Verhalten sein. Ihre menschlichen Begleiter müssen ihre Ängste verstehen und angehen, damit sie sich sicher und wohl fühlen. Regelmäßige Bewegung ist für English Setter von entscheidender Bedeutung, um ihre Energie freizusetzen und einen ausgeglichenen Geisteszustand aufrechtzuerhalten. Mentale Stimulation durch Training, interaktives Spielzeug oder Puzzlespiele kann ebenfalls dazu beitragen, den Geist zu beschäftigen und Ängste zu lindern. Englische Setter leben von Trainingsmethoden mit positiver Verstärkung, da sie gut auf Belohnungen und Lob reagieren. Die Schaffung eines einheitlichen Tagesablaufs und einer ruhigen und

Ein unverzichtbarer Ratgeber für Hundeliebhaber

Kapitel 10

strukturierten Umgebung kann ihnen ein Gefühl der Sicherheit geben. Wenn Sie sich ängstlich fühlen, kann die sanfte Beruhigung und der Trost Ihrer menschlichen Begleiter einen großen Unterschied machen. Mit Geduld, Verständnis und einem liebevollen Ansatz können English Setter ihre Ängste bewältigen und ein glückliches und erfülltes Leben führen.

Deutsche Schäferhunde sind intelligente und treue Hunde, können aber in bestimmten Situationen zu Ängsten neigen. Anzeichen von Angst bei Deutschen Schäferhunden können übermäßiges Bellen, Hin- und Herlaufen oder destruktives Verhalten sein. Ihre menschlichen Begleiter müssen ihre Ängste verstehen und angehen, damit sie sich sicher und ruhig fühlen. Regelmäßige Bewegung ist für Deutsche Schäferhunde von entscheidender Bedeutung, um Energie freizusetzen und das geistige Wohlbefinden aufrechtzuerhalten. Geistige Stimulation durch Training, interaktives Spielzeug und Aktivitäten zur Problemlösung können ebenfalls zur Linderung von Ängsten beitragen. Deutsche Schäferhunde reagieren gut auf Trainingsmethoden mit positiver Verstärkung und leben von Lob und Belohnungen. Die Schaffung einer strukturierten Routine und einer sicheren und anregenden Umgebung kann ihnen ein Gefühl der Sicherheit vermitteln. Wenn Sie sich ängstlich fühlen, können sanfte Beruhigung und Trost von Ihren menschlichen Begleitern eine beruhigende Wirkung haben. Mit Geduld, Verständnis und konsequenter Ausbildung können Deutsche Schäferhunde ihre Ängste bewältigen und ein ausgeglichenes und erfülltes Leben führen.

Golden Retriever sind freundliche und anhängliche Hunde, können aber in bestimmten Situationen auch Angst verspüren. Anzeichen von Angst bei Golden Retrievern können übermäßiges Bellen, Keuchen oder destruktives Verhalten sein. Ihre menschlichen Begleiter müssen ihre Ängste erkennen und angehen, damit sie sich sicher und ruhig fühlen. Regelmäßige Bewegung ist für Golden Retriever unerlässlich, um Energie freizusetzen und einen gesunden Geisteszustand aufrechtzuerhalten. Geistige Stimulation durch Training, Puzzlespielzeug und interaktive Spiele kann ebenfalls zur Linderung von Ängsten beitragen. Die Etablierung eines einheitlichen Tagesablaufs und einer sicheren und anregenden Umgebung kann ihnen ein Gefühl der Stabilität vermitteln. Trainingsmethoden mit positiver Verstärkung

Zusammenfassung von 40 Hunderassen bei Angstproblemen

eignen sich gut für Golden Retriever, da sie positiv auf Belohnungen und Ermutigungen reagieren. Wenn Sie sich ängstlich fühlen, kann die sanfte Beruhigung und der Trost Ihrer menschlichen Begleiter einen erheblichen Unterschied machen. Mit Geduld, Verständnis und einem liebevollen Ansatz können Golden Retriever ihre Ängste bewältigen und ein glückliches und ausgeglichenes Leben führen.

Deutsche Doggen sind sanfte Riesen, die für ihr ruhiges und freundliches Wesen bekannt sind, in bestimmten Situationen jedoch auch Ängste verspüren können. Anzeichen von Angst bei Deutschen Doggen können übermäßiges Sabbern, Keuchen, Herumlaufen oder destruktives Verhalten sein. Ihre menschlichen Begleiter müssen ihre Ängste erkennen und angehen, damit sie sich sicher und wohl fühlen. Regelmäßige Bewegung ist für Deutsche Doggen von entscheidender Bedeutung, um überschüssige Energie abzubauen und einen gesunden Geisteszustand aufrechtzuerhalten. Die Schaffung einer ruhigen und strukturierten Umgebung und einer konsistenten Routine kann ihnen ein Gefühl der Stabilität geben. Trainingsmethoden mit positiver Verstärkung eignen sich gut für Deutsche Doggen, da sie positiv auf Belohnungen und Ermutigungen reagieren. Wenn Sie sich ängstlich fühlen, kann die sanfte Beruhigung und der Trost Ihrer menschlichen Begleiter einen großen Unterschied machen. Mit der richtigen Pflege, Verständnis und einem liebevollen Umgang können Deutsche Doggen ihre Ängste bewältigen und ein glückliches und ausgeglichenes Leben führen.

Labrador Retriever sind freundliche und aufgeschlossene Hunde, können aber in bestimmten Situationen auch Angst verspüren. Anzeichen von Angst bei Labradoren können übermäßiges Kauen oder Graben sein, und sie können anfällig für Trennungsangst sein, die zerstörerisch wird, wenn sie allein gelassen werden. Um ihre Ängste zu lindern, ist es wichtig, ihnen zahlreiche Übungen, geistige Stimulation und interaktives Spielzeug zur Verfügung zu stellen. Regelmäßige Bewegung hilft ihnen, überschüssige Energie abzubauen und ihren Geist zu beschäftigen. Auch die Schaffung einer konsistenten Routine und die Bereitstellung einer sicheren und ruhigen Umgebung können dazu beitragen, dass sie sich wohler fühlen. Trainingsmethoden mit positiver Verstärkung funktionieren am

Ein unverzichtbarer Ratgeber für Hundeliebhaber

Kapitel 10

besten für Labradore, da sie gut auf Belohnungen und Ermutigungen reagieren. Wenn sie sich ängstlich fühlen, kann die sanfte Beruhigung und der Trost ihrer menschlichen Begleiter einen großen Unterschied machen. Mit Verständnis, Geduld und einem liebevollen Ansatz können Labradore ihre Ängste bewältigen und ein ausgeglichenes und glückliches Leben führen.

Leonberger ist ein majestätischer und sanfter Riese, der für seine imposante Größe und sein freundliches Wesen bekannt ist. Mit ihrem dicken, doppelten Fell und ihrem beeindruckenden Aussehen ziehen sie oft alle Blicke auf sich, wohin sie auch gehen. Trotz ihrer Größe sind Leonberger für ihr sanftes und ruhiges Auftreten bekannt, was sie zu hervorragenden Familienbegleitern macht. Sie sind loyal und anhänglich und nehmen gerne an den Familienaktivitäten teil. Diese Rasse ist hochintelligent und lernfähig und möchte ihren Besitzern gefallen. Im Allgemeinen sind sie gut im Umgang mit Kindern und verstehen sich gut mit anderen Haustieren, wenn sie richtig sozialisiert sind. Leonberger haben ein mäßiges Energieniveau und profitieren von täglicher Bewegung, um körperlich und geistig zu stimulieren. Ihr Fell muss regelmäßig gebürstet werden, um sein schönes Aussehen zu bewahren und ein Verfilzen zu verhindern. Obwohl es sich im Allgemeinen um gesunde Hunde handelt, können sie anfällig für bestimmte Gesundheitsprobleme sein, wie zum Beispiel Hüftdysplasie und bestimmte Formen von Krebs. Regelmäßige tierärztliche Untersuchungen und eine ausgewogene Ernährung sind wichtig für ihr allgemeines Wohlbefinden. Mit seinem liebevollen und sanften Wesen kann der Leonberger ein wunderbarer Begleiter für Einzelpersonen oder Familien sein, die einen treuen und hingebungsvollen pelzigen Freund suchen.

maltesisch Hunde sind für ihre geringe Größe und ihr charmantes Wesen bekannt, können aber in bestimmten Situationen auch Angst verspüren. Anzeichen von Angst bei maltesischen Hunden können übermäßiges Bellen, Zittern oder Verstecken sein. Sie neigen zu Trennungsangst und können eine übermäßige Bindung zu ihren menschlichen Begleitern entwickeln. Um ihre Ängste zu lindern, ist es wichtig, ihnen eine ruhige und sichere Umgebung zu bieten. Die Schaffung eines konsistenten Tagesablaufs, einschließlich regelmäßiger Bewegung und geistiger Stimulation, kann dazu beitragen, den Geist zu beschäftigen und Ängste abzubauen. Trainingsmethoden mit positiver Verstärkung funktionieren gut bei Maltesern, da sie positiv auf Belohnungen und Lob reagieren. Wenn sie sich ängstlich fühlen, kann die sanfte Beruhigung und der Trost ihrer menschlichen Begleiter ihnen helfen, sich sicherer zu fühlen. Mit Verständnis, Geduld und einem liebevollen

Erkunde die Dunkle Seite des Hundelebens

Zusammenfassung von
40 Hunderassen bei Angstproblemen

Umgang können maltesische Hunde ihre Ängste bewältigen und ein glückliches und ausgeglichenes Leben führen.

Zwergschnauzer sind entzückende kleine Hunde, die für ihr ausgeprägtes Aussehen und ihre temperamentvolle Persönlichkeit bekannt sind. Obwohl sie im Allgemeinen selbstbewusst und kontaktfreudig sind, können sie in bestimmten Situationen Angst verspüren. Anzeichen von Angst bei Zwergschnauzern können übermäßiges Bellen, Unruhe oder destruktives Verhalten sein. Sie können anfällig für Trennungsangst sein und eine übermäßige Bindung zu ihren menschlichen Familienmitgliedern entwickeln. Um ihre Ängste zu lindern, ist es wichtig, ihnen viel körperliche Bewegung und geistige Stimulation zu bieten. Interaktives Spielzeug, Puzzlespiele und Trainingseinheiten können dabei helfen, den Geist zu beschäftigen und Ängste abzubauen. Auch die Schaffung einer ruhigen und strukturierten Umgebung sowie ein einheitlicher Tagesablauf können ihnen ein Gefühl der Sicherheit vermitteln. Trainingsmethoden mit positiver Verstärkung, wie z. B. die Belohnung guten Verhaltens, stärken ihr Selbstvertrauen und reduzieren Ängste. Wenn sie sich ängstlich fühlen, können sanfte Beruhigungen und tröstende Gesten von ihren menschlichen Begleitern einen großen Unterschied machen. Zwergschnauzer können ihre Ängste bewältigen und mit Liebe, Geduld und Verständnis ein glückliches und ausgeglichenes Leben führen.

Norwegischer Elchhund ist eine schöne und vielseitige Rasse mit einer reichen Geschichte, die in Norwegen verwurzelt ist. Diese Rasse ist für ihren robusten Körperbau und ihr markantes Aussehen bekannt und gilt als treuer und mutiger Begleiter. Norwegische Elchhunde haben ein dickes Doppelfell, das bei kaltem Wetter isoliert und ihnen ihr unverwechselbares Aussehen verleiht. Sie sind bekannt für ihre Jagdfähigkeiten, insbesondere beim Aufspüren und Jagen von Wildtieren wie Elchen, Bären und anderen großen Tieren. Mit ihrem ausgeprägten Geruchssinn und ausgeprägten Instinkt eignen sie sich hervorragend für Aufgaben, bei denen es auf die Wahrnehmung von Gerüchen ankommt. Norwegische Elchhunde sind auch für ihre Intelligenz, Unabhängigkeit und ihr willensstarkes Wesen bekannt. Sie benötigen ein konsequentes, festes und dennoch sanftes Training, um ihre Energie zu kanalisieren und ein gutes Verhalten beizubehalten. Sozialisierung schon in jungen Jahren ist wichtig, damit sie sich zu vielseitigen und anpassungsfähigen Hunden entwickeln können. Diese Rasse ist in der Regel freundlich, anhänglich und beschützt ihre Familien, was sie zu hervorragenden

Ein unverzichtbarer Ratgeber für Hundeliebhaber

Kapitel 10

Wachhunden macht. Norwegische Elchhunde sind aktive Hunde und brauchen regelmäßige Bewegung um sie körperlich und geistig zu stimulieren. Ihr dickes Fell muss regelmäßig gepflegt werden, um ein Verfilzen zu verhindern und ein optimales Aussehen zu gewährleisten. Insgesamt ist der Norwegische Elchhund eine treue, intelligente und vielseitige Rasse, die in aktiven Haushalten gedeiht, wo sie die Aufmerksamkeit, Bewegung und geistige Stimulation erhalten, die sie brauchen.

Pudel sind intelligente und elegante Hunde, die für ihr charakteristisches lockiges Fell bekannt sind. Trotz ihres anspruchsvollen Aussehens können Pudel in bestimmten Situationen Angst empfinden. Anzeichen von Angst bei Pudeln können übermäßiges Bellen, Hin- und Herlaufen oder das Streben nach ständiger Aufmerksamkeit sein. Sie können empfindlich auf Veränderungen in ihrer Umgebung reagieren und benötigen möglicherweise eine ruhige und strukturierte Routine, um sich sicher zu fühlen. Regelmäßige körperliche und geistige Bewegung ist für Pudel unerlässlich, um überschüssige Energie freizusetzen und ihr Wohlbefinden zu erhalten. Anregende Aktivitäten wie Puzzle-Spielzeug, Gehorsamstraining oder Beweglichkeitsübungen können helfen, Ängste zu lindern und den Geist zu beschäftigen. Trainingsmethoden mit positiver Verstärkung, mit Belohnungen und Lob, funktionieren am besten für Pudel, da sie gut auf Ermutigung und sanfte Anleitung reagieren. Die Schaffung eines friedlichen und ruhigen Raums im Zuhause und die Bereitstellung beruhigender Dinge wie weicher Bettwäsche oder beruhigender Musik können dazu beitragen, dass sie sich wohler fühlen. Mit der Unterstützung geduldiger und verständnisvoller Besitzer können Pudel ihre Ängste bewältigen und in einer liebevollen und fürsorglichen Umgebung gedeihen.

Portugiesischer Wasserhund ist eine charismatische und vielseitige Rasse mit einer faszinierenden Geschichte, die in Portugal verwurzelt ist. Diese Rasse ist für ihren robusten Körperbau und ihr markantes Fell bekannt und gilt als intelligenter und liebevoller Begleiter. Portugiesische Wasserhunde haben ein hypoallergenes Fell, das entweder gewellt oder lockig ist und einen hervorragenden Wasserschutz bietet. Sie wurden ursprünglich für verschiedene Aufgaben im Zusammenhang mit der Wasserarbeit gezüchtet, beispielsweise zum Einholen von Netzen, zum Überbringen von Nachrichten zwischen Booten und sogar zum Eintreiben von Fischen in Netze. Mit ihrer natürlichen Schwimmfähigkeit und ihrem Wunsch, zu gefallen, zeichnen sie sich beim Docktauchen und im Wasser aus Sport und Gehorsamstraining. Portugiesische Wasserhunde sind für ihre Intelligenz, Trainingsfähigkeit und

Zusammenfassung von 40 Hunderassen bei Angstproblemen

Lernbereitschaft bekannt. Sie leben von geistiger Stimulation und benötigen konsequente und positive Verstärkungstrainingsmethoden, um engagiert und brav zu bleiben. Eine frühe Sozialisierung ist entscheidend, damit sie sich zu vielseitigen und freundlichen Hunden entwickeln können. Portugiesische Wasserhunde pflegen eine enge Bindung zu ihren Familien und sind für ihre Loyalität und ihr beschützendes Wesen bekannt. Sie können im Allgemeinen gut mit Kindern umgehen und können sich gut an familiäre Umgebungen anpassen. Fremden gegenüber sind sie jedoch möglicherweise misstrauisch. Daher ist eine frühzeitige Sozialisierung unerlässlich, um sicherzustellen, dass sie sich in verschiedenen sozialen Situationen wohl fühlen. Diese Rasse ist energiegeladen und erfordert regelmäßige Bewegung, um sie körperlich und geistig zu stimulieren. Tägliche Spaziergänge, interaktive Spielstunden und mentale Herausforderungen sind notwendig, um Langeweile vorzubeugen und das allgemeine Wohlbefinden aufrechtzuerhalten. Das einzigartige Fell des Portugiesischen Wasserhundes erfordert regelmäßige Pflege, Bürsten und gelegentliches professionelles Trimmen. Mit ihrer Intelligenz, ihrem Charme und ihrer wasserliebenden Natur sind portugiesische Wasserhunde fantastische Begleiter für aktive Einzelpersonen und Familien, die ihnen die Aufmerksamkeit, Bewegung und geistige Stimulation bieten können, die sie zum Gedeihen benötigen.

Mops sind charmante und liebevolle Hunde, die für ihr charakteristisches faltiges Gesicht und ihren lockigen Schwanz bekannt sind. Obwohl Möpse verspielt und kontaktfreudig sind, können sie in bestimmten Situationen auch anfällig für Ängste sein. Anzeichen von Angst bei Möpsen können übermäßiges Hecheln, Hin- und Herlaufen oder das Streben nach ständiger Beruhigung sein. Ihre menschlichen Begleiter müssen ihre Ängste verstehen und angehen, damit sie sich ruhig und sicher fühlen. Regelmäßige Übungen wie kurze Spaziergänge oder interaktives Spielen können Möpsen dabei helfen, aufgestaute Energie freizusetzen und ihr Wohlbefinden zu fördern. Auch die geistige Stimulation durch Puzzlespielzeug oder Trainingsübungen kann den Geist beschäftigen und Ängste abbauen. Die Schaffung einer konsistenten Routine und die Bereitstellung einer komfortablen und sicheren Umgebung können dazu beitragen, ihre Sorgen zu lindern. Trainingsmethoden mit positiver Verstärkung, bei denen Belohnungen und Lob zum Einsatz kommen, sind für Möpse effektiv, da sie gut auf sanfte und ermutigende Ansätze reagieren. Wenn Sie ihnen einen ruhigen und gemütlichen Ort zum Entspannen sowie beruhigende Düfte oder beruhigende Musik bieten, können Sie ihre Ängste lindern. Mit Liebe, Geduld und einem unterstützenden Umfeld können Möpse ihre Ängste überwinden und ein glückliches und erfülltes Leben genießen.

 Ein unverzichtbarer Ratgeber für Hundeliebhaber

Kapitel 10

Rottweiler sind kraftvolle und treue Hunde, die für ihr beschützendes Wesen und ihren starken Wachinstinkt bekannt sind. Obwohl Rottweiler oft selbstbewusst und selbstsicher sind, können sie auch anfällig für Ängste sein, die sich in übermäßigem Bellen, Aggressivität oder destruktivem Verhalten äußern. Sie können anfällig für Trennungsangst sein und ihre Familie überfürsorglich behandeln. Um ihre Angst zu reduzieren, ist es wichtig, Rottweilern eine frühzeitige Sozialisierung mit verschiedenen Menschen, Tieren und Umgebungen zu ermöglichen. Positive Verstärkungstrainingstechniken, die sich auf belohnungsbasierte Methoden konzentrieren, können dabei helfen, ihr Selbstvertrauen zu stärken und gewünschte Verhaltensweisen zu verstärken. Geistige und körperliche Bewegung sind für Rottweiler unerlässlich, um überschüssige Energie abzubauen und einen gesunden Geisteszustand zu bewahren. Interaktive Spiele, Gehorsamstraining und herausfordernde Aufgaben können dazu beitragen, ihren Geist zu stimulieren und Ängste zu lindern. Die Schaffung einer ruhigen und strukturierten Umgebung mit konsistenten Routinen kann Rottweilern ein Gefühl der Sicherheit geben. Durch geduldigen und verständnisvollen Umgang sowie angemessene Ausbildung und Sozialisierung können Rottweiler lernen, mit ihren Ängsten umzugehen und sich als ausgeglichene und selbstbewusste Begleiter zu entfalten.

Shiba Inu sind kleine, temperamentvolle Hunde, die für ihr unabhängiges und selbstbewusstes Wesen bekannt sind. Während sie im Allgemeinen eine ruhige und zurückhaltende Rasse sind, können Shiba Inu in bestimmten Situationen anfällig für Ängste sein. Anzeichen von Angst bei Shiba Inu können übermäßiges Bellen, destruktives Verhalten oder Rückzug sein. Um ihre Ängste in den Griff zu bekommen, ist es wichtig, ihnen eine strukturierte Routine und konsequentes Training zu bieten. Positive Verstärkungstechniken funktionieren gut bei Shiba Inu, da sie am besten auf Belohnungen und Lob reagieren. Regelmäßige Bewegung und geistige Stimulation sind entscheidend, um den Kopf aktiv zu halten und Langeweile vorzubeugen, die zu Ängsten führen kann. Die Schaffung einer ruhigen und sicheren Umgebung mit einem ausgewiesenen sicheren Rückzugsort kann helfen, ihre Ängste zu lindern. Auch die sanfte Beruhigung und der Trost ihrer menschlichen Begleiter in Stresssituationen können einen großen Unterschied machen. Mit geduldiger und verständnisvoller Pflege können Shiba Inu lernen, ihre Ängste zu überwinden und sich als ausgeglichener und glücklicher Begleiter zu entfalten.

Erkunde die Dunkle Seite des Hundelebens

Zusammenfassung von 40 Hunderassen bei Angstproblemen

Shih Tzus sind kleine, liebevolle Hunde, die für ihre verspielte und aufgeschlossene Persönlichkeit bekannt sind. Während sie im Allgemeinen freundlich und anpassungsfähig sind, können Shih Tzus in bestimmten Situationen anfällig für Angstzustände sein. Anzeichen von Angst bei Shih Tzus können übermäßiges Bellen, Zittern oder anhängliches Verhalten sein. Um ihre Angst zu bewältigen, ist es wichtig, ihnen eine ruhige und strukturierte Umgebung zu bieten. Die Schaffung eines einheitlichen Tagesablaufs und eines ausgewiesenen sicheren Raums für sie kann dazu beitragen, ihre Ängste zu lindern und ihnen ein Gefühl der Sicherheit zu vermitteln. Mit Belohnungen und sanfter Anleitung funktionieren Trainingsmethoden mit positiver Verstärkung am besten bei Shih Tzus, um ihr Selbstvertrauen zu stärken und gutes Verhalten zu stärken. Regelmäßige Bewegung, sowohl körperlich als auch geistig, ist entscheidend, um überschüssige Energie abzubauen und den Geist anzuregen. Sanfte Beruhigung und Trost von ihren menschlichen Begleitern in Stresssituationen können auch dazu beitragen, ihre Ängste zu beruhigen. Shih Tzus können lernen, mit ihren Ängsten umzugehen und mit einer geduldigen und liebevollen Betreuung ein glückliches und ausgeglichenes Leben zu genießen.

Siberian Huskys sind energische und soziale Hunde, die für ihr auffälliges Aussehen und ihre soliden Schlittenziehfähigkeiten bekannt sind. Obwohl sie im Allgemeinen freundlich und kontaktfreudig sind, können Siberian Huskys anfällig für bestimmte Verhaltensprobleme sein, einschließlich Trennungsangst. Wenn sie längere Zeit allein gelassen werden, können sie Anzeichen von Angst zeigen, wie z. B. übermäßiges Bellen, destruktives Verhalten oder Fluchtversuche. Um ihre Ängste in den Griff zu bekommen, ist es wichtig, ihnen regelmäßig Bewegung zu bieten, da Huskys ein hohes Energieniveau haben und viel körperliche Aktivität benötigen. Ebenso wichtig ist die geistige Stimulation, denn intelligente Hunde lieben spannende Aufgaben und Herausforderungen. Der Aufbau einer konsistenten Routine, einschließlich strukturierter Trainingseinheiten und interaktiver Spielzeit, kann dazu beitragen, ihre Ängste zu lindern und ein Gefühl der Stabilität zu vermitteln.

Darüber hinaus können ihnen Käfigtraining und die Schaffung eines sicheren und komfortablen, höhlenartigen Raums einen sicheren Rückzugsort bieten. Positives Verstärkungstraining Techniken wie die Belohnung guten Verhaltens und die Bereitstellung geistiger Bereicherung können ihre Ängste wirksam bewältigen. Mit der

Ein unverzichtbarer Ratgeber für Hundeliebhaber

Kapitel 10

richtigen Pflege, Aufmerksamkeit und einer liebevollen Umgebung können Siberian Huskys ein erfülltes Leben führen und starke Bindungen zu ihren menschlichen Begleitern aufbauen.

Staffordshire Bull Terrier, oft auch Staffie genannt, sind freundliche und anhängliche Hunde, die für ihren muskulösen Körperbau und ihr energiegeladenes Wesen bekannt sind. Obwohl Staffie im Allgemeinen sozial und gutmütig ist, kann er anfällig für bestimmte Verhaltensprobleme sein, einschließlich Trennungsangst. Wenn sie längere Zeit allein gelassen werden, können sie Anzeichen von Angst zeigen, wie z. B. übermäßiges Bellen, destruktives Verhalten oder Fluchtversuche. Um ihre Ängste in den Griff zu bekommen, ist es wichtig, ihnen regelmäßig Bewegung und geistige Stimulation zu bieten. Tägliche Spaziergänge, Spielstunden und interaktives Spielzeug können dabei helfen, überschüssige Energie abzubauen und den Geist zu beschäftigen. Die Etablierung einer konsistenten Routine und die Bereitstellung eines sicheren und komfortablen Raums können dazu beitragen, ihre Ängste zu lindern und ein Gefühl der Sicherheit zu vermitteln. Trainingsmethoden mit positiver Verstärkung, die Belohnungen und Lob nutzen, bringen ihnen effektiv gutes Verhalten bei und stärken ihr Selbstvertrauen. Mit der richtigen Pflege, Sozialisierung und einer liebevollen Umgebung können Staffordshire Bull Terrier gedeihen und starke Bindungen zu ihren menschlichen Familien aufbauen.

Volpino Italiano ist eine bezaubernde und lebhafte Rasse mit einem reichen Erbe, die ursprünglich aus Italien stammt. Diese Rasse ist für ihre geringe Größe und ihr flauschiges Fell bekannt und erobert die Herzen mit ihrem bezaubernden Aussehen und ihrer charmanten Persönlichkeit. Der Volpino Italiano hat ein dickes Doppelfell, das in verschiedenen Farben erhältlich ist und Schutz bietet und zu seinem bezaubernden Aussehen beiträgt. Er ist durch und durch ein Begleithund, der starke Bindungen zu seiner Familie aufbaut und oft ein loyales und anhängliches Wesen an den Tag legt. Trotz seiner kleinen Statur ist der Volpino Italiano temperamentvoll und lebhaft, immer bereit für Spiel und Abenteuer. Diese Rasse ist bekannt für ihre Intelligenz, Agilität und schnelle Lernfähigkeit. Es genießt die geistige Stimulation und zeichnet sich durch Aktivitäten wie Gehorsamkeitstraining, Beweglichkeitskurse und interaktive Spiele aus. Eine frühe Sozialisierung ist wichtig, um sicherzustellen, dass Volpino Italiano zu einem vielseitigen und anpassungsfähigen

Erkunde die Dunkle Seite des Hundelebens

Zusammenfassung von 40 Hunderassen bei Angstproblemen

Hund heranwächst. Obwohl sie klein sind, können sie durchsetzungsfähig sein und möglicherweise einen Beschützerinstinkt gegenüber ihren Lieben zeigen. Regelmäßige Bewegung in Form von Spaziergängen, Spielstunden und geistigen Herausforderungen ist unerlässlich, um sie körperlich und geistig zu stimulieren. Während ihr flauschiges Fell regelmäßig gebürstet werden muss, um ein Verfilzen zu verhindern und seine Schönheit zu bewahren, gelten sie als Rasse mit geringem Fellverlust und sind daher für Allergiker geeignet. Der Volpino Italiano ist ein entzückender Begleiter, der seiner Familie Freude und Zuneigung bringt. Ihr lebhaftes Wesen, ihre Intelligenz und ihr faszinierendes Aussehen sind wunderbare Haustiere für Einzelpersonen und Familien, die einen hingebungsvollen und temperamentvollen Hundebegleiter suchen.

Welsh Springer Spaniel ist eine charmante und vielseitige Rasse mit einer reichen Geschichte, die in Wales verwurzelt ist. Mit ihrem unverwechselbaren Fell und ihrem freundlichen Wesen erobern sie die Herzen von Hundeliebhabern auf der ganzen Welt. Welsh Springer Spaniels haben einen mittelgroßen, ausgewogenen Körperbau, der es ihnen ermöglicht, bei verschiedenen Aktivitäten hervorragende Leistungen zu erbringen. Ihr seidiges rot-weißes Fell ist nicht nur optisch ansprechend, sondern bietet auch Schutz vor Witterungseinflüssen. Diese Rasse ist für ihre außergewöhnlichen Jagdfähigkeiten bekannt, insbesondere beim Aufspüren von Wild und beim Apportieren. Mit ihrem ausgeprägten Geruchssinn und ihren natürlichen Instinkten gedeihen sie bei Aufgaben, die das Erkennen von Gerüchen erfordern. Welsh Springer Spaniels sind intelligent und bereit zu gefallen, wodurch sie sehr gut trainierbar sind und auf positive Verstärkungsmethoden reagieren. Sie sind vielseitig in ihren Fähigkeiten und können an verschiedenen Hundesportarten wie Obedience, Agility und Tracking teilnehmen. Ihr freundliches und anhängliches Wesen macht sie zu hervorragenden Begleitern und Familienhunden. Sie bauen starke Bindungen zu ihrer menschlichen Familie auf und kommen oft gut mit Kindern und anderen Haustieren zurecht. Regelmäßige Bewegung ist wichtig, um den Welsh Springer Spaniel körperlich und geistig zu stimulieren. Sie genießen Aktivitäten wie flotte Spaziergänge, Joggen und interaktive Spielstunden. Ihr Fell muss regelmäßig gepflegt werden, um es sauber und frei von Verfilzungen zu halten. Mit seinem liebevollen Temperament, seiner Intelligenz und seinem energischen Wesen ist der Welsh Springer Spaniel ideal für aktive Einzelpersonen oder Familien, die einen treuen und hingebungsvollen Begleiter suchen.

Ein unverzichtbarer Ratgeber für Hundeliebhaber

Kapitel 10

Yorkshire Terrier oder **Yorkies** sind kleine und temperamentvolle Hunde, die für ihr glamouröses Fell und ihren selbstbewussten Charakter bekannt sind . Trotz ihrer geringen Größe können sie manchmal Anzeichen von Angst zeigen. Yorkies können Trennungsangst verspüren, wenn sie längere Zeit allein gelassen werden, was zu Verhaltensweisen wie übermäßigem Bellen, zerstörerischem Kauen oder Unruhe führt. Um ihre Angst zu bewältigen, müssen ihre menschlichen Begleiter eine sichere Umgebung schaffen. Regelmäßige Bewegung und geistige Stimulation sind unerlässlich, um Geist und Körper aktiv zu halten. Die Bereitstellung interaktiver Spielzeuge und Puzzlespiele kann dazu beitragen, Ängste zu lindern und sie zu beschäftigen. Auch die Etablierung eines einheitlichen Tagesablaufs und die Festlegung klarer Grenzen können ein Gefühl von Struktur und Sicherheit vermitteln. Positive Verstärkungstrainingstechniken, bei denen Belohnungen und Lob zum Einsatz kommen, bringen ihnen effektiv gutes Verhalten bei und stärken ihr Selbstvertrauen. Mit Liebe, Geduld und einer ruhigen Herangehensweise können Yorkshire Terrier ihre Ängste überwinden und in einer liebevollen häuslichen Umgebung gedeihen.

Zusammenfassung von 40 Hunderassen bei Angstproblemen

Ein unverzichtbarer Ratgeber für Hundeliebhaber

Kapitel 11

Schlaf und Spaziergang, um fit zu bleiben

Wau-Wau! Zunächst einmal habe ich einige aufregende Neuigkeiten für Sie! In Kapitel 17 unseres hervorragenden Buches habe ich eine umfassende Tabelle rund um das Thema Nickerchen und Spazierengehen hinzugefügt. Es ist ein praktisches Nachschlagewerk, das Ihnen hilft, die spezifischen Nickerchen- und Spaziergänge-Bedürfnisse von 40 beliebten Hunderassen zu verstehen. Ist das nicht großartig?

Nickerchen: Ah, wie schön ist ein gutes Nickerchen! Genau wie Sie brauchen auch wir Hunde unseren Schönheitsschlaf. Die Menge an Schlaf, die wir benötigen, kann von Rasse zu Rasse unterschiedlich sein, wir dösen jedoch gerne etwa 12 bis 14 Stunden am Tag. Das hört sich vielleicht nach viel an, aber wir müssen neue Kraft tanken und gesund und glücklich bleiben. Bitte <u>stellen Sie uns also gemütliche und bequeme Plätze zur Verfügung, an denen wir es uns gemütlich machen und ins Traumland abdriften können.</u> Zzz's. Bitte stören Sie uns nicht, wenn wir ein Nickerchen machen. Es ist unsere kostbare Ausfallzeit!

In dieser Tabelle finden Sie wichtige Informationen darüber, wie viele Stunden jede Rasse normalerweise schlafen muss und wie viel Bewegung sie bei Spaziergängen benötigen. Sie erfahren auch, ob diese Rassen eher für einen Indoor- oder Outdoor-Lebensstil geeignet sind. Dies wird ihre individuellen Bedürfnisse besser verstehen und Ihnen helfen, ihren Tagesablauf entsprechend zu planen.

Spaziergänge: Ach, was für eine Freude, mit unseren menschlichen Begleitern spazieren zu gehen! Gehen ist für uns nicht nur eine körperliche Aktivität; Es ist eine Chance, unsere Sinne zu erforschen, zu verbinden und anzusprechen. Die Dauer und Intensität unserer Spaziergänge kann je nach Rasse, Alter und Energieniveau variieren. Für einige von uns reicht ein gemütlicher Spaziergang um den Block, während andere möglicherweise einen anstrengenderen Spaziergang oder sogar einen Lauf benötigen, um überschüssige Energie abzubauen. <u>Regelmäßige Spaziergänge sind wichtig für</u>

Schlaf und Spaziergang, um fit zu bleiben

unser körperliches und geistiges Wohlbefinden, da sie uns Bewegung, geistige Anregung und die Möglichkeit bieten, mit anderen Hunden in Kontakt zu treten Menschen. Schnappen Sie sich also die Leine, ziehen Sie Ihre Wanderschuhe an und lassen Sie uns gemeinsam in ein Abenteuer aufbrechen!

Aber warten Sie, es gibt noch mehr! Die Tabelle behandelt auch den Bewegungsaspekt, insbesondere das Gehen. Es zeigt die empfohlene Dauer und Häufigkeit der Spaziergänge für jede Rasse auf und stellt sicher, dass wir die körperliche Aktivität und geistige Stimulation erhalten, die wir brauchen, um gesund und glücklich zu bleiben. Ob gemütlicher Spaziergang oder energiegeladene Wanderung, Sie erhalten alle Informationen, die Sie brauchen, um bei unseren Spaziergängen mit dem Schwanz zu wedeln.

Denken Sie daran, liebe Menschen, es ist wichtig, unsere individuellen Bedürfnisse zu berücksichtigen, wenn es um Nickerchen und Spaziergänge geht. Einige Rassen benötigen möglicherweise mehr oder weniger Schlaf, und auch unsere Bewegungsanforderungen können unterschiedlich sein. Nehmen Sie sich also die Zeit, die Rassemerkmale Ihres pelzigen Freundes zu verstehen, konsultieren Sie bei Bedarf Ihren Tierarzt und erstellen Sie eine Routine, die auf unsere spezifischen Bedürfnisse zugeschnitten ist. Und das Wichtigste: Genießen Sie diese gemeinsamen Momente! Nickerchen machen und spazieren gehen sind für uns nicht nur alltägliche Rituale; Sie bieten uns die Möglichkeit, unsere Bindung zu stärken, die Welt zu erkunden und wertvolle Erinnerungen zu schaffen, die ein Leben lang anhalten.

Schließlich hilft Ihnen die Tabelle zu verstehen, ob eine bestimmte Rasse besser für einen Lebensstil im Innen- oder Außenbereich geeignet ist. Einige Rassen fühlen sich im Innenbereich wohl, während andere es lieben, die freie Natur zu erkunden. Wenn Sie dies wissen, können Sie einen Lebensraum schaffen, der unseren Bedürfnissen am besten entspricht und uns Komfort und Zufriedenheit bietet.

Also, meine lieben Menschen, blättern Sie zu Kapitel 17 und tauchen Sie ein in die wunderbare Welt des Nickerchens und Spazierengehens. Nutzen Sie die Tabelle als wertvolle Ressource, um die spezifischen Bedürfnisse Ihres pelzigen Freundes zu verstehen, seine Nickerchen- und Spaziergänge-Routinen entsprechend anzupassen und ihm ein Leben voller Freude, Ruhe und Abenteuer zu ermöglichen. Bitte überprüfen Sie **die Profile von 40 beliebten Rassen für Nickerchen, Spaziergänge und drinnen/draußen** .

Ein unverzichtbarer Ratgeber für Hundeliebhaber

Kapitel 12

Die ängstliche Welt der Welpen

Meine Erinnerung an die Welpenzeit

Wuff, mein lieber Menschenfreund! Wenn ich mich an die Tage erinnere, als ich noch ein kleiner, flauschiger Welpe war, löste das eine Mischung aus Gefühlen in meinem pelzigen Herzen aus. Diese Tage waren voller Freude und Angst, als ich ein neues Kapitel meines Lebens begann, fernab von meiner liebevollen Mutter und meinen Wurfgeschwistern.

Als es für mich an der Zeit war, meine Mutter zu verlassen, war ich von einer Mischung aus Aufregung und Angst erfüllt. Ich war neugierig auf die Welt, die mich erwartete, aber tief in meinem Inneren herrschte ein Gefühl der Unsicherheit und Ungewissheit. Von der Geborgenheit und Wärme der Gegenwart meiner Mutter getrennt zu sein, war eine entmutigende Erfahrung.

In jenen frühen Tagen fühlte ich mich oft ängstlich und überfordert. Die unbekannte Umgebung, das Fehlen der beruhigenden Präsenz meiner Mutter und die neuen Gesichter um mich herum verstärkten meine Sorgen. Die Welt schien groß und einschüchternd zu sein, und ich sehnte mich nach Sicherheit und einem Gefühl der Zugehörigkeit. Doch dann geschah etwas Außergewöhnliches. Meine lieben Besitzer sind in mein Leben getreten. Ihre warme und einladende Präsenz, ihre sanften Berührungen und ihr liebevolles Herz waren in diesen dunklen Momenten wie ein Leuchtfeuer. Sie verstanden, dass ich Zeit brauchte, um mich anzupassen, und dass meine Ängste Geduld und Verständnis erforderten.

Sie schufen eine sichere und beruhigende Umgebung für mich, gefüllt mit weichen Decken, gemütlichen Betten und Spielzeugen, die zu meiner Quelle des Trostes wurden. Sie überschütteten mich mit Liebe, Aufmerksamkeit und sanften Worten, die mir halfen, meine Ängste zu lindern. Ihre konsistenten Routinen und vorhersehbaren Zeitpläne vermittelten mir ein Gefühl der Sicherheit, das ich dringend brauchte. In diesen dunklen Tagen, als meine Ängste überwältigend schienen, boten sie mir ein offenes Ohr und einen tröstenden Schoß. Sie erkannten meine individuellen Bedürfnisse und arbeiteten mit mir

Die ängstliche Welt der Welpen

Schritt für Schritt daran, meine Ängste zu überwinden. Sie führten mich nach und nach an neue Erfahrungen heran und respektierten dabei stets mein Tempo und meine Grenzen. Aber es waren nicht nur die dunklen Tage, die unsere gemeinsame Reise prägten. Es gab auch unzählige schöne Tage voller Lachen, Spielen und einer unzerbrechlichen Bindung. Durch ihre geduldige Führung und positive Verstärkung lernte ich, die Welt um mich herum selbstbewusst anzunehmen. Ihre Liebe und unerschütterliche Unterstützung haben mir geholfen, mich zu einem selbstbewussten und glücklichen Hund zu entwickeln. Wir haben gemeinsam Herausforderungen gemeistert und Triumphe gefeiert, und unsere Bindung ist durch all das stärker geworden. Sie haben mir beigebracht, dass mit Liebe, Verständnis und einer Prise Welpenleckerlis alles möglich ist. Wenn ich an meine Welpenzeit zurückdenke, bin ich dankbar für den Tag, an dem sie in mein Leben traten. Sie haben meine Ängste überwunden und an mich geglaubt. Sie boten mir ein liebevolles und fürsorgliches Zuhause, in dem ich mich entfalten konnte. Ihre Wärme und Fürsorge verwandelten meine Ängste in Mut, und dafür werde ich für immer dankbar sein.

Also, mein lieber menschlicher Freund, lasst uns jeden Moment gemeinsam genießen, sowohl die dunklen als auch die hellen Tage. Durch all das hindurch werden wir diese schöne Reise des Lebens weiterhin Seite an Seite bewältigen, mit wedelnden Schwänzen und Herzen voller grenzenloser Liebe.

Ein unverzichtbarer Ratgeber für Hundeliebhaber

Kapitel 12

Vom Welpenstadium bis zum erwachsenen Hund

Schuss! Lassen Sie mich Sie nun aus meiner Hundeperspektive auf eine Reise durch die verschiedenen Phasen im Leben eines Welpen mitnehmen:

1. **Neugeborenenstadium:** Ah, das waren noch Zeiten, als ich nur ein kleines Fellknäuel war, eng an mich gekuschelt von meiner Mama und meinen Geschwistern. Ich habe mich in allem auf sie verlassen – Milch, Wärme und ein Gefühl der Sicherheit. Es war eine gemütliche und sichere Zeit.

2. **Neugeborenenstadium:** Als sich meine Augen und Ohren zu öffnen begannen, begann ich, eine ganz neue Welt um mich herum zu entdecken. Anfangs war es etwas überwältigend, aber mit jedem Tag wurde ich neugieriger und begieriger, die Gegend zu erkunden.

3. **Übergangsstadium:** Ich wackelte auf meinen kleinen Beinen, um mit meinen Geschwistern Schritt zu halten. Ich begann, meine Sinne zu entwickeln und lernte die verschiedenen Gerüche und Geräusche in meiner Umgebung kennen. Es war eine aufregende Zeit des Wachstums und der Entdeckung.

4. **Sozialisationsphase:** Diese Phase war unglaublich wichtig für mich. Ich habe viele neue Leute und pelzige Freunde kennengelernt und verschiedene Anblicke und Geräusche erlebt. Es hat mir geholfen, der freundliche und gesellige Welpe zu werden, der ich heute bin.

5. **Entwöhnungsphase:** Ah, der Geschmack von festem Essen! Es war ein großer Schritt für mich, als ich von der ausschließlichen Verwendung von Mamas Milch zur Entdeckung einer Vielzahl köstlicher Leckereien überging. Ich habe neue Geschmacksrichtungen und Texturen entdeckt, die das Essen zu einem echten Abenteuer machten.

6. **Jugendstadium:** Oh Mann, diese Etappe war voller Energie und Unsinn! Ich war grenzenlos neugierig und konnte nicht widerstehen, alles zu erkunden, was mir in die Quere kam. Ich lernte die Grundlagen des Trainings, spielte viele Spiele und entdeckte meine einzigartige Persönlichkeit.

7. **Jugendstadium:** Diese Phase hatte ihre Höhen und Tiefen. Ich hatte Phasen der Unabhängigkeit und testete manchmal die Grenzen. Die Hormone brummten und ich erlebte einige Veränderungen. Zum Glück habe ich diese Phase mit der geduldigen Anleitung meiner Menschen mit Liebe und Unterstützung gemeistert.

Erkunde die Dunkle Seite des Hundelebens

8. **Junger Erwachsener:** Ah, das Stadium der Reife! Ich habe mich sowohl körperlich als auch geistig in mein erwachsenes Ich eingelebt. Ich wurde selbstbewusster und erfahrener. Das Leben wurde zu einer Balance aus Verspieltheit und Verantwortung.

9. **Erwachsenenstadium:** Jetzt bin ich erwachsen! Ich habe mein volles Potenzial erreicht und die Blüte meines Lebens genossen. Ich habe immer noch viel Energie und gebe gerne etwas, schätze aber auch ein gutes Nickerchen und einen gemütlichen Ruheplatz.

Jede Phase brachte ihre eigenen Abenteuer, Herausforderungen und Fortschritte mit sich. Und während all dem waren meine Menschen da, führten mich, ernährten mich und gaben mir all die Liebe und Fürsorge, die ich brauchte, um der wundervolle Hund zu werden, der ich heute bin. Schuss! Bitte machen Sie dasselbe für Ihren geliebten Welpen bis zum Erwachsenenalter.

Neuer Welpe, Welpen-zu-Mensch Beratung

Schuss! Sie haben sich also entschieden, einen Welpen in Ihr Leben zu bringen. Lassen Sie mich Ihnen einige Ratschläge geben, was Sie wissen sollten, um Ihnen beiden einen großartigen Start zu ermöglichen. Auf geht's:

1. **Engagement:** Einen Welpen nach Hause zu bringen bedeutet, sich für sein Wohlergehen für viele Jahre zu engagieren. Sie brauchen Ihre Zeit, Aufmerksamkeit und Liebe, seien Sie also auf eine lebenslange pelzige Freundschaft vorbereitet.

2. **Welpensicher:** Welpen sind neugierige kleine Geschöpfe, die gerne mit dem Maul erkunden. <u>Stellen Sie sicher, dass Ihr Zuhause welpensicher ist, indem Sie alle potenziellen Gefahren oder Kauversuche beseitigen. Achten Sie auf Stromkabel, giftige Pflanzen und kleine Gegenstände, die verschluckt werden könnten.</u>

3. **Sozialisation:** Eine frühzeitige Sozialisierung ist der Schlüssel dazu, dass Ihr Welpe ein selbstbewusster und ausgeglichener Hund wird. Führen Sie sie auf positive und kontrollierte Weise an neue Menschen, Tiere und Umgebungen heran. Dies wird ihnen helfen, gute Manieren zu entwickeln und Ängste in ungewohnten Situationen zu vermeiden.

4. **Ausbildung und Disziplin:** Beginnen Sie sofort mit dem Training Ihres Welpen. Bringen Sie ihnen mithilfe positiver Verstärkung grundlegende Befehle,

Ein unverzichtbarer Ratgeber für Hundeliebhaber

Kapitel 12

Einbruch und richtiges Verhalten bei. Leckereien, Lob und Beständigkeit werden Wunder bewirken. Denken Sie daran: Eine sanfte Pfote ist viel besser als ein hartes Wort.

5. **Gesundheit und Wellness:** Vereinbaren Sie einen Besuch beim Tierarzt, um sicherzustellen, dass Ihr Welpe gesund und auf dem neuesten Stand der Impfungen ist. Legen Sie einen regelmäßigen Fütterungsplan mit einer nährstoffreichen, alters- und rassegerechten Ernährung fest. Die Fellpflege, einschließlich Fell- und Zähneputzen, sorgt dafür, dass sie gut aussehen und sich gut fühlen.

6. **Bewegung und Stimulation:** Welpen haben tagelang Energie! Sorgen Sie für ausreichend Bewegung und geistige Anregung . Tägliche Spaziergänge, Spielstunden und interaktive Spielzeuge oder Spiele machen sie glücklich und verhindern, dass sie sich langweilen oder boshaft werden.

7. **Geduld und Liebe:** Ihr Welpe lernt noch und gewöhnt sich an die neue Umgebung . **Seien Sie geduldig mit ihnen,** während sie ihren Weg durch diese große Welt finden. Zeigen Sie ihnen viel Liebe, Aufmerksamkeit und Zuneigung, um eine starke Bindung aufzubauen, die auf Vertrauen und positiver Verstärkung basiert.

8. **Ressourcen zur Welpenpflege:** Es gibt eine ganze Welt hilfreicher Ressourcen für die Welpenpflege. Bücher, Websites und örtliche Welpentrainingskurse können Ihnen wertvolle Ratschläge zu allen Themen geben, von der Grundpflege bis hin zu Verhalten und Trainingstechniken. Suchen Sie nach diesen Ressourcen, um Sie auf Ihrem Weg zur Welpenerziehung zu unterstützen.

Wenn Sie diese Punkte im Hinterkopf behalten und eine liebevolle und unterstützende Umgebung schaffen, wird Ihr Welpe zu einem glücklichen und vielseitigen Hund heranwachsen. Genießen Sie jeden kostbaren Moment und schätzen Sie die tollen Erinnerungen, die Sie gemeinsam schaffen! Schuss!

Herausforderungen und Lösungen für Welpen

Das Wichtigste zuerst: Einbruch kann eine ziemliche Herausforderung sein. Welpen müssen lernen, wo sie ihr Geschäft erledigen können. Erstellen Sie eine einheitliche Routine für die Töpfchenpausen, geben Sie viel Lob und Leckereien, wenn sie an der

Die ängstliche Welt der Welpe

richtigen Stelle sind, und seien Sie geduldig. Unfälle passieren, aber sie werden sich mit der Zeit und positiver Verstärkung durchsetzen.

Beim Kauen und Beißen kann es passieren, dass Sie **autsch werden** ! Welpen lieben es, mit dem Maul zu erkunden, was bedeutet, dass sie an Ihren Schuhen knabbern oder an Ihren Fingern knabbern können. Geben Sie ihnen reichlich Kauspielzeug und lenken Sie ihre Aufmerksamkeit darauf, wenn sie anfangen, an Ihren Lieblingssachen zu nagen. Wenn Sie ihnen die Beißhemmung beibringen und sanftes Spielen belohnen, können Sie besser verstehen, was angemessen ist.

Sozialisierung ist manchmal unangenehm! Führen Sie Ihren Welpen schrittweise und mit vielen positiven Erfahrungen an neue Menschen, Tiere und Umgebungen heran. Kurse zur Sozialisierung von Welpen eignen sich hervorragend, um andere pelzige Freunde kennenzulernen und zu lernen, in neuen Situationen selbstbewusst zu sein. Es wird ihnen helfen, ein vielseitiger Hund zu werden!

Das Training braucht Zeit und Leckereien. Seien Sie konsequent und nutzen Sie positive Verstärkungsmethoden. Leckereien, Lob und Belohnungen helfen ihnen zu verstehen, was Sie von ihnen erwarten. Wenn Sie zusätzliche Hilfe benötigen, sind Welpentrainingskurse eine tolle Option. Sie werden Sie und Ihren Welpen auf den richtigen Weg führen.

Trennungsangst kann eine heulende Herausforderung sein. Die Trennung von ihren Wurfgeschwistern und ihrer Mutter kann bei ihnen Angst auslösen. Lassen Sie sie zunächst für kurze Zeit in Ruhe und verlängern Sie die Zeit schrittweise. Schaffen Sie einen gemütlichen Raum für sie, lassen Sie interaktive Spielzeuge da, um sie zu beschäftigen, und probieren Sie beruhigende Musik oder Pheromon-Diffusoren aus, um ihnen beim Entspannen zu helfen.

Auch das Zahnen kann etwas **rau sein.** Welpen kauen gerne, wenn ihre Zähne wachsen. Bitte stellen Sie ihnen geeignetes Zahnspielzeug zur Verfügung, um ihr Zahnfleisch zu beruhigen. Halten Sie wertvolle oder gefährliche Gegenstände außer Reichweite und sorgen Sie dafür, dass Ihr Zuhause welpensicher ist. Wir können einem guten Kauen nicht widerstehen, wissen Sie!

Energie, Energie, Energie! Welpen haben jede Menge davon. Sie brauchen tägliche Bewegung und geistige Anregung, um glücklich und wohlerzogen zu bleiben. Gehen Sie mit ihnen spazieren, spielen Sie Spiele und geben Sie ihnen Puzzlespielzeug, damit ihr Verstand scharf bleibt. Ein müder Welpe ist ein guter Welpe!

Ein unverzichtbarer Ratgeber für Hundeliebhaber

Kapitel 12

Denken Sie daran: Geduld und Beständigkeit sind der Schlüssel zum Erfolg. Die Erziehung eines Welpen erfordert Zeit und Mühe, aber die Belohnung ist großartig. Setzen Sie klare Grenzen, belohnen Sie gutes Verhalten und vermeiden Sie harte Strafen. Lassen Sie sich bei Bedarf professionell beraten, da dieser Sie individuell beraten kann.

Machen Sie sich also auf viele Kuscheleinheiten, sabbernde Küsse und endloses Schwanzwedeln gefasst. Ihr neuer pelziger Freund wird so viel Freude in Ihr Leben bringen. Denken Sie daran, dass Sie auf dieser Reise nicht allein sind. Kontaktieren Sie andere Hundeliebhaber, Trainer oder Tierärzte, wenn Sie eine helfende Pfote benötigen. Genießen Sie die Tage Ihres Welpen und schätzen Sie jeden wedelnden Moment. Wau-Wau!

Schuss! Ich habe auch einige aufregende Neuigkeiten zu Kapitel 17 meines Buches zu berichten! In diesem Kapitel habe ich eine spezielle und unglaublich nützliche Tabelle mit wertvollen Informationen hinzugefügt, die jeder Welpenbesitzer kennen sollte. Sie finden eine detaillierte Aufschlüsselung des Wachstums und der Entwicklung Ihres süßen Welpen von der ersten Woche bis zum Erwachsenenalter. Jede Tabellenzeile stellt einen anderen Altersbereich dar, von den kostbaren ersten Wochen bis zu den reiferen Stadien des Welpenalters. In der Tabelle finden Sie wichtige Einblicke in die körperliche und Verhaltensentwicklung Ihres Welpen. Es ist faszinierend zu sehen, wie sich ihre winzigen Körper verändern und wie ihre Persönlichkeit zu strahlen beginnt.

Aber das ist nicht alles! Es behandelt wesentliche Aspekte der Welpenpflege, wie Gesundheitsfürsorge, Fütterungspläne, Töpfchentraining, Sozialisierung usw. Es dient als hilfreicher Leitfaden, um sicherzustellen, dass Sie Ihrem pelzigen Begleiter die bestmögliche Pflege und Unterstützung bieten.

Denken Sie daran, dass jeder Welpe einzigartig ist und sich in seinem eigenen Tempo weiterentwickeln kann. Diese Tabelle gibt Ihnen jedoch einen allgemeinen Überblick darüber, was Sie in den einzelnen Lebensabschnitten Ihres Welpen erwartet. Es ist eine wertvolle Ressource, die Ihnen dabei helfen kann, die Freuden und Herausforderungen der Welpenaufzucht zu meistern. Fragen Sie immer Ihren Tierarzt nach spezifischen Impfplänen und Ernährungsempfehlungen, die auf die Rasse, Größe und Gesundheitsbedürfnisse Ihres Welpen zugeschnitten sind.

Blättern Sie also unbedingt zu Kapitel 17 und werfen Sie einen Blick auf die **Entwicklungstabelle für die Lebensphasen des Welpen.** Viel Spaß beim Lesen und viel Spaß beim Wachsen und Gedeihen Ihres pelzigen Freundes! Schuss!

Die ängstliche Welt der Welpe

German Edition

Ein unverzichtbarer Ratgeber für Hundeliebhaber

Kapitel 13

Nicht zuletzt

Schuss! Wir haben es bis zum Ende unseres unglaublichen Abenteuers geschafft, meine großartigen menschlichen Freunde. Gemeinsam sind wir tief in die mysteriöse Welt der Angst vor Hunden eingetaucht, haben ihre Geheimnisse gelüftet und Wege aufgespürt, wie wir mehr Freude und Frieden in unser Leben bringen können.

Wir haben gelernt, die Sprache der Angst zu sprechen und die Signale des anderen wie ein Chef zu lesen. Die verräterischen Zeichen, die wir aussenden, wenn wir Angst vor den körperlichen Symptomen haben, die uns den Schwanz einziehen lassen und unser Herz höherschlagen lassen, haben uns einen Insider-Blog gegeben.

Wir haben die Ursachen aufgedeckt, etwa Trennungsangst, wenn man uns in Ruhe lässt, und Lärmphobien, die uns bei Gewitter und Feuerwerk in zitternde Fellknäuel verwandeln. Und vergessen wir nicht die sozialen Ängste, bei denen wir lernen, Freunde zu finden und unsere Ängste zu überwinden, wie die mutigen Welpen, die wir sind.

Aber keine Sorge, meine treuen Menschen, wir haben auch die Geheimnisse entdeckt, wie man eine Chill-Zone schafft, die für einen Hund geeignet ist. Wir haben gelernt, wie positives Verstärkungstraining unser Selbstvertrauen stärken und eine engere Bindung aufbauen kann als ein Tennisballknoten. Und wir haben gesehen, dass Beständigkeit der Schlüssel ist, mit Routinen, die uns Trost und Stabilität bringen.

Und oh Mann, haben wir ein paar schwanzwedelnde Produkte auf den Markt gebracht, die unsere Angst in den Hintergrund rücken lassen? Von kuscheligen ThunderShirts, die uns in eine gemütliche Umarmung hüllen, bis hin zu interaktiven Spielzeugen, die uns unterhalten und ablenken – wir haben die Werkzeuge, um diese sorgenvollen Momente zu meistern.

Manchmal benötigen wir möglicherweise zusätzliche Hilfe, und hier können Medikamente und professionelle Unterstützung durch Verhaltensforscher und Trainer den Tag retten. Sie sind wie die Superhelden der Hundewelt, die herbeieilen, um uns eine helfende Pfote zu reichen, wenn wir sie am meisten brauchen.

Entdecken Sie die dunkle Seite des Hundelebens

Nicht zuletzt

Aber hier ist das Fazit, meine großartigen Menschen: Auf dieser Reise geht es nicht nur um uns. Es geht auch um dich! Passen Sie auf sich auf, finden Sie Ihr Gleichgewicht und zögern Sie nicht, danach zu fragen Unterstützung bei Bedarf. Wenn Sie in Bestform sind, können Sie uns die Liebe und Fürsorge schenken, die uns wie verrückt mit dem Schwanz wedeln lässt.

Denken Sie daran, dass dieses Buch als Leitfaden dient – als Sprungbrett für ein glücklicheres, ausgeglicheneres Leben. Jeder Hund ist einzigartig und es ist wichtig, die Strategien und Techniken an meine individuellen Bedürfnisse anzupassen. <u>Konsultieren Sie Fachleute, passen Sie die Vorschläge an und modifizieren Sie sie, um einen personalisierten Plan zu erstellen, der mein Wohlbefinden am besten unterstützt.</u>

Erinnern Sie sich an das besorgte Gesicht, das ich im **Vorwort hatte**, als ich anfing, dieses Buch zu schreiben? Schauen Sie sich jetzt mein glückliches Gesicht an, nachdem Sie meine Worte gelesen haben. Ihr Verständnis und Ihr Engagement bedeuten mir sehr viel und ich habe noch mehr Vertrauen in Sie, dass Sie sich immer um mich kümmern. Vielen Dank, dass Sie in die Tiefen der Angst vor Hunden eingetaucht sind und gelernt haben, wie Sie mir und meinen pelzigen Freunden ein ruhigeres, glücklicheres Leben ermöglichen können. Ich danke Ihnen von ganzem Herzen, dass Sie der pfiffige menschliche Begleiter sind, den ich brauche und verdiene.

Wau-Wau! Ich wedele vor Vorfreude mit dem Schwanz und schreie vor Aufregung, während ich Sie einlade, Ihr Feedback, Ihre herzerwärmenden Geschichten und hilfreichen Notizen mit mir zu teilen. Ich würde gerne von Ihnen hören und mehr über Ihre Erfahrungen mit meinem Buch erfahren. Schnappen Sie sich also die Tastatur, tippen Sie los und senden Sie Ihre Wuffs an meine E-Mail-Adresse. Gemeinsam können wir etwas bewirken und eine Pfotengemeinschaft schaffen, die Hunde überall unterstützt. Vielen Dank, dass Sie Teil dieses schwanzwedelnden Abenteuers sind!

Zögern Sie nicht, mich zu kontaktieren, wenn Sie eine Erfolgsgeschichte zu erzählen haben, eine Frage haben, die Sie beschäftigt, oder wenn Sie mich einfach mit etwas Liebe zum Bauchstreicheln überschütten möchten. Deine Wuffs bedeuten mir die Welt! Bitte bleiben Sie noch einmal in Kontakt, um meinen Hundefreunden zu helfen!

worriestowags@gmail.com

Ein unverzichtbarer Ratgeber für Hundeliebhaber

Kapitel 13

Diese E-Mail-Adresse ist ein gemeinsames Postfach, in dem alle Übersetzungen zusammenlaufen. Fügen Sie Ihrem Betreff einfach ein Sprachpräfix hinzu, damit ich schneller antworten kann. Es ist wie eine Wohltat für meine Ängste. Vielen Dank für die reibungslose Kommunikation! So schreiben Sie Ihren E-Mail-Betreff:

Fachbeispiel	für Sprache
SP – Ihr E-Mail-Betreff	Spanisch
FR- Ihr E-Mail-Betreff	Französisch
ES- Ihr E-Mail-Betreff	Italienisch
GR- Ihr E-Mail-Betreff	Deutsch
DU- Ihr E-Mail-Betreff	Niederländisch
JP- Ihr E-Mail-Betreff	Japanisch
CN- Ihr E-Mail-Betreff	Chinesisch

Sie können mich auch auf **Instagram** finden. Folgen Sie mir bitte unter "**Worries to Wags**" für ein lustiges Erlebnis voller bezaubernder Bilder, aufregender Abenteuer und hilfreicher Tipps für ein glückliches und gesundes Leben mit Ihren pelzigen Begleitern. Lassen Sie uns gemeinsam diese pelzige Freundschaft eingehen, in der wir unsere Liebe zu Dingen rund um den Hund teilen können. Sie finden alles an einem Ort, egal ob es sich um lustige Videos, herzerwärmende Geschichten oder Trainingstricks handelt. Außerdem erhalten Sie einen kleinen Einblick in meine täglichen Abenteuer und einen Blick hinter die Kulissen meiner bevorstehenden Projekte. Verwenden Sie den QR-Code. Ansonsten hier der vollständige Link:

https://instagram.com/worries_to_wags?igshid=OGQ5ZDc2ODk2ZA==

Schnappen Sie sich also Ihre Menschen, tippen Sie auf die Schaltfläche „**Folgen**" und schließen Sie sich dem Rudel an. Gemeinsam schaffen wir eine Gemeinschaft von Hundeliebhabern, die die Freude, Kameradschaft und bedingungslose Liebe feiern, die unsere vierbeinigen Freunde in unser Leben bringen.

Lieber Mensch, am Ende dieses schwanzwedelnden Abenteuers denken Sie daran, dass unsere gemeinsame Reise voller grenzenloser Liebe, Vertrauen und Verständnis ist. Mit Ihrer unerschütterlichen Unterstützung können wir unserer Angst mutig begegnen und Trost in der Wärme unserer gemeinsamen Momente finden.

Halten Sie die Leine, es gibt noch mehr zu entdecken! Blättern Sie durch die Seiten und entdecken Sie Details über 40 beliebte Rassen, meine pelzigen Freunde und eine Fülle an Informationen, die auf Sie warten.

Erkunde die Dunkle Seite des Hundelebens

Nicht zuletzt

Im Namen aller Freunde meiner anderen Rassen danke ich Ihnen, dass Sie der perfekte Begleiter auf dieser Transformationsreise sind.

Mit einem großen, sabbernden Lecken und ganz viel Hundeliebe,
Prinz
(Prince)

Kapitel 14

Von Sorgen zu Schwanzwedeln

Jedes Rassedetail, die erklärende Seite Ihres Hundes

Wau-Wau! Hallo, mein lieber Menschenfreund! Ich habe einige aufregende Neuigkeiten zu teilen. Auf den kommenden Seiten werden meine tollen Hundefreunde im Rampenlicht stehen und Ihnen etwas über sich erzählen. Machen Sie sich bereit, in eine Welt voller schwanzwedelnder Geschichten und Abenteuer voller Welpen einzutauchen!

Sie sehen, jede Rasse hat ihre eigenen einzigartigen Eigenschaften, die uns zu etwas Besonderem machen. Von der Art und Weise, wie wir kommunizieren, über unsere faszinierende Geschichte bis hin zu den Dingen, die uns Angst machen – wir sind ein bunter Haufen, der viel zu teilen hat. Wir werden darüber streiten, warum manche Rassen unterschiedliche Geräusche haben, wie unser genetischer Hintergrund unser Verhalten beeinflusst und welche Lebensbedingungen am besten zu uns passen.

Ob es sich um den treuen und liebenswerten Labrador Retriever, den intelligenten und königlichen Deutschen Schäferhund, den verspielten und energiegeladenen Golden Retriever oder die charmante und faltige Bulldogge handelt, jede Rasse hat ihre eigene Geschichte. Vom kleinen Chihuahua bis zur majestätischen Deutschen Dogge teilen wir unsere Erfahrungen, Vorlieben und was uns einzigartig macht.

Einige von uns haben möglicherweise spezifische Ängste, die Verständnis und Unterstützung erfordern. Wir werden mit dem Schwanz wedeln, wenn wir darüber sprechen, was uns nervös macht und wie unsere liebevollen menschlichen Begleiter helfen können, unsere Sorgen zu lindern. Außerdem verraten wir Ihnen die Geheimnisse unserer Lieblingsbeschäftigungen, wie viel Schlaf wir brauchen und ob es uns drinnen oder draußen gut geht.

Schnappen Sie sich also einen gemütlichen Platz auf der Couch, machen Sie sich bereit zum Kuscheln mit Ihrem pelzigen Freund (das bin ich!) und blättern Sie um, um eine entzückende Reise durch die Welt der Hunde zu unternehmen. Meine Hundekameraden werden ihre Geschichten, Einsichten und Erfahrungen teilen, als ob sie aus ihrem wedelnden Mund direkt zu Ihnen sprechen würden.

Entdecken Sie die dunkle Seite des Hundelebens

Die erklärende Seite Ihres Hundes

Ich kann es kaum erwarten, dass Sie sie alle kennenlernen und die außergewöhnliche Vielfalt unserer pelzigen Familie entdecken. Es wird eine tolle Zeit voller Lachen, Wissen und vielem mehr sein tieferes Verständnis der unglaublichen Welt der Hunde. Feiern wir die einzigartige Bindung zwischen Menschen und ihren vierbeinigen Begleitern.

Ein unverzichtbarer Ratgeber für Hundeliebhaber

Kapitel 14

Alaskan Malamute

Wau-Wau! Hallo, mein menschlicher Kumpel! Es ist Ihr Alaskan Malamute-Kumpel, der bereit ist, Ihnen Insider-Informationen über alles zu geben, was Sie über uns großartige Malamutes wissen müssen.

Lassen Sie uns zunächst über unsere Rasse sprechen. Alaskan Malamutes haben eine faszinierende Vergangenheit als Schlittenhunde in der Arktis. Da wir stark, belastbar und freundlich gezüchtet wurden, sind wir wie die pelzigen Entdecker der Hundewelt! Wir haben eine beeindruckende Geschichte darin, schwere Lasten über verschneite Gebiete zu ziehen und eng mit Menschen als treuen Begleitern zusammenzuarbeiten.

Lassen Sie uns nun über unsere einzigartige Klangsprache sprechen. Oh, die Geräusche, die wir machen, sind ziemlich fesselnd! Wir haben verschiedene Lautäußerungen, von unserem unverwechselbaren **Woo-Woo-** Geheul bis hin zu unseren ausdrucksstarken Wuffs und verspielten Grummeln. Wenn wir herzlich aufheulen, ist das oft unsere Art, Freude auszudrücken oder über weite Distanzen zu kommunizieren. Und wenn wir ein sanftes **Woo-Woo ausstoßen** , ist das unsere freundliche Begrüßung: „Hey, ich bin hier und gebe dir jede Menge Liebe!"

Wenn es um Angst geht, können wir Alaskan Malamutes in bestimmten Situationen manchmal Unbehagen verspüren. Laute Geräusche, die Trennung von unseren Lieben oder eine unbekannte Umgebung können uns ein wenig ängstlich machen. Wenn Sie uns eine ruhige und sichere Umgebung bieten, uns Trost spenden und uns nach und nach an neue Erfahrungen heranführen, können Sie unsere Sorgen lindern. Deine Liebe, Fürsorge und dein Verständnis bedeuten uns die Welt, lieber Mensch!

Die erklärende Seite Ihres Hundes

Ach, vergessen wir nicht unsere Vorlieben und Abneigungen. Wir Alaskan Malamutes haben eine natürliche Vorliebe für Outdoor-Abenteuer und körperliche Aktivitäten. Ob wir einen Schlitten ziehen, lange Wanderungen unternehmen oder Spiele spielen, die unseren Körper und Geist anregen – wir lieben Bewegung und Entdeckungen. Wir sind abenteuerlustig und möchten gemeinsam mit unseren menschlichen Begleitern die Welt erkunden.

Wenn es Zeit zum Entspannen ist, schätzen wir Malamutes einen gemütlichen Ort zum Ausruhen und Erholen. Wir genießen es, es uns an einem gemütlichen Ort in der Nähe eines warmen Kaminfeuers oder in einem gemütlichen Hundebett gemütlich zu machen. Unser verträumter Schlaf hilft uns, neue Energie für den nächsten aufregenden Ausflug zu tanken.

Was die Lebensumstände angeht, sind wir Alaskan Malamutes vielseitig und anpassungsfähig. Während wir gerne Zeit drinnen mit unserem menschlichen Rudel verbringen, benötigen wir auch Zugang zu einem sicheren Außenbereich, in dem wir herumlaufen, unsere Beine vertreten und frische Luft atmen können. Ein großzügiger Garten mit einem stabilen Zaun ermöglicht es uns, unsere natürlichen Instinkte zu befriedigen und aktiv zu bleiben.

Um unser Glück und Wohlbefinden zu gewährleisten, müssen die Eigentümer uns regelmäßig Bewegung, geistige Stimulation und Sozialisierung bieten. Trainingsmethoden mit positiver Verstärkung wirken bei uns Wunder, da wir gut auf Lob und Belohnungen reagieren. Eine liebevolle und unterstützende Umgebung, gefüllt mit Bauchstreicheln und Spielzeit, wird uns zu den glücklichsten Alaskan Malamutes machen!

Zusammenfassend lässt sich sagen, dass wir Alaskan Malamutes, lieber Mensch, treue, abenteuerlustige und sanfte Riesen sind. Die Geschichte unserer Rasse, die einzigartigen Geräusche und spezifischen Bedürfnisse machen uns außergewöhnlich. Wir verlassen uns auf Sie, wenn es um Liebe, Führung und aufregende Reisen geht. Mit Ihrer Liebe, Geduld und Hingabe werden wir die treuesten pelzigen Freunde sein, die Sie sich nur wünschen können!

Also, lasst uns gemeinsam diese unglaubliche Reise antreten, mein menschlicher Freund. Wir werden eine Bindung knüpfen, die den Test der Zeit bestehen wird, voller unvergesslicher Abenteuer, Schwanzwedeln und endloser Liebe. Gemeinsam können wir die Welt erobern, eine Pfote nach der anderen!

Ich sende dir dicke, pelzige Umarmungen und schlampige Küsse,
Ihr Alaskan Malamute

Ein unverzichtbarer Ratgeber für Hundeliebhaber

Kapitel 14

Australischer Rinderhund

Guten Tag, Kumpel! Ihr Australian Cattle Dog-Freund ist hier und bereit, Ihnen alles über uns energiegeladene und treue Welpen zu erzählen. Machen Sie sich bereit für eine tolle Zeit!

Lassen Sie uns zunächst über unsere Rasse sprechen. Australian Cattle Dogs, auch Blue Heelers genannt, sind echte blaue Arbeitshunde. Wir wurden im Land Down Under gezüchtet und entwickelt, um Landwirten bei der Viehhaltung im rauen australischen Outback zu helfen. Wir sind bekannt für unsere Intelligenz, Beweglichkeit und unerschütterliche Loyalität gegenüber unseren menschlichen Kameraden.

Was die Kommunikation angeht, sind wir nicht die bellendsten Hunde, aber wir haben unsere ganz eigene Art, uns auszudrücken. Wir können ein leises, grollendes Knurren von uns geben, wenn wir uns nicht sicher sind, oder ein scharfes, aufmerksames Bellen, um Sie darüber zu informieren, dass etwas nicht stimmt. Und vergessen wir nicht unsere ausdrucksstarken Augen! Sie sind wie Fenster zu unserer Seele und spiegeln unsere Gefühle und unsere tiefe Verbindung zu Ihnen wider.

Angst kann uns manchmal überwältigen, insbesondere wenn wir nicht ausreichend körperliche und geistige Stimulation erhalten. Wir sind eine Rasse, die sich nach Taten und Zielstrebigkeit sehnt. Wenn wir also mit spannenden Aktivitäten, strukturiertem Training und vielen Übungen versorgt werden, können wir diese Ängste in Schach halten. Ein müder Blue Heeler ist ein glücklicher Blue Heeler!

Lassen Sie uns nun darüber sprechen, was uns vor Aufregung zum Schwanzwedeln bringt. Wir leben von geistigen und körperlichen Herausforderungen, daher sind Spiele, die Problemlösungs- oder

Die erklärende Seite Ihres Hundes

Beweglichkeitsübungen erfordern, genau das Richtige für uns. Ob es darum geht, neue Tricks zu lernen, Hundesport zu treiben oder abenteuerliche Wanderungen zu unternehmen, wir sind immer für eine gute Zeit zu haben. Oh, und vergessen wir nicht das Abrufen! Wir sind Meister im Apportieren und immer bereit, dem Tennisball oder dem Frisbee nachzujagen.

Wenn es ums Schlafen geht, sind wir keine Stubenhocker. Wir sind für unsere Ausdauer und Arbeitsmoral bekannt und kommen daher gut mit etwa 10 bis 12 Stunden Schlafzeit pro Tag zurecht. Aber wundern Sie sich nicht, wenn wir jederzeit bereit sind, wieder aktiv zu werden!

Was die Lebensumstände angeht, sind wir vielseitige Hunde, die sich an unterschiedliche Umgebungen anpassen können. Allerdings gedeihen wir in einem Zuhause mit aktiven Familien, die uns ausreichend Bewegung und geistige Anregung bieten können. Ein sicher eingezäunter Garten ist ein Bonus, da er uns die Möglichkeit gibt, die Gegend zu erkunden und unsere reichlich vorhandene Energie zu verbrennen.

Um glücklich und gesund zu bleiben, sind eine ausgewogene Ernährung, regelmäßige Bewegung und viel soziale Kontakte wichtig. Wir sind sehr lernfähig und bestrebt, Ihnen zu gefallen, daher funktionieren Trainingsmethoden mit positiver Verstärkung für uns am besten. Ein braver und geistig angeregter Blue Heeler ist ein zufriedener Mensch!

Abschließend, mein lieber menschlicher Begleiter, sind wir Australian Cattle Dogs treu, intelligent und immer bereit für ein Abenteuer. Unser Hintergrund als Arbeitshund, unser einzigartiger Kommunikationsstil und unser energisches Wesen machen uns einzigartig. Mit Ihrer Liebe, Führung und dem richtigen Maß an geistiger und körperlicher Stimulation werden wir Ihr treuer und enthusiastischer Begleiter fürs Leben sein.

Also, lasst uns für etwas Spaß sorgen und Erinnerungen schaffen, die ein Leben lang anhalten! Ich bin hier, an deiner Seite, bereit, die Welt zu erkunden und dich mit bedingungsloser Liebe und unerschütterlicher Loyalität zu überschütten.

Jubel und Schwanzwedeln,
Ihr Australian Cattle Dog

Ein unverzichtbarer Ratgeber für Hundeliebhaber

Kapitel 14

Australischer Hirte

Wau-Wau! Guten Tag, Kumpel! Hier ist Ihr australischer Schäferhund-Kumpel, der bereit ist, Ihnen einen Einblick in die erstaunliche Welt unserer Rasse zu geben. Schnappen Sie sich Ihren Hut, schnüren Sie Ihre Stiefel und machen Sie sich bereit für ein Abenteuer wie kein anderes!

Lassen Sie uns zunächst über den Hintergrund unserer Rasse sprechen. Trotz des Namens haben wir tatsächlich amerikanische Wurzeln. Als vielseitige Arbeitshunde gezüchtet, verfügen wir über einen ausgeprägten Hüteinstinkt und eine unermüdliche Arbeitsmoral. Ob es darum geht, Vieh zu führen oder Agility-Kurse zu meistern, wir sind immer bereit für eine Herausforderung.

Wenn es um Kommunikation geht, sind wir ziemliche Redner. Wir haben verschiedene Lautäußerungen, von Bellen und Heulen bis hin zu Jaulen und Grummeln. Jeder Ton hat seine Bedeutung, wie ein Geheimcode zwischen uns und unseren menschlichen Begleitern. Hören Sie genau zu und Sie werden verstehen, wenn wir aufgeregt sind, Sie auf etwas aufmerksam machen oder einfach sagen: „ **Hey, lass uns spielen!**"

Angst kann uns Australische Schäferhunde beeinträchtigen, insbesondere wenn wir nicht genügend geistige und körperliche Stimulation erhalten. Wir leben von Aktivität und der Möglichkeit, einen Job zu erledigen. Halten Sie uns also mit interaktiven Spielzeugen, herausfordernden Rätseln und vielen Übungen bei Laune. Mit einer konsequenten Routine, positiver Verstärkung und viel Liebe und Zuneigung sind wir Ihr ruhiger und selbstbewusster Begleiter.

Lassen Sie uns nun über unsere Vorlieben und Abneigungen sprechen. Wir sind Natursportler und immer einsatzbereit. Lange Spaziergänge, Wanderungen in der freien Natur und sogar Agility-Training sind genau das Richtige für uns. Wir sind außerdem hochintelligent. Wenn wir also unsere Gedanken mit

Erkunde die Dunkle Seite des Hundelebens

Trainingseinheiten und dem Erlernen neuer Tricks beschäftigen, wedeln wir freudig mit dem Schwanz. Seien Sie einfach auf unsere verspielte Natur und gelegentliche Zoom-Ausbrüche vorbereitet! Wenn es Zeit zum Entspannen ist, schätzen wir ein gemütliches Plätzchen zum Entspannen. Etwa 14 bis 16 Stunden Schlaf pro Tag sind ideal, um neue Energie zu tanken. Vielleicht kuscheln wir uns auf einem weichen Bett oder beanspruchen einen sonnigen Platz am Fenster. Denken Sie daran, dass wir am glücklichsten sind, wenn wir die Balance zwischen geistiger und körperlicher Stimulation finden. Gönnen Sie uns also beides.

Was unsere Lebensumstände betrifft, können wir uns an unterschiedliche Umgebungen anpassen. Während wir in einer Wohnung mit regelmäßiger Bewegung und geistiger Stimulation zufrieden sein können, gedeihen wir in Häusern mit Zugang zu einem sicheren Garten, in dem wir unsere Beine vertreten und die Gegend erkunden können, wirklich gut. Achten Sie nur darauf, dass der Zaun stabil ist, denn unser Hüteinstinkt könnte uns dazu verleiten, alles zu jagen, was sich bewegt!

Wir brauchen viel geistige und körperliche Bewegung, um glücklich und gesund zu bleiben. Wenn wir uns neue Tricks beibringen, herausfordernde Rätsel lösen und an interaktiven Spielsitzungen teilnehmen, bleiben wir geistig angeregt. Regelmäßige Spaziergänge, Läufe und das Spielen ohne Leine in sicheren Bereichen helfen uns, Energie zu verbrennen und unser Wohlbefinden zu bewahren. Ein müder Australier ist ein glücklicher Australier!

Zusammenfassend lässt sich sagen, dass wir Australian Shepherds energisch, intelligent und immer bereit für ein Abenteuer sind, mein lieber menschlicher Freund. Unsere einzigartigen Lautäußerungen, unsere Liebe zur Aktivität und unsere Loyalität machen uns zu einer Rasse wie keine andere. Mit Ihrer Liebe, Führung und vielen Streicheleinheiten am Bauch werden wir Ihr hingebungsvollster und unterhaltsamster Begleiter sein.

Begeben wir uns also gemeinsam auf eine spannende Reise voller Wanderungen, Trainingseinheiten und unvergesslicher Momente. Ich werde an Ihrer Seite sein, mit dem Schwanz wedeln und mein typisches australisches Grinsen zur Schau stellen.

Mit Liebe und grenzenloser Energie,
Ihr australischer Schäferhund

Ein unverzichtbarer Ratgeber für Hundeliebhaber

Kapitel 14

Beagle

Wau-Wau! Hallo, mein menschlicher Kumpel! Es ist Ihr Beagle-Kumpel, der Sie auf eine spannende Reise mitnimmt, um alles zu erfahren, was Sie über uns Beagles wissen müssen. Machen Sie sich bereit für eine tolle Zeit!

Lassen Sie uns zunächst über unsere Rasse sprechen. Beagles sind überaus charmant und haben eine lange Geschichte als Spürhunde. Wir wurden ursprünglich für die Jagd gezüchtet und nutzten unseren ausgeprägten Geruchssinn, um Wild aufzuspüren. Heutzutage sind wir großartige Familienbegleiter und für unser freundliches und liebenswertes Wesen bekannt.

Tauchen wir nun in unsere einzigartige Klangsprache ein. Oh, die Geräusche, die wir machen! Wir verfügen über ein umfangreiches Gesangsrepertoire, von entzückendem Heulen und Bellen bis hin zu unserem ausdrucksstarken Winseln und Bellen. Wenn wir ein langes, melodisches Heulen ausstoßen, ist das oft unsere Art, unsere Freude auszudrücken oder mit anderen Beagles in der Gegend zu kommunizieren. Und wenn wir eine Reihe kurzer, scharfer Bellen ausstoßen, machen wir Sie möglicherweise auf etwas Interessantes aufmerksam, das wir erschnüffelt haben!

Wenn es um Ängste geht, neigen wir Beagles manchmal zu Trennungsangst oder werden ein wenig ängstlich, wenn wir allein gelassen werden. Wir leben von Kameradschaft und lieben es, Teil des Rudels zu sein. Wenn wir also mit interaktiven Spielzeugen, Rätseln und viel Spielzeit geistig stimuliert bleiben, können wir eventuelle Ängste lindern. Ihre Anwesenheit und Aufmerksamkeit bedeuten uns die Welt!

Lassen Sie uns nun über unsere Vorlieben und Abneigungen sprechen. Beagles haben einen Sinn für Abenteuer! Wir lieben es zu erkunden, alles zu beschnüffeln, was uns in die Augen kommt, und faszinierenden Düften zu folgen.

Erkunde die Dunkle Seite des Hundelebens

Die erklärende Seite Ihres Hundes

Lange Spaziergänge und Outdoor-Abenteuer sind die perfekte Möglichkeit, uns glücklich und gesund zu halten. Denken Sie daran, uns an der Leine zu führen, denn unser Jagdinstinkt kann uns manchmal in die Irre führen!

Um neue Energie zu tanken, brauchen wir Beagles täglich etwa 12 bis 14 Stunden Schlaf. Seien Sie also nicht überrascht, wenn Sie uns zusammengerollt in unserem gemütlichen Hundebett oder dösend an einem sonnigen Platz am Fenster finden. Wir nehmen unser Nickerchen ernst!

Was die Lebensumstände angeht, sind wir Beagles anpassungsfähige Welpen. Während wir es genießen können, drinnen mit unseren Menschen zusammen zu sein, schätzen wir es auch, Zugang zu einem sicheren Außenbereich zu haben, in dem wir die Umgebung erkunden und unserer Nase folgen können. Ein eingezäunter Garten oder regelmäßige Ausflüge in den Hundeauslauf sind für uns ein schwanzwedelndes Vergnügen!

Um unser Wohlbefinden zu gewährleisten, müssen uns Besitzer regelmäßig Bewegung, eine ausgewogene Ernährung und geistige Anregung bieten. Positives Verstärkungstraining mit Leckerlis und Lob wirkt Wunder für uns Beagles, da wir es lieben, zu lernen und unseren Menschen eine Freude zu bereiten. Mit Geduld und Konsequenz werden wir zu braven und hingebungsvollen Mitgliedern Ihres Familienrudels.

Zusammenfassend lässt sich sagen, lieber Mensch: Wir Beagles sind verspielt, anhänglich und neugierig. Die Geschichte unserer Rasse, die einzigartigen Geräusche und besonderen Bedürfnisse machen uns zu etwas Besonderem. Denken Sie daran, wir erwarten von Ihnen Liebe, Fürsorge und aufregende Abenteuer!

Also, lasst uns diese Reise gemeinsam antreten, mein menschlicher Freund. Mit Ihrem Verständnis, Ihrer Geduld und vielen Streicheleinheiten schaffen wir Erinnerungen, die ein Leben lang anhalten. Machen Sie sich bereit für wedelnde Schwänze, nasse Nasen und endlosen Beagle-Charme!

Viel Liebe und Schwanzwedeln,
Dein Beagle

Ein unverzichtbarer Ratgeber für Hundeliebhaber

Belgischer Malinois

Wau-Wau! Hallo, mein menschlicher Kumpel! Es ist Ihr belgischer Malinois-Freund, der Ihnen gerne alle spannenden Details über unsere bemerkenswerte Rasse mitteilen möchte. Sind Sie bereit für ein aufregendes Abenteuer? Lasst uns gleich eintauchen!

Lassen Sie uns zunächst über unsere Rasse sprechen. Belgische Malinois-Hunde sind für ihre außergewöhnliche Intelligenz, unerschütterliche Loyalität und beeindruckende Arbeitsmoral bekannt. Ursprünglich zum Hüten und Bewachen von Vieh gezüchtet, haben wir uns zu vielseitigen Arbeitshunden entwickelt, die sich in verschiedenen Bereichen wie der Polizeiarbeit, der Suche und Rettung und sogar im Leistungssport hervortun. Wir sind wie die Superhelden der Hundewelt und bereit, jede Herausforderung anzunehmen!

Lassen Sie uns nun über unsere einzigartige Klangsprache sprechen. Oh, die Geräusche, die wir machen, sind ziemlich faszinierend! Wir haben verschiedene Lautäußerungen, von scharfem Bellen bis hin zu leisem Winseln und Grunzen. Wenn wir ein starkes, befehlendes Bellen ausstoßen, ist das oft unsere Art, Sie auf mögliche Gefahren aufmerksam zu machen oder unseren beschützenden Charakter zum Ausdruck zu bringen. Und wenn wir sanftes, melodisches Jammern von sich geben, ist das unsere Art, unsere Bedürfnisse mitzuteilen und Ihre Aufmerksamkeit zu erregen.

Wenn es um Angst geht, können belgische Malinois in bestimmten Situationen manchmal eine erhöhte Wachsamkeit verspüren. Unser natürlicher Schutzinstinkt und unser hohes Energieniveau können uns empfindlich gegenüber Umweltveränderungen machen. Indem wir uns geistig und körperlich stimulieren, uns auf herausfordernde Aufgaben einlassen und für eine strukturierte Routine sorgen, können wir eventuelle Ängste lindern. Deine Führung und Unterstützung bedeuten uns sehr viel, lieber Mensch!

Erkunde die Dunkle Seite des Hundelebens

Die erklärende Seite Ihres Hundes

Ach, vergessen wir nicht unsere Vorlieben und Abneigungen. Wir belgischen Malinois haben einen angeborenen Drang nach Aktivität und Zielstrebigkeit. Wir leben geistig und körperlich Stimulation, sei es durch Gehorsamstraining, Beweglichkeitsübungen oder die Teilnahme an herausfordernden Aufgaben, die unsere Intelligenz auf die Probe stellen. Wir lieben es, Ihr aktiver Partner zu sein und haben Freude an der Arbeit. Gemeinsam meistern wir jede Herausforderung und sorgen dafür, dass jeder Moment zählt!

Wenn es Zeit zum Ausruhen ist, schätzen wir belgischen Malinois einen gemütlichen Ort, an dem wir uns entspannen und neue Kraft tanken können. Ein bequemes Hundebett oder eine ruhige Hausecke reichen völlig aus. Wir können es uns mit unserem Lieblingsspielzeug gemütlich machen oder einfach an Ihrer Seite liegen, im Wissen, dass wir beschützt und geliebt werden.

Was die Lebensumstände angeht, können wir belgischen Malinois uns gut an verschiedene Umgebungen anpassen. Wir schätzen es, einen Raum zu haben, den wir unser Eigen nennen können, ob drinnen oder draußen. Es ist jedoch wichtig, ausreichend Möglichkeiten für Bewegung und geistige Stimulation zu bieten, da wir reichlich Energie zum Verbrennen haben. Ein sicher eingezäunter Garten und regelmäßige Outdoor-Aktivitäten werden uns glücklich und erfüllt machen.

Um unser Glück und Wohlbefinden zu gewährleisten, müssen die Eigentümer uns eine konsequente Ausbildung, Sozialisierung und geistige Herausforderungen bieten. Positive Verstärkungstechniken bewirken bei uns Wunder, da wir von Lob und Belohnungen leben. Eine liebevolle und strukturierte Umgebung, gepaart mit viel Spielzeit und Zuneigung, wird das Beste aus uns herausholen und unsere Bindung stärken.

Zusammenfassend lässt sich sagen, dass wir belgischen Malinois, lieber Mensch, intelligente, treue und ehrgeizige Begleiter sind. Die Geschichte unserer Rasse, die einzigartigen Geräusche und spezifischen Bedürfnisse machen uns wirklich außergewöhnlich. Wir erwarten von Ihnen Führung, Zielstrebigkeit und unerschütterliche Liebe. Mit Ihrem Engagement, Ihrer Geduld und einer Prise Abenteuer werden wir die treuesten und außergewöhnlichsten pelzigen Freunde sein, die man sich vorstellen kann!

Also, lasst uns gemeinsam diese unglaubliche Reise antreten, mein menschlicher Freund. Wir schaffen eine Bindung, die ein Leben lang hält, voller unvergesslicher Abenteuer, Schwanzwedeln und grenzenloser Liebe. Gemeinsam erobern wir die Welt, Pfote für Pfote!

sabbernde Küsse und Schwanzwedeln,
Ihr belgischer Malinois

Ein unverzichtbarer Ratgeber für Hundeliebhaber

Berner Sennenhund

Wau-Wau! Hallo, mein wunderbarer menschlicher Freund! Es ist Ihr Berner Sennenhund-Kumpel, der Ihnen alles mitteilt, was Sie über unsere absolut erstaunliche Rasse wissen müssen.

Beginnen wir mit unserem Hintergrund. Wir Berner Sennenhunde stammen aus den Schweizer Alpen, wo wir ursprünglich als Arbeitshunde gezüchtet wurden. Unsere Vorfahren halfen den Bauern bei verschiedenen Aufgaben, vom Viehhüten bis zum Ziehen von Karren. Deshalb haben wir eine starke Arbeitsmoral und ein tiefes Gefühl der Loyalität in unserer DNA verankert.

Wenn es um Kommunikation geht, sind wir vielleicht nicht die lautesten, aber wir haben unsere ganz eigene Art, uns auszudrücken. Unsere ausdrucksstarken Augen sprechen Bände und spiegeln unser sanftes und freundliches Wesen wider. Und oh, unser Schwanzwedeln ist wie eine fröhliche Flagge, die im Wind weht und unsere Aufregung und Freude zeigt, wenn wir in der Gesellschaft unserer geliebten Menschen sind.

Angst kann uns Berner manchmal überwältigen. Wir sind sensible Seelen, die von Liebe und Aufmerksamkeit leben. Gewitter, laute Geräusche oder die Trennung von unseren Lieben können uns Angst machen. Beruhigende Worte, eine ruhige Umgebung und Ihre beruhigende Präsenz können Wunder bewirken, indem sie unsere Sorgen beruhigen und uns das Gefühl geben, sicher und geliebt zu sein.

Lassen Sie uns nun darüber sprechen, was wir lieben und genießen. Wir lieben es, Zeit mit unseren Menschen zu verbringen und so viel Zuneigung und Streicheleinheiten zu genießen, wie wir nur kriegen können. Wir sind wahre sanfte Riesen mit einem Herzen, das so groß ist wie die Berge, aus denen wir kommen. Lange Spaziergänge in der Natur, die Erkundung der Natur und das

Die erklärende Seite Ihres Hundes

Gefühl der frischen Luft in unserem flauschigen Fell lassen uns vor Freude mit dem Schwanz wedeln.

Wenn es Zeit zum Ausruhen ist, schätzen wir einen gemütlichen und komfortablen Ort zum Entspannen. Normalerweise brauchen wir täglich etwa 12 bis 14 Stunden Schlaf, um uns zu regenerieren Körper und Geist. Vielleicht finden Sie uns zusammengerollt in Ihrer Lieblingsecke oder ausgestreckt auf dem Boden und träumen davon, durch Felder zu laufen und die einfachen Freuden des Lebens zu genießen.

Was unsere Lebensumstände betrifft, gedeihen wir in einem Haus mit Garten oder Zugang zum Außenbereich. Wir lieben es, Platz zum Herumstreifen und Erkunden zu haben, aber wir schätzen auch die Wärme und den Komfort, drinnen mit unseren Lieben zusammen zu sein. Ein ausgewogener Lebensstil mit Outdoor-Abenteuern und hochwertiger Zeit drinnen wird uns glücklich und zufrieden machen.

Um gesund und fit zu bleiben, ist regelmäßige Bewegung wichtig. Tägliche Spaziergänge, Spielzeit und geistig anregende Aktivitäten sind für unser Wohlbefinden unerlässlich. Außerdem legen wir Wert auf eine nährstoffreiche Ernährung, die unseren aktiven Lebensstil unterstützt. Und vergessen wir nicht, wie wichtig die Pflege ist. Unser schönes, dichtes Fell muss regelmäßig gebürstet werden, um es sauber und frei von Verfilzungen zu halten.

Zusammenfassend lässt sich sagen, lieber menschlicher Begleiter: Wir Berner Sennenhunde sind sanftmütig, treu und voller Liebe. Unser reiches Erbe, unsere ausdrucksstarken Augen und unsere unerschütterliche Hingabe machen uns zu etwas ganz Besonderem. Mit Ihrer Liebe, Fürsorge und Ihrem Verständnis werden wir die glücklichsten und hingebungsvollsten pelzigen Begleiter sein, die Sie sich nur wünschen können.

Begeben wir uns also auf eine Reise voller Liebe, Abenteuer und Schwanzwedeln. Gemeinsam erobern wir Berge, schaffen wertvolle Erinnerungen und erleben eine Bindung, die ein Leben lang anhält.

Mit all meiner Liebe und Treue,
Ihr Berner Sennenhund

Ein unverzichtbarer Ratgeber für Hundeliebhaber

Kapitel 14

Bichon Frise

Wau-Wau! Hallo, mein entzückender menschlicher Freund! Ihr Bichon Frise-Kumpel ist hier und bereit, Ihnen all die wunderbaren Dinge über unsere flauschige und liebenswerte Rasse mitzuteilen.

Beginnen wir mit unserem Hintergrund. Bichon Frise ist für sein fröhliches und liebevolles Wesen bekannt. Unsere reiche Geschichte reicht bis zu den königlichen Höfen im Mittelmeerraum zurück, wo wir als Begleiter und Darsteller verehrt wurden. Unsere glamourösen weißen Kittel und charmanten Persönlichkeiten machten uns zu den Lieblingen der Aristokratie.

Kommunikation ist in jeder Beziehung der Schlüssel und wir Bichons haben unsere eigene, einzigartige Sprache. Wir sind nicht die lautesten Beller, machen das aber mit unseren ausdrucksstarken Augen und wedelnden Schwänzen wett. Wenn wir Sie mit fröhlichem Wedeln und fröhlichem Tanz begrüßen, bedeutet das, dass wir überglücklich sind, Sie zu sehen. Und wenn wir den Kopf neigen und dich neugierig anschauen, ist das unsere Art zu sagen: „**Erzähl mir mehr, Mensch!**"

Angst kann uns sensible Bichons manchmal überwältigen. Wir können Trennungsangst verspüren, wenn wir von unseren geliebten Menschen getrennt sind oder mit unbekannten Situationen konfrontiert werden. Geduld, Sicherheit und eine konsistente Routine sind entscheidend dafür, dass wir uns sicher fühlen. Die Schaffung eines gemütlichen und sicheren Raums für uns mit vertrauten Düften und beruhigenden Spielzeugen kann auch dazu beitragen, unsere Sorgen zu lindern.

Lassen Sie uns nun darüber sprechen, was wir lieben und was uns aufgeregt mit dem Schwanz wedeln lässt. Wir lieben es, im Mittelpunkt der Aufmerksamkeit zu stehen! Wir leben von Kameradschaft und genießen es, Teil einer liebevollen

Erkunde die Dunkle Seite des Hundelebens

Die erklärende Seite Ihres Hundes

Familie zu sein. Kuscheln, Bauchstreicheln und sanfte Streicheleinheiten sind wie Musik in unseren Ohren. Tägliche Spielstunden und interaktives Spielzeug halten uns geistig angeregt und glücklich.

Wir sind Experten darin, die gemütlichsten Orte zum Schlafen zu finden. Normalerweise brauchen wir täglich etwa 12 bis 14 Stunden Schlaf, um unsere Batterien wieder aufzuladen. Vielleicht finden Sie uns zusammengerollt auf einem weichen Kissen oder gekuschelt unter einer Decke und träumen von herrlichen Abenteuern und köstlichen Leckereien.

Was die Lebensumstände angeht, sind wir anpassungsfähige kleine Welpen, die in verschiedenen Umgebungen gedeihen können. Wir können glücklich in Wohnungen oder Häusern leben, solange wir regelmäßig spazieren gehen und Zeit zum Spielen haben, um aktiv zu bleiben. Während wir den Komfort drinnen genießen, schätzen wir auch Spaziergänge im Freien und die Entdeckung neuer Düfte bei unseren täglichen Spaziergängen.

Damit wir immer gut aussehen, ist eine regelmäßige Pflege unerlässlich. Unser wunderschönes weißes Fell muss gebürstet werden, um ein Verfilzen zu verhindern, und es müssen regelmäßig zum Fellpfleger gefahren werden, um es zu trimmen. Eine richtige Ernährung, hochwertige Lebensmittel und regelmäßige tierärztliche Untersuchungen sind wichtig, damit wir gesund und glücklich bleiben.

Zusammenfassend lässt sich sagen, dass wir Bichon Frise, lieber menschlicher Begleiter, ein Bündel Freude und Liebe sind. Unser königliches Erbe, unsere ausdrucksstarken Augen und unser liebevolles Wesen machen uns unwiderstehlich. Mit Ihrer Liebe, Fürsorge und Hingabe werden wir die glücklichsten und treuesten Begleiter sein, die Sie sich jemals wünschen können.
Begeben wir uns also auf eine Reise voller Lachen, Kuscheln und endlosem Schwanzwedeln. Gemeinsam schaffen wir wertvolle Erinnerungen und verbinden eine Verbindung, die Ihr Herz noch viele Jahre lang erwärmen wird.

Mit all meiner Liebe und flauschigen Umarmungen,
Dein Bichon Frise

Ein unverzichtbarer Ratgeber für Hundeliebhaber

Kapitel 14

Border Collie

Wau-Wau! Hallo, mein unglaublicher menschlicher Begleiter! Ihr kluger und energiegeladener Border Collie-Kumpel ist hier und bereit, Ihnen alle tollen Details über unsere außergewöhnliche Rasse mitzuteilen. Machen Sie sich bereit für eine Reise in die wunderbare Welt der Border Collies!

Beginnen wir mit einigen Informationen zur Rasse. Border Collies sind bekannt für ihre Intelligenz, Beweglichkeit und Hütefähigkeiten. Mit unseren auffälligen Mänteln und bezaubernden Augen sind wir ein echter Hingucker. Ursprünglich als Arbeitshunde gezüchtet, machen uns unser ausgeprägter Instinkt und unsere grenzenlose Energie zu hervorragenden Partnern für alle Arten von Aktivitäten.

Lassen Sie uns nun über unsere einzigartige Klangsprache sprechen. Oh, die Geräusche, die wir machen! Von unserem enthusiastischen Bellen über unser aufgeregtes Jaulen bis hin zu unserem sanften Jammern kommunizieren wir ein breites Spektrum an Emotionen. Hören Sie genau zu und Sie werden unsere unverwechselbare Border-Collie-Sprache verstehen. Jedes Bellen, Knurren oder Wimmern vermittelt etwas Bedeutsames, sei es, dass es Aufregung signalisiert, Sie auf etwas Wichtiges aufmerksam macht oder unseren Wunsch zum Ausdruck bringt, zu spielen und Spaß zu haben.

Wir Border Collies gelten als sensible Seelen, wenn es um Ängste geht. Veränderungen in unserem Tagesablauf, laute Geräusche oder das Alleinsein über einen längeren Zeitraum können manchmal dazu führen, dass wir uns etwas unwohl fühlen. Unsere Menschen müssen uns eine stabile und sichere Umgebung bieten, die mit reichlich geistiger und körperlicher Stimulation gefüllt ist. Wenn wir uns an herausfordernden Aktivitäten wie Puzzlespielzeugen oder interaktiven Trainingsübungen beteiligen, können wir unsere Energie kanalisieren und unseren Geist beschäftigen. Ihre Geduld, Ihr Verständnis und Ihre liebevolle Präsenz bedeuten uns in Momenten der Angst die Welt.

Erkunde die Dunkle Seite des Hundelebens

Die erklärende Seite Ihres Hundes

Ach, vergessen wir nicht unsere Vorlieben und Abneigungen. Wir Border Collies lieben es, einen Job zu erledigen! Ob es darum geht, Schafe zu hüten, einen Frisbee zu holen oder an Hundesportarten wie Agility oder Flyball teilzunehmen, wir leben von geistigen und körperlichen Herausforderungen. Wir sind am glücklichsten, wenn wir einen Zweck und die Möglichkeit haben, unsere Intelligenz und Sportlichkeit unter Beweis zu stellen. Seien Sie nicht überrascht, wenn wir Sie so intensiv anstarren und sehnsüchtig auf das nächste aufregende Abenteuer warten!

Wenn es Zeit zum Entspannen ist, freuen wir uns über einen gemütlichen Ort zum Entspannen und Auftanken. Obwohl unser Schlafbedürfnis unterschiedlich sein kann, benötigen wir im Allgemeinen täglich 12 bis 14 Stunden erholsamen Schlaf. Vielleicht finden Sie uns auf einem weichen Hundebett gekuschelt oder zu Ihren Füßen zusammengerollt, während wir davon träumen, Eichhörnchen zu jagen oder neue Tricks zu meistern.

Was die Lebensumstände angeht, können wir Border Collies uns gut an unterschiedliche Umgebungen anpassen, solange wir über ausreichend geistige und körperliche Stimulation verfügen. Während wir den Zugang zu einem sicheren Außenbereich zu schätzen wissen, in dem wir unsere Beine vertreten und spielerischen Aktivitäten nachgehen können, schätzen wir auch die Zeit drinnen mit unseren geliebten Menschen. Eine Kombination aus anregenden Übungen, herausfordernden Spielen und interaktiven Trainingseinheiten trägt dazu bei, dass wir glücklich und zufrieden bleiben.

Um unser Wohlbefinden zu gewährleisten, müssen wir regelmäßig Sport treiben, uns geistig stimulieren und soziale Kontakte knüpfen. Wir lieben Aktivitäten, die unseren Geist und Körper ansprechen, wie lange Spaziergänge, Gehorsamstraining und interaktive Spielzeit. Eine Routine, die sowohl körperliche Bewegung als auch geistige Herausforderungen beinhaltet, wird uns helfen, die glücklichsten und gesündesten Border Collies zu sein, die wir sein können.

Zusammenfassend lässt sich sagen, lieber Mensch: Wir Border Collies sind intelligent, wendig und voller Energie. Unsere einzigartige Sprache, unser Hirtenerbe und unser liebevolles Wesen machen uns zu ganz besonderen Begleitern. Mit Ihrer Anleitung, Geduld und viel Spielzeit werden wir die glücklichsten Border Collies der Welt sein!

Also lasst uns gemeinsam auf ein Leben voller Abenteuer eingehen, voller Schwanzwedeln, endloser Apportierspiele und einer Bindung, die unser Herz höher schlagen lässt. Machen Sie sich bereit für eine außergewöhnliche Reise an der Seite Ihres unglaublichen Border Collie-Begleiters!

Viel Liebe und grenzenlose Energie,
Ihr Border Collie

Ein unverzichtbarer Ratgeber für Hundeliebhaber

Boston Terrier

Wau-Wau! Hallo, mein großartiger menschlicher Freund! Ihr mutiger und temperamentvoller Boston-Terrier-Kumpel ist hier, um Ihnen alle wunderbaren Details über unsere fantastische Rasse zu erzählen. Machen Sie sich bereit für ein wirklich unterhaltsames Abenteuer!

Beginnen wir mit dem Hintergrund unserer Rasse. Boston Terrier, auch **American Gentlemen** genannt, wurden ursprünglich in den Vereinigten Staaten gezüchtet. Mit unseren Smoking-ähnlichen Aufmachungen und charmanten Persönlichkeiten sind wir der Mittelpunkt der Party, wohin wir auch gehen. Wir sind ein kleines Paket mit großem Herzen!

Lassen Sie uns nun über unsere einzigartige Klangsprache sprechen. Wir sind vielleicht nicht die gesprächigsten Welpen, aber wir wissen, wie wir uns Gehör verschaffen können. Wir verfügen über eine große Auswahl an ausdrucksstarken Klängen, die alles von Aufregung bis Neugier vermitteln. Hören Sie genau auf unser fröhliches Schnauben, unser liebenswertes Grummeln und unser gelegentliches Bellen, denn sie sind unsere Art, mit Ihnen und der Welt um uns herum zu kommunizieren.

Wenn es um Ängste geht, sind wir Boston Terrier als sensible Seelen bekannt. Laute Geräusche, Veränderungen in der Routine oder längeres Alleinsein können uns ein wenig ängstlich machen. Eine ruhige und beruhigende Umgebung zu schaffen, reichlich geistige und körperliche Anregung zu bieten und uns mit Liebe und Aufmerksamkeit zu überschütten, wird uns dabei helfen, unsere Sorgen zu lindern. Ihre Anwesenheit und Ihre sanfte Beruhigung bedeuten uns sehr viel!

Ach, vergessen wir nicht unsere Vorlieben und Abneigungen. Boston Terrier sind voller Energie und Begeisterung! Wir lieben es, schöne Zeit mit unseren

Die erklärende Seite Ihres Hundes

Lieblingsmenschen zu verbringen. Egal, ob Sie im Park Apportieren spielen, aufregende Spaziergänge unternehmen oder es sich zum Kuscheln auf der Couch gemütlich machen, wir leben von der Liebe und Kameradschaft, die Sie uns entgegenbringen.

Wenn es Zeit ist, neue Energie zu tanken, freuen wir uns über ein gemütliches Plätzchen zum Ausruhen und Entspannen. Normalerweise brauchen wir jeden Tag etwa 12 bis 14 Stunden Schlafzeit, um unsere Energie hochzuhalten. Seien Sie also nicht überrascht, wenn Sie uns zusammengerollt in der gemütlichsten Ecke des Hauses finden, wo wir ein paar Z's fangen und von lustigen Abenteuern träumen.

Was die Lebensumstände angeht, sind wir Boston Terrier recht anpassungsfähig. Wir können in verschiedenen Umgebungen gedeihen, sei es in einer belebten Stadtwohnung oder in einem geräumigen Vorstadthaus. Denken Sie daran, dass wir empfindlich auf extreme Temperaturen reagieren. Stellen Sie daher sicher, dass wir an heißen Sommertagen einen kühlen und bequemen Ort zum Entspannen haben.

Für unser Wohlbefinden ist es wichtig, uns regelmäßig zu bewegen und geistig zu stimulieren. Tägliche Spaziergänge, Spielstunden und interaktives Spielzeug halten uns körperlich und geistig fit. Und vergessen Sie nicht, unsere entzückenden Fledermausohren zu pflegen und sauber zu halten, um lästigen Ohrenentzündungen vorzubeugen.

Zusammenfassend lässt sich sagen, lieber Mensch: Wir Boston Terrier sind lebhaft, liebevoll und immer für eine gute Zeit zu haben. Unsere einzigartige Geschichte, unsere ausdrucksstarken Klänge und unsere verspielte Art machen uns zu etwas ganz Besonderem. Mit Ihrer Liebe, Fürsorge und Aufmerksamkeit für unsere Bedürfnisse werden wir die glücklichsten kleinen Begleiter sein, die Sie sich jemals wünschen können.

Lasst uns gemeinsam ein Leben voller Abenteuer voller Lachen, Schwanzwedeln und bedingungsloser Liebe beginnen. Machen Sie sich bereit für eine Bindung, die Ihnen endlose Freude und Lächeln bescheren wird!

Viel Liebe und sabbernde Küsse,
Ihr Boston Terrier

Ein unverzichtbarer Ratgeber für Hundeliebhaber

Boxer

Wau-Wau! Hallo, mein menschlicher Kumpel! Hier ist Ihr Boxer-Kumpel, der bereit ist, in Ihr Leben einzutauchen und alles zu teilen, was Sie über uns Boxer wissen müssen. Machen Sie sich bereit für eine schwanzwedelnde Zeit!

Lassen Sie uns zunächst über unsere Rasse sprechen. Boxer sind für ihre starken, muskulösen Körper und ausdrucksstarken Gesichter bekannt. Wir haben ein verspieltes und energiegeladenes Wesen, was uns zu hervorragenden Begleitern für aktive Familien macht. Wir werden oft als der **Peter Pan der Hundewelt** beschrieben, weil wir scheinbar nie aus unserer Welpenbegeisterung herauswachsen.

Tauchen wir nun in unsere einzigartige Klangsprache ein. Wir Boxer sind ziemlich lautstark! Wir kommunizieren mit einer Vielzahl von Bellen, Grunzen und sogar **Woo-Woo-** Geräuschen. Wenn wir eine Reihe kurzer Bellen ausstoßen, ist das normalerweise unsere Art zu sagen: „ **Hey, lass uns spielen!**" Und wenn wir diese entzückenden Woo-Woo-Geräusche machen, ist das unsere Art, Aufregung und Glück auszudrücken.

Was die Angst betrifft, können manche Boxer anfällig für Trennungsangst sein. Wir bauen starke Bindungen zu unseren Menschen auf und können ängstlich sein, wenn wir längere Zeit allein gelassen werden. Viel Bewegung, geistige Stimulation und eine angenehme und sichere Umgebung können dazu beitragen, unsere Sorgen zu lindern. Denken Sie daran, wir leben von Liebe und Aufmerksamkeit, also überschütten Sie uns mit Zuneigung!

Reden wir über unsere Vorlieben und Abneigungen. Boxer sind für ihre Spiel- und Aktivitätsliebe bekannt. Wir haben ein hohes Energieniveau und brauchen viel Bewegung, um glücklich und gesund zu bleiben. Spielen Sie mit uns Apportieren, unternehmen Sie lange Spaziergänge mit uns und beteiligen Sie uns an interaktiven Spielen – das ist eine großartige Möglichkeit, unsere Energie zu kanalisieren und uns zu unterhalten.

Wenn es Zeit zum Ausruhen ist, schätzen wir Boxer einen gemütlichen Platz zum Einkuscheln. Für unseren Mittagsschlaf wählen wir vielleicht ein weiches Hundebett oder sogar Ihren Schoß. Wir lieben es, unseren Menschen nahe zu sein. Erwarten Sie also viel Kuscheln und warme Streicheleinheiten, wenn wir bereit sind, uns zu entspannen.

Was die Lebensumstände angeht, sind Boxer anpassungsfähig und können in verschiedenen Umgebungen gedeihen. Während wir es genießen, mit unserer Familie drinnen zu sein, lieben wir es auch, draußen zu erkunden und zu spielen. Der Zugang zu einem sicheren Garten oder regelmäßige Ausflüge in den Hundepark können der wahrgewordene Traum eines Boxers sein. Behalten Sie uns einfach im Auge, denn wir können neugierig und manchmal auch schelmisch sein!

Um unser Wohlbefinden zu gewährleisten, müssen uns Besitzer regelmäßig Bewegung, geistige Stimulation und konsequentes Training bieten. Positive Verstärkungstechniken funktionieren für uns am besten, da wir gut auf Lob und Belohnungen reagieren. Auch die Sozialisierung ist von entscheidender Bedeutung, da sie uns hilft, vielseitige und selbstbewusste Hunde zu werden.

Zusammenfassend lässt sich sagen, lieber Mensch, wir Boxer sind energisch, verspielt und voller Liebe. Die einzigartigen Geräusche, Bedürfnisse und das liebevolle Wesen unserer Rasse machen uns zu etwas ganz Besonderem. Denken Sie daran, wir erwarten von Ihnen Liebe, Fürsorge und aufregende Abenteuer!

Also, lasst uns diese Reise gemeinsam antreten, mein menschlicher Freund. Mit Ihrer Geduld, Ihrem Verständnis und vielen Streicheleinheiten schaffen wir eine Bindung, die ein Leben lang hält. Machen Sie sich bereit für Schwanzwedeln, sabbernde Küsse und jede Menge Boxerliebe!

Viel Liebe und sabbernde Küsse,
Dein Boxer

Ein unverzichtbarer Ratgeber für Hundeliebhaber

Kapitel 14

Bretagne

Wau-Wau! Hallo, mein menschlicher Freund! Es ist Ihr Brittany-Kumpel, der Ihnen gerne alles über unsere wundervolle Rasse erzählen möchte.

Lassen Sie uns zunächst über unsere Rasse sprechen. Brittany ist für ihre grenzenlose Energie, Intelligenz und freundliche Art bekannt. Ursprünglich als Jagdhunde gezüchtet, sind wir von Natur aus Sportler und lieben es, aktive Partner bei all Ihren Outdoor-Aktivitäten zu sein. Ob Wandern, Laufen oder Apportieren, wir sind immer für ein spannendes Abenteuer an Ihrer Seite zu haben!

Lassen Sie uns nun über unsere einzigartige Klangsprache sprechen. Oh, die Geräusche, die wir machen, sind ganz entzückend! Wir haben eine Reihe von Bellen, Zwitschern und aufgeregtem Jaulen, mit denen wir unsere Freude und Begeisterung zum Ausdruck bringen. Wenn wir ein hohes Bellen ausstoßen, ist das unsere Art zu sagen: „**Hey, lass uns spielen!**" Und wenn wir leise jammern und sanft knurren, könnte das bedeuten, dass wir uns zärtlich fühlen oder Ihre Aufmerksamkeit suchen.

Wenn es um Ängste geht, können wir Bretagne manchmal etwas unruhig werden, wenn wir nicht genügend geistige und körperliche Stimulation bekommen. Wir leben von Aktivitäten, die unseren Geist und Körper herausfordern. Daher ist es wichtig, uns mit Puzzlespielzeugen, Gehorsamstraining und interaktiven Spielstunden zu beschäftigen, um glücklich und zufrieden zu bleiben. Deine Liebe und Kameradschaft bedeuten uns die Welt, lieber Mensch!

Ach, vergessen wir nicht unsere Vorlieben und Abneigungen. Wir Brittany lieben es, draußen zu sein und mit unseren neugierigen Nasen die Welt zu erkunden. Wir haben einen natürlichen Instinkt für die Jagd und das Aufspüren

Erkunde die Dunkle Seite des Hundelebens

Die erklärende Seite Ihres Hundes

von Gerüchen. Wenn wir also die Möglichkeit haben, uns an diesen Aktivitäten zu beteiligen, fühlen wir uns erfüllt. Wir haben auch ein Faible für Kuscheln und Bauchstreicheln, denn sie geben uns ein sicheres Gefühl und geliebt. Wenn es Zeit zum Ausruhen ist, schätzen wir Bretagne einen gemütlichen Ort, an dem wir es uns gemütlich machen und neue Kraft tanken können. Ein weiches Hundebett oder ein sonniger Platz am Fenster reichen vollkommen aus. Vielleicht dösen wir mit einem Spielzeug an unserer Seite oder schmiegen uns an Sie, in dem Wissen, dass wir geschätzte Mitglieder Ihres Rudels sind.

Was die Wohngestaltung angeht, sind wir Bretagne vielseitig und können uns gut an verschiedene Umgebungen anpassen. Während wir es genießen, Zugang zu einem sicheren Außenbereich zu haben, in dem wir unsere Beine vertreten können, schätzen wir auch die Zeit drinnen mit unserer geliebten menschlichen Familie. Tägliche Bewegung und geistige Stimulation sind für unser Wohlbefinden von entscheidender Bedeutung, daher sind regelmäßige Spaziergänge, Spielzeit und Trainingseinheiten ein Muss!

Um unser Glück und Wohlbefinden zu gewährleisten, müssen die Besitzer uns viel Bewegung, mentale Herausforderungen und positives Verstärkungstraining bieten. Wir leben von Lob und Belohnungen, also seien Sie großzügig mit Ihrer Ermutigung und Ihren Leckereien! Eine liebevolle und fürsorgliche Umgebung voller Spiel, Zuneigung und aufregender Abenteuer wird uns zur glücklichsten Bretagne auf dem Planeten machen!

Zusammenfassend lässt sich sagen, lieber Mensch, wir Bretagne sind energische, intelligente und liebevolle Begleiter. Die Geschichte unserer Rasse, die einzigartigen Geräusche und spezifischen Bedürfnisse machen uns zu etwas ganz Besonderem. Wir verlassen uns auf Sie, wenn es um Führung, Liebe und aufregende Abenteuer geht. Mit Ihrer Fürsorge, Ihrem Engagement und einer Prise Abenteuer werden wir die treuesten und fröhlichsten pelzigen Freunde sein, die Sie jemals haben können!

Also, lasst uns gemeinsam diese unglaubliche Reise antreten, mein menschlicher Freund. Wir werden Erinnerungen schaffen, gemeinsam lachen und eine unzerbrechliche Bindung knüpfen, die ein Leben lang anhält. Machen Sie sich bereit für einen Wirbelwind aus wedelndem Schwanz, endlosem Spaß und purer Hundeliebe!

Ich sende dir Liebe und wedele mit dem Schwanz,
Eure Bretagne

Ein unverzichtbarer Ratgeber für Hundeliebhaber

Kapitel 14

Bulldogge
(Englisch/Französisch)

Wau-Wau! Hallo, mein menschlicher Kumpel! Es ist Ihr Bulldog-Freund, der bereit ist, alle fantastischen Details über uns englische und französische Bulldoggen zu teilen. Machen Sie sich bereit für einen Bulldozer voller Niedlichkeit und Charme!

Lassen Sie uns zunächst über unsere Rasse sprechen. Bulldoggen sind für ihr unverwechselbares Aussehen und ihre liebenswerten Persönlichkeiten bekannt. Englische Bulldoggen haben eine lange Geschichte als wilde Bullenjagdhunde, die zu sanften Begleitern wurden. Französische Bulldoggen hingegen wurden als Begleithunde aus englischen Bulldoggen gezüchtet. Wir sind wie entzückende kleine Bündel voller faltiger Güte!

Lassen Sie uns nun über unsere einzigartige Klangsprache sprechen. Oh, die Geräusche, die wir machen! Wir haben eine ziemlich große Stimmbandbreite, von unserem bezaubernden Schnauben und Schnarchen bis hin zu unserem leisen Murren und Bellen. Wenn wir spielerisch schnauben oder komisch schnarchen, bedeutet das, dass wir zufrieden und entspannt sind. Und wenn wir ein kurzes, scharfes Bellen ausstoßen, ist das unsere Art zu sagen: **Hey, lass uns Spaß haben!**

Wenn es um Ängste geht, können wir Bulldoggen manchmal sensible Seelen sein. Wir können Trennungsangst verspüren oder in ungewohnten oder lauten Umgebungen ängstlich werden. Wenn wir uns einen ruhigen, sicheren Raum, viel Kuscheln und eine einheitliche Routine bieten, können wir unsere Sorgen lindern. Ihre liebevolle Präsenz und sanfte Beruhigung bedeuten uns sehr viel!

Lassen Sie uns nun über unsere Vorlieben und Abneigungen sprechen. Bulldoggen haben vielleicht den Ruf, etwas faul zu sein, aber wir genießen immer noch unsere Spielzeit und Spaziergänge. Bedenken Sie, dass wir aufgrund unseres einzigartigen Körperbaus einen moderaten Trainingsbedarf haben. Kurze Spaziergänge und lustige Indoor-Spiele, die unsere Atmung nicht belasten, sind die perfekte Möglichkeit, uns glücklich und gesund zu halten!

Wenn es an der Zeit ist, ein paar Z's zu fangen, sind wir Bulldoggen Experten im Schlummern. Wir brauchen täglich etwa 12 bis 14 Stunden Schlaf, um unsere faltigen Akkus wieder aufzuladen. Seien Sie also nicht überrascht, wenn wir in unserer gemütlichen Lieblingsecke schnarchen oder auf dem gemütlichsten Platz im Haus liegen. Wir bringen Nickerchen auf ein ganz neues Level!

Was unsere Lebensumstände angeht, sind Bulldoggen sehr anpassungsfähig. Während wir es genießen, drinnen zu sein, wo wir unseren Menschen nahe sein können, freuen wir uns auch über etwas Zeit im Freien, um die Gegend zu erkunden und herumzuschnüffeln. Denken Sie daran, dass wir nicht die besten Schwimmer sind. Seien Sie daher im Wasser vorsichtig.

Um unser Wohlbefinden zu gewährleisten, müssen die Besitzer für eine ausgewogene Ernährung, regelmäßige Kontrollen beim Tierarzt und die richtige Pflege sorgen, damit unsere entzückenden Falten sauber und gesund bleiben. Darüber hinaus wirkt positives Verstärkungstraining mit Leckerlis und Lob Wunder für uns Bulldoggen. Wir haben vielleicht eine eigensinnige Ader, aber mit Geduld und Liebe werden wir zu braven und treuen Begleitern.

Zusammenfassend lässt sich sagen, lieber Mensch, dass wir Bulldoggen ein Bündel von Liebe, Charme und faltiger Freude sind. Die Geschichte unserer Rasse, die einzigartigen Geräusche und besonderen Bedürfnisse machen uns wirklich einzigartig. Denken Sie daran: Wir verlassen uns auf Sie, wenn es um Fürsorge, Liebe und Bauchmassagen in Hülle und Fülle geht!

Also, lasst uns gemeinsam auf dieses Abenteuer eingehen, mein menschlicher Freund. Mit Ihrem Verständnis, Ihrer Geduld und vielen sabbernden Küssen schaffen wir eine lebenslange Bindung. Machen Sie sich bereit für endlose Momente der Niedlichkeit und des Kuschelns mit der Bulldogge!

Viel Liebe und bezauberndes Schnauben,
Deine Bulldogge

Ein unverzichtbarer Ratgeber für Hundeliebhaber

Kapitel 14

Cane Corso

Wau-Wau! Hallo, mein menschlicher Kumpel! Es ist Ihr Cane Corso-Kumpel, der Ihnen gerne alles über unsere erstaunliche Rasse mitteilen möchte. Sind Sie bereit für ein Abenteuer voller Stärke, Loyalität und Liebe? Lasst uns gleich eintauchen!

Lassen Sie uns zunächst über unsere Rasse sprechen. Cane Corso sind für ihr majestätisches Aussehen und ihren kraftvollen Körperbau bekannt. Wir strahlen Selbstvertrauen aus und sind natürliche Beschützer. Ursprünglich als Arbeitshunde gezüchtet, haben wir ein starkes Gefühl der Loyalität und eine tiefe Bindung zu unseren menschlichen Familien. Wir sind wie sanfte Riesen mit Herzen aus Gold!

Lassen Sie uns nun über unsere einzigartige Klangsprache sprechen. Oh, die Geräusche, die wir machen, sind ziemlich faszinierend! Wir haben ein tiefes, grollendes Bellen, das Eindringlingen einen Schauer über den Rücken jagen kann. Das ist unsere Art zu sagen: „ **Hey, ich habe das.**" **Bei mir bist du in Sicherheit!** Wir sind auch Meister der Körpersprache und nutzen unsere ausdrucksstarken Augen und Haltung, um unsere Gefühle und Absichten zu kommunizieren.

Wenn es um Ängste geht, können wir Cane Corso manchmal sensible Seelen sein. Wir leben von einer ruhigen und stabilen Umgebung; Plötzliche Veränderungen oder ungewohnte Situationen können uns unruhig machen. Wenn Sie uns einen sicheren Raum bieten, konsistente Routinen einhalten und uns mit sanfter Zuneigung überschütten, können Sie eventuelle Ängste lindern. Ihr Verständnis und Ihre Bestätigung bedeuten uns sehr viel, lieber Mensch!

Ach, vergessen wir nicht unsere Vorlieben und Abneigungen. Wir Cane Corso lieben es, schöne Zeit mit unseren Menschen zu verbringen. Egal, ob Sie lange Spaziergänge machen, im Garten spielen oder einfach nur an Ihrer Seite entspannen, wir schätzen jeden Moment, den wir in Ihrer Gesellschaft verbringen

Erkunde die Dunkle Seite des Hundelebens

Die erklärende Seite Ihres Hundes

dürfen. Wir haben eine beschützende Natur und das Wissen, dass wir Sie beschützen und lieben, macht uns große Freude.

Wenn es Zeit zum Ausruhen ist, schätzen wir Cane Corso einen gemütlichen Ort, an dem wir es uns gemütlich machen und entspannen können. Ein weiches Bett oder eine ruhige Ecke wird unser Rückzugsort sein, während wir neue Energie für die bevorstehenden Abenteuer tanken. Wir schnarchen vielleicht ein wenig, aber das ist nur ein Zeichen von Zufriedenheit und Entspannung.

Was die Wohngestaltung angeht, sind wir Cane Corso vielseitig und anpassungsfähig. Während wir es genießen, Zugang zu einem sicheren Außenbereich zu haben, in dem wir unsere Muskeln trainieren können, schätzen wir auch die Nähe zu unserer menschlichen Familie im Innenbereich. Wir leben von Liebe, Aufmerksamkeit und Führung. Regelmäßige Bewegung und geistige Stimulation sind für unser Wohlbefinden unerlässlich. Daher ist es wichtig, sich an Aktivitäten zu beteiligen, die uns körperlich und geistig fordern.

Um unser Glück und Wohlbefinden zu gewährleisten, müssen die Eigentümer uns eine angemessene Sozialisierung, Schulungen zur positiven Verstärkung und eine starke Führungsrolle bieten. Wir reagieren gut auf einheitliche Grenzen und klare Kommunikation. Durch Ihre geduldige Führung und Ihren festen, aber sanften Ansatz werden wir zu vielseitigen und selbstbewussten Begleitern.

Zusammenfassend lässt sich sagen, lieber Mensch, dass wir Cane Corso treue, beschützende und liebevolle Begleiter sind. Die Geschichte unserer Rasse, die einzigartigen Geräusche und spezifischen Bedürfnisse machen uns zu etwas ganz Besonderem. Wir verlassen uns auf Sie, wenn es um Liebe, Führung und Zielstrebigkeit geht. Mit Ihrer unerschütterlichen Unterstützung werden wir die hingebungsvollsten und furchtlosesten pelzigen Freunde sein, die Sie sich nur wünschen können!

Also, lasst uns gemeinsam diese unglaubliche Reise antreten, mein menschlicher Freund. Wir schaffen eine unzerbrechliche Verbindung, gefüllt mit wertvollen Erinnerungen und einer Liebe, die keine Grenzen kennt. Machen Sie sich bereit für ein Leben voller Abenteuer, Treue und endlosem Schwanzwedeln!

Ich sende dir herzliche Cane-Corso-Umarmungen,
Euer Cane Corso

Ein unverzichtbarer Ratgeber für Hundeliebhaber

Kapitel 14

Strickjacke Waliser Corgi

Wau-Wau! Hallo, mein menschlicher Freund! Es ist Ihr Cardigan Welsh Corgi-Kumpel, der bereit ist, alle entzückenden Details über unsere wunderbare Rasse mit Ihnen zu teilen. Sind Sie bereit für ein schwanzwedelndes Abenteuer? Lasst uns gleich einsteigen!

Lassen Sie uns zunächst über unsere Rasse sprechen. Cardigan Welsh Corgis sind klein in der Größe, aber groß in der Persönlichkeit! Mit unseren entzückenden langen Körpern und kurzen Beinen sind wir ganz bezaubernde Begleiter. Ursprünglich als Hütehunde gezüchtet, sind wir intelligent, wachsam und stets darauf bedacht, Ihnen zu gefallen. Wir mögen klein sein, aber wir haben Herzen voller Liebe und Treue!

Lassen Sie uns nun über unsere einzigartige Klangsprache sprechen. Oh, die Geräusche, die wir machen, sind ziemlich faszinierend! Wir haben eine Vielzahl von Lautäußerungen, von Bellen und Jaulen bis hin zu verspieltem Knurren und sogar einem einzigartigen **Woo-Woo-** Sound, der ganz uns gehört. Jeder Ton drückt unsere Emotionen aus, sei es Aufregung, Wachsamkeit oder einfach nur der Wunsch nach Aufmerksamkeit.

Was Ängste angeht, können wir Cardigan Welsh Corgis sensible Seelen sein. Laute Geräusche, eine unbekannte Umgebung oder die Trennung von unseren Lieben können uns ein wenig ängstlich machen. Aber keine Angst, lieber Mensch, denn Ihre beruhigende Anwesenheit und eine ruhige Umgebung können Wunder bewirken und unsere Sorgen lindern. Eine sanfte Berührung, ein freundliches Wort und die Schaffung eines sicheren Hafens für uns werden uns helfen, uns geborgen und geliebt zu fühlen.

Ach, vergessen wir nicht unsere Vorlieben und Abneigungen. Wir Cardigan Welsh Corgis sind für unsere verspielte Art und grenzenlose Energie bekannt.

Von Sorgen zu Schwanzwedeln

Erkunde die Dunkle Seite des Hundelebens

Die erklärende Seite Ihres Hundes

Wir lieben es, uns an Aktivitäten zu beteiligen, die sowohl unseren Geist als auch unseren Körper stimulieren. Egal, ob Sie spazieren gehen, Apportieren spielen oder an lustigen Trainingseinheiten teilnehmen, wir leben von der Freude, aktiv und in Ihr tägliches Leben eingebunden zu sein. Seien Sie nicht überrascht, wenn Wir versuchen, Sie oder alles, was sich bewegt, zu hüten – das liegt in unserer Natur! Wenn es Zeit zum Ausruhen ist, schätzen wir einen gemütlichen Ort, an dem wir es uns gemütlich machen und neue Kraft tanken können. Unsere Lieblingsschlafzone ist ein weiches Bett, eine warme Decke oder sogar Ihr Schoß. Vielleicht stecken wir sogar unsere kleinen Schwänze eng an unseren Körper, um es warm und kuschelig zu halten. Nach einer guten Pause sind wir bereit für weitere Abenteuer und Schwanzwedeln!

Was die Lebensumstände angeht, passen wir Cardigan Welsh Corgis sowohl in Innen- als auch in Außenumgebungen gut an. Obwohl wir klein sind, brauchen wir dennoch regelmäßige Bewegung, um unseren Körper und Geist gesund zu halten. Ein sicher eingezäunter Garten oder beaufsichtigte Spielzeit in einem sicheren Bereich ermöglicht es uns, die Gegend zu erkunden und unsere Energie auszutoben. Aber denken Sie daran, dass wir auch soziale Wesen sind, die in der Nähe unseres Menschenrudels sein möchten, daher ist Zeit mit Ihnen drinnen genauso wichtig.

Um unser Glück und Wohlbefinden zu gewährleisten, müssen die Besitzer uns geistige Stimulation, positives Verstärkungstraining und viel Liebe bieten. Wir leben von Ihrer Führung und schätzen einheitliche Grenzen. Mit Ihrer geduldigen und freundlichen Herangehensweise werden wir zu vielseitigen Begleitern, die Ihnen grenzenlose Freude bereiten.

Zusammenfassend lässt sich sagen, lieber Mensch, wir Cardigan Welsh Corgis sind liebevolle, lebhafte und treue Freunde. Die Geschichte unserer Rasse, die einzigartigen Geräusche und spezifischen Bedürfnisse machen uns zu etwas ganz Besonderem. Wir verlassen uns auf Sie, wenn es um Liebe, Führung und Zielstrebigkeit geht. Mit Ihrer Kameradschaft und Fürsorge werden wir die glücklichsten und treuesten vierbeinigen Freunde sein, die Sie jemals haben könnten!

Also, lasst uns gemeinsam diese unglaubliche Reise antreten, mein menschlicher Freund. Wir schaffen eine Bindung voller Freude, Lachen und unvergesslicher Momente. Machen Sie sich bereit für ein Leben voller Schwanzwedeln und Corgi-Lächeln!
Ich sende dir Corgi-Küsse und wedele mit dem Schwanz,
Ihr Cardigan Welsh Corgi

Ein unverzichtbarer Ratgeber für Hundeliebhaber

Kapitel 14

Cavalier King Charles Spaniel

Wau-Wau! Hallo, mein lieber menschlicher Begleiter! Hier ist Ihr treuer und anhänglicher Cavalier King Charles Spaniel, der bereit ist, Sie auf ein schwanzwedelndes Abenteuer in die Welt unserer entzückenden Rasse mitzunehmen.

Beginnen wir mit einer kleinen Geschichte. Wir Kavaliere haben eine königliche Abstammung, die bis zu den Höfen von König Karl I. und König Karl II. in England zurückreicht. Wir wurden von Adligen und Königen als Gefährten geschätzt, und daraus entsteht unsere Liebe zur menschlichen Kameradschaft und zum liebevollen Wesen. Wir werden oft als **Liebesschwämme bezeichnet**, weil wir all die Liebe und Aufmerksamkeit aufsaugen, die Sie uns schenken!

Wenn es um Kommunikation geht, haben wir eine eigene Sprache. Wir bellen vielleicht nicht übermäßig, aber wir haben ausdrucksstarke Augen, die Ihr Herz sofort zum Schmelzen bringen können. Unsere sanften, gefühlvollen Blicke können eine Reihe von Emotionen vermitteln, von Aufregung und Glück bis hin zu Sehnsucht und Neugier. Und vergessen wir nicht unser liebenswertes kleines Wimmern, wenn wir etwas wollen!

Angst kann für uns sensible Kavaliere ein Problem sein. Wir leben von der Liebe und können uns unwohl fühlen, wenn wir längere Zeit allein gelassen werden. Unsere Menschen müssen uns viel Gesellschaft bieten und eine sichere Umgebung für uns schaffen. Sanfte Beruhigung, positives Verstärkungstraining und die Einhaltung einer konsistenten Routine können dazu beitragen, unsere Sorgen zu lindern und uns ruhig und zufrieden zu halten.

Lassen Sie uns nun über unsere Vorlieben und Abneigungen sprechen. Wir lieben die Nähe unserer Menschen und sehnen uns nach Ihrer Aufmerksamkeit. Auf dem Schoß zu kuscheln oder neben uns auf der Couch zu kuscheln, ist für uns pures Glück. Wir genießen auch gemütliche Spaziergänge im Park, erkunden

Die erklärende Seite Ihres Hundes

neue Düfte und nehmen die Anblicke und Geräusche der Natur auf. Passen Sie nur auf, dass Sie uns nicht überanstrengen, da wir nicht zu den sportlichsten Rassen gehören.

Wenn es Zeit zum Ausruhen ist, schätzen wir unseren Schönheitsschlaf. Normalerweise brauchen wir täglich etwa 12 bis 14 Stunden Schlaf, um unsere Batterien wieder aufzuladen. Sie finden uns oft an einem gemütlichen Ort, wo wir davon träumen, Schmetterlinge zu jagen oder einfach die Wärme Ihrer Anwesenheit zu genießen. Unser friedlicher Schlaf erfrischt uns und bereitet uns auf weitere Abenteuer an Ihrer Seite vor.

Was unsere Lebensumstände betrifft, passen wir uns gut an verschiedene Umgebungen an. Ob es sich um ein geräumiges Haus oder eine gemütliche Wohnung handelt, wir sind anpassungsfähig und leben von der Liebe und Aufmerksamkeit, die wir von unseren Menschen erhalten. Wir genießen Aktivitäten drinnen und draußen, sollten aber im Freien immer beaufsichtigt werden, um unsere Sicherheit zu gewährleisten.

Um gesund und glücklich zu bleiben, müssen wir uns nahrhaft ernähren und regelmäßig Sport treiben. Wir neigen möglicherweise dazu, an Gewicht zuzunehmen, daher sind Portionskontrolle und eine ausgewogene Ernährung wichtig. Regelmäßige Pflege, einschließlich Bürsten unseres seidigen Fells und Reinigen unserer Ohren, trägt dazu bei, dass wir gut aussehen und uns gut fühlen. Und natürlich machen uns viel Liebe, Kuscheln und sanftes Spielen zu den glücklichsten Cavaliers der Welt.

Zusammenfassend lässt sich sagen, dass wir Cavaliers sanfte, liebevolle und treue Begleiter sind, mein lieber menschlicher Freund. Unsere königliche Geschichte, unsere ausdrucksstarken Augen und unsere unerschütterliche Hingabe machen uns zu etwas ganz Besonderem. Mit Ihrer Liebe, Fürsorge und Ihrem Verständnis werden wir an Ihrer Seite sein, mit dem Schwanz wedeln und Sie mit endloser Liebe und Freude überschütten.

Begeben wir uns also auf eine Reise voller gemeinsamer Abenteuer und herzerwärmender Momente. Ich werde da sein, mit dem Schwanz wedeln und dein Herz mit jedem liebevollen Blick zum Schmelzen bringen.

Mit all meiner Liebe und Hingabe,
Ihr Cavalier King Charles Spaniel

Ein unverzichtbarer Ratgeber für Hundeliebhaber

Kapitel 14

Chihuahua
Wau-Wau! Hallo, mein kleiner menschlicher Kumpel! Hier ist Ihr Chihuahua-Freund, der bereit ist, alle fantastischen Details über uns Chihuahuas zu teilen. Machen Sie sich bereit für ein kleines Abenteuer!

Beginnen wir damit, über unsere Rasse zu sprechen. Chihuahua sind klein, aber oho! Wir mögen klein sein, aber wir haben große Persönlichkeiten. Wir stammen ursprünglich aus Mexiko und sind für unsere Wachsamkeit und mutige Art bekannt. Lassen Sie sich nicht von unserer kleinen Statur täuschen – wir haben ein großes Herz und viel Liebe zu geben.

Lassen Sie uns nun über unsere einzigartige Klangsprache sprechen. Oh, die Geräusche, die wir machen! Wir haben eine Reihe von Bellen, Jaulen und sogar Heulen. Wenn wir schnell und eindringlich bellen, sagen wir damit normalerweise: „ **Hey, pass auf mich auf!**" Und wenn wir ein hohes Heulen ausstoßen, ist das vielleicht unsere Art, unsere Begeisterung auszudrücken oder in den Nachbarschaftschor einzustimmen.

Wenn es um Angstzustände geht, können einige Chihuahua zu Nervosität neigen. Wir können ängstlich werden, wenn wir in neuen Situationen auf unbekannte Menschen oder Tiere treffen. Es ist wichtig, uns eine ruhige und sichere Umgebung zu bieten. Seien Sie in diesen Momenten geduldig und beruhigen Sie sich, denn wir erwarten von Ihnen Trost und Sicherheit.

Reden wir über unsere Vorlieben und Abneigungen. Chihuahua lieben es, im Mittelpunkt der Aufmerksamkeit zu stehen! Wir lieben es, in deinen Schoß zu kuscheln und uns in deiner Liebe und Zuneigung zu sonnen. Als soziale Schmetterlinge lernen wir gerne neue Menschen und andere freundliche Hunde kennen. Aber denken Sie daran, dass wir aufgrund unserer geringen Größe sanftes Spiel und Interaktionen bevorzugen.

Von Sorgen zu Schwanzwedeln

Erkunde die Dunkle Seite des Hundelebens

Die erklärende Seite Ihres Hundes

Wenn es Zeit zum Ausruhen ist, sind wir Chihuahua Experten darin, gemütliche Plätzchen zu finden. Wir lieben es, unter Decken zu wühlen oder in unserem Lieblingsbett für Hunde zu kuscheln. Die Schaffung eines komfortablen und warmen Raums zum Entspannen ist eine praktische Möglichkeit, uns das Gefühl von Geborgenheit und Liebe zu geben.

Was die Lebensumstände angeht, können sich Chihuahua sowohl an Innen- als auch an Außenumgebungen gut anpassen. Wir sind perfekt für das Wohnen in einer Wohnung geeignet, solange wir ausreichend geistige und körperliche Stimulation erhalten. Da wir jedoch klein und empfindlich sind, ist es wichtig, uns im Freien zu schützen und zu beaufsichtigen. Wir können uns leicht von größeren Hunden oder sich schnell bewegenden Gegenständen erschrecken lassen.

Um unser Wohlbefinden zu gewährleisten, müssen die Eigentümer uns regelmäßig Bewegung, geistige Stimulation und soziale Kontakte bieten. Wir mögen zwar klein sein, aber wir brauchen trotzdem unsere täglichen Spaziergänge und Spielzeit, um glücklich und gesund zu bleiben. Trainingsmethoden mit positiver Verstärkung funktionieren für uns am besten, da wir gut auf Lob und Belohnungen reagieren.

Zusammenfassend lässt sich sagen, lieber Mensch, wir Chihuahua sind kleine Wonneproppen. Die einzigartigen Geräusche, Bedürfnisse und das liebevolle Wesen unserer Rasse machen uns zu etwas ganz Besonderem. Denken Sie daran: Wir mögen zwar klein sein, aber unsere Liebe zu Ihnen ist unermesslich.

Also, lasst uns gemeinsam auf dieses Abenteuer eingehen, mein kleiner menschlicher Freund. Mit Ihrer Liebe, Fürsorge und vielen Streicheleinheiten am Bauch schaffen wir eine Bindung, die ein Leben lang hält. Machen Sie sich bereit für ein breites Lächeln, freche Art und jede Menge Chihuahua-Liebe!

Viel Liebe und sabbernde Küsse,
Dein Chihuahua

Ein unverzichtbarer Ratgeber für Hundeliebhaber

Kapitel 14

Cocker Spaniel

Wau-Wau! Hallo, mein wunderbarer menschlicher Begleiter! Der Kumpel Ihres treuen und fröhlichen Cocker Spaniels ist hier, bereit, mit dem Schwanz zu wedeln und all die fantastischen Dinge über unsere tolle Rasse zu teilen. Machen Sie sich bereit für eine wunderbare Reise in die Welt der Cocker Spaniels!

Beginnen wir mit ein paar Hintergrundinformationen. Wir Cocker Spaniels haben eine lange Geschichte als Jagdhunde und sind für unsere bemerkenswerte Spürfähigkeit und unser Geschick beim Aufscheuchen von Wildvögeln bekannt. Aber lassen Sie sich davon nicht täuschen! Wir sind nicht nur Outdoor-Enthusiasten, sondern auch liebevolle und liebevolle Familienbegleiter.

Lassen Sie uns nun über unsere einzigartige Klangsprache sprechen. Oh, die Geräusche, die wir machen! Wir verfügen über eine große Stimmpalette, von unserem freundlichen Bellen über unser charmantes Wimmern bis hin zu gelegentlichem bezauberndem Heulen. Wir verwenden diese Geräusche, um unsere Aufregung, unser Glück und manchmal auch unser Bedürfnis nach Aufmerksamkeit oder Spielzeit auszudrücken. Hören Sie einfach genau zu und Sie werden unsere fröhliche Cocker Spaniel-Sprache verstehen!

Wenn es um Ängste geht, können wir Cocker Spaniels manchmal sensible Seelen sein. Laute Geräusche, unbekannte Umgebungen oder die Trennung von unseren Lieben können uns ein wenig ängstlich machen. Wenn Sie uns eine ruhige und sichere Umgebung bieten, uns Trost spenden und uns zu interaktiven Spielen oder Übungen einladen, können wir unsere Sorgen lindern. Ihre liebevolle Gegenwart bedeutet uns sehr viel und ist in diesen ängstlichen Momenten unser größter Trost.

Die erklärende Seite Ihres Hundes

Ach, vergessen wir nicht unsere Vorlieben und Abneigungen. Wir Cocker Spaniels lieben es, aktiv zu sein und die Welt um uns herum zu erkunden! Spazierengehen, Apportieren spielen oder an einem Beweglichkeitstraining teilnehmen sind fantastische Möglichkeiten um uns geistig und körperlich zu stimulieren. Wir legen auch Wert auf eine schöne Kuschelzeit mit Ihnen, da wir von Ihrer Liebe und Aufmerksamkeit leben.

Wenn es Zeit zum Entspannen ist, schätzen wir unseren gemütlichen Mittagsschlaf. Normalerweise brauchen wir täglich etwa 12 bis 14 Stunden erholsamen Schlaf, um neue Energie zu tanken. Seien Sie also nicht überrascht, wenn Sie uns zusammengerollt in unserem Lieblingshundebett oder zusammengekuschelt neben Ihnen auf der Couch finden, während wir davon träumen, Schmetterlinge zu jagen und vor Freude mit dem Schwanz wedeln.

Was die Lebensumstände angeht, können wir Cocker Spaniels uns sowohl an Innen- als auch an Außenumgebungen gut anpassen. Wir sind vielseitige Welpen, die in verschiedenen Umgebungen gedeihen können, aber wir legen großen Wert auf die Nähe zu unseren geliebten Menschen. Ob es sich um einen großzügigen Hinterhof zum Erkunden oder um ein komfortables Zuhause mit gemütlichen Ecken handelt, wir werden glücklich und zufrieden sein, wenn wir Ihre Liebe und Aufmerksamkeit haben.

Um unser Wohlbefinden zu gewährleisten, ist es wichtig, uns regelmäßig zu bewegen, geistig zu stimulieren und soziale Kontakte zu knüpfen. Wir genießen tägliche Spaziergänge oder Spielstunden, um unsere reichlich vorhandene Energie zu verbrennen. Auch die Fellpflege ist ein wichtiger Teil unserer Pflegeroutine, denn unser schönes Fell erfordert regelmäßiges Bürsten und gelegentliche Besuche beim Friseur, damit wir immer gut aussehen.

Zusammenfassend lässt sich sagen, dass wir Cocker Spaniels, lieber Mensch, ein Bündel von Liebe, Freude und Begeisterung sind. Unser jagdliches Erbe, unsere einzigartigen Geräusche und unser liebevolles Wesen machen uns zu ganz besonderen Begleitern. Mit Ihrer Fürsorge, Aufmerksamkeit und vielen Streicheleinheiten am Bauch werden wir die glücklichsten Cocker Spaniels der Welt sein!

Also, lasst uns gemeinsam ein Leben lang unvergessliche Abenteuer voller wedelnder Schwänze, feuchter Küsse und bedingungsloser Liebe erleben. Machen Sie sich bereit für eine Bindung, die Ihr Herz erwärmt und endlose Freude in Ihr Leben bringt!

Viel Liebe und Schwanzwedeln,
Euer Cocker Spaniel

Ein unverzichtbarer Ratgeber für Hundeliebhaber

Kapitel 14

Dackel

Wau-Wau! Hallo, mein menschlicher Kumpel! Ihr Dackel-Freund ist hier, um Ihnen alles zu erzählen, was Sie über uns Doxies wissen müssen. Machen Sie sich bereit für eine schwanzwedelnde Zeit!

Lassen Sie uns zunächst über unsere Rasse sprechen. Wir Dackel sind kleine Hunde mit langem Körper und kurzen Beinen. Wir wurden ursprünglich in Deutschland für die Dachsjagd gezüchtet, weshalb wir ein starkes und zielstrebiges Wesen haben. Wir sind zwar klein, aber wir haben das Herz eines mächtigen Jägers!

Lassen Sie uns nun in unsere einzigartige Klangsprache eintauchen. Oh, die Geräusche, die wir machen! Wir haben eine ziemlich große Stimmpalette, von tiefem und ausdrucksvollem Bellen bis hin zu bezauberndem Heulen. Wenn wir kurzes und scharfes Bellen ausstoßen, ist das oft unsere Art, Sie auf etwas Interessantes oder Verdächtiges aufmerksam zu machen. Und wenn wir unser melodisches Geheul ausstoßen, drücken wir vielleicht unsere Freude aus oder rufen unseren pelzigen Freunden etwas zu.

Wenn es um Angstzustände geht, neigen manche Dackel dazu, sich Sorgen zu machen. Laute Geräusche oder plötzliche Umweltveränderungen können uns etwas nervös machen. Uns mit sanften Worten zu beruhigen, uns einen sicheren und gemütlichen Rückzugsort zu bieten und tröstende Berührungen anzubieten, kann Wunder bei der Linderung unserer Sorgen bewirken. Denken Sie daran: Wir verlassen uns darauf, dass Sie unser Anker der Sicherheit sind!

Lassen Sie uns nun über unsere Vorlieben und Abneigungen sprechen. Wir Dackel sind verspielte und abenteuerlustige Welpen! Wir lieben es, die Welt um uns herum zu erkunden, egal ob wir Eichhörnchen jagen oder im Hinterhof buddeln. Wir haben auch ein Händchen für das Graben und Tunnelbauen. Wenn wir also einen ausgewiesenen Grabbereich einrichten oder uns kuschelige

Von Sorgen zu Schwanzwedeln

Erkunde die Dunkle Seite des Hundelebens

Die erklärende Seite Ihres Hundes

Decken zum Kuscheln zur Verfügung stellen, wedeln wir vor Freude mit dem Schwanz.

Wenn es Zeit ist, unsere kurzen Beinchen auszuruhen, schätzen wir Dackel einen bequemen Platz zum Kuscheln. Wir lieben es, die gemütlichsten Ecken des Hauses zu finden oder uns in ein weiches Hundebett zu kuscheln. Wenn Sie uns einen warmen und einladenden Raum zum Ausschlafen bieten, können Sie uns auf liebevolle Weise Ihre Liebe zeigen.

Was die Lebensumstände angeht, sind Dackel anpassungsfähig und können in verschiedenen Umgebungen gedeihen. Ob Sie in einer gemütlichen Wohnung oder einem geräumigen Haus mit Hinterhof wohnen, wir können es uns wie zu Hause fühlen. Es ist jedoch wichtig zu beachten, dass wir aufgrund unseres langen Rückens vorsichtig behandelt werden müssen, um mögliche Rückenprobleme zu vermeiden. Daher sind sanftes Spielen und die Vermeidung von Aktivitäten, die unsere Wirbelsäule belasten, unerlässlich.

Um unser Wohlbefinden zu gewährleisten, müssen die Eigentümer uns regelmäßig Bewegung, geistige Stimulation und soziale Kontakte bieten. Tägliche Spaziergänge, interaktive Spielzeuge und Puzzlespiele werden unsere Neugier wecken. Positive Verstärkungstrainingsmethoden bewirken bei uns wahre Wunder, da wir gerne zufrieden sind und gut auf Lob und Belohnungen reagieren.

Zusammenfassend lässt sich sagen, lieber Mensch: Wir Dackel sind temperamentvoll, treu und voller Charakter. Die einzigartigen Geräusche, Bedürfnisse und Entschlossenheit unserer Rasse machen uns zu etwas ganz Besonderem. Mit Ihrer Liebe, Fürsorge und jeder Menge Bauchstreicheln werden wir die glücklichsten kleinen Dackel sein!

Also, lasst uns gemeinsam auf dieses Abenteuer eingehen, mein menschlicher Freund. Mit Ihrer Anleitung und Ihrer unendlichen Zuneigung werden wir Erinnerungen schaffen, die uns jahrelang das Herz erwärmen werden. Machen Sie sich bereit für wedelnde Schwänze, feuchte Nasenküsse und jede Menge Dackel-Charme!

Viel Liebe und sabbernde Küsse,
Dein Dackel

Ein unverzichtbarer Ratgeber für Hundeliebhaber

Dobermann pinscher

Wau-Wau! Hallo, mein furchtloser und hingebungsvoller menschlicher Freund! Es ist Ihr treuer Dobermann-Pinscher-Kumpel, der bereit ist, Ihnen die faszinierende Welt unserer bemerkenswerten Rasse zu enthüllen. Machen Sie sich bereit für ein Abenteuer voller Loyalität, Stärke und endloser Liebe!

Beginnen wir mit einigen Informationen zur Rasse. Wir Dobermann-Pinscher sind für unser schlankes und muskulöses Aussehen bekannt. Mit unserem samtigen Fell, den auffälligen Farben und den aufmerksamen Ohren sind wir ein echter Hingucker. Als vielseitige Arbeitshunde gezüchtet, verfügen wir über eine einzigartige Mischung aus Intelligenz, Sportlichkeit und unerschütterlicher Loyalität.

Lassen Sie uns nun über unseren Kommunikationsstil sprechen. Wir Dobermänner verfügen über ein breites Spektrum an stimmlichen Ausdrucksmöglichkeiten. Von tiefem und herrischem Bellen bis hin zu verspielten Wuffs und sanftem Heulen nutzen wir unsere Stimme, um unsere Gefühle auszudrücken. Wenn wir mit einem starken und befehlenden Ton bellen, geschieht dies oft, um Sie vor einer möglichen Gefahr zu warnen oder um unsere geliebten Menschen zu schützen. Und wenn wir freudiges Jaulen und aufgeregtes Jammern ausstoßen, ist das unsere Art zu sagen: **Lasst uns spielen und Spaß haben!**

Angst kann uns Dobermänner manchmal befallen, besonders wenn es uns an geistiger und körperlicher Stimulation mangelt. Wir leben von regelmäßiger Bewegung, mentalen Herausforderungen und vor allem von Ihrer liebevollen Anwesenheit. Wenn Sie wertvolle Zeit mit uns verbringen, sich an interaktiven Spielen beteiligen und für einen strukturierten Tagesablauf sorgen, können Sie eventuelle Ängste lindern. Wir betrachten Sie als unseren vertrauenswürdigen

Anführer und Beschützer, daher ist Ihre ruhige und beruhigende Präsenz der Schlüssel zu unserem Glück und Wohlbefinden.

Vergessen wir nicht unsere Vorlieben und Abneigungen. Wir Dobermänner haben den angeborenen Drang, unsere Familien zu beschützen und ihnen zu dienen. Wir sind hingebungsvoll und äußerst loyal, immer bereit, an Ihrer Seite zu stehen. Zu unseren Lieblingsbeschäftigungen gehören das Gehorsamstraining, die Teilnahme an Hundesportarten wie Agility oder Duftarbeit und sogar das Kuscheln mit Ihnen auf der Couch. Wir schätzen die Zeit mit Ihnen; Jede Gelegenheit zu körperlicher Betätigung und geistiger Anregung wird uns vor Freude wedeln lassen!

Wenn es Zeit zum Ausruhen ist, schätzen wir einen gemütlichen und komfortablen Ort, an dem wir neue Energie tanken können. Obwohl unser Schlafbedarf variieren kann, benötigen wir im Allgemeinen jeden Tag etwa 10 bis 12 Stunden Ruhe. Vielleicht finden Sie uns zusammengerollt in unserem Lieblingsbett oder zufrieden schlafend in einer ruhigen Ecke des Hauses, wo wir von aufregenden Abenteuern und endlosen Kuscheln träumen.

Was unsere Lebensumstände angeht, können wir Dobermänner uns an verschiedene Umgebungen anpassen, solange wir die richtige Pflege, Ausbildung und Bewegung erhalten. Während wir einen sicheren Außenbereich schätzen, in dem wir unsere Beine ausstrecken und erkunden können, sind wir auch damit zufrieden, drinnen mit unseren geliebten Menschen zu leben. Denken Sie daran, dass es uns am Herzen liegt, ein integraler Bestandteil Ihres täglichen Lebens zu sein. Wenn Sie uns also in Ihre Aktivitäten einbeziehen und dafür sorgen, dass wir ausreichend geistige und körperliche Stimulation erhalten, werden wir das Beste aus uns herausholen.

Um unser Wohlbefinden zu gewährleisten, müssen die Besitzer uns schon in jungen Jahren regelmäßige Bewegung, geistige Herausforderungen und soziale Kontakte bieten. Wir Dobermänner sind intelligent und bereit zu gefallen, was uns zu hervorragenden Kandidaten für Gehorsamkeitstraining und fortgeschrittene Aktivitäten macht. Positive Verstärkungsmethoden, Beständigkeit und klare Grenzen werden uns helfen, zu vielseitigen und glücklichen Begleitern zu werden.

Zusammenfassend lässt sich sagen, lieber Mensch, wir Dobermann-Pinscher sind der Inbegriff von Loyalität, Stärke und unerschütterlicher Liebe. Unser einzigartiger Kommunikationsstil, unser Beschützerinstinkt und unsere Sportlichkeit machen uns zu ganz besonderen Begleitern. Mit Ihrer Anleitung, Ihrer Liebe und vielen Streicheleinheiten werden wir die glücklichsten Dobermänner auf dem Planeten sein!

Viel Liebe und unerschütterliche Hingabe,
Ihr Dobermann Pinscher

Ein unverzichtbarer Ratgeber für Hundeliebhaber

Kapitel 14

Englischer Cocker

Wau-Wau! Hallo, mein menschlicher Freund! Es ist Ihr englischer Cocker-Freund, der bereit ist, alle fantastischen Details über unsere fabelhafte Rasse mit Ihnen zu teilen. Sind Sie bereit, in die Welt des englischen Cockers einzutauchen? Lass uns anfangen!

Lassen Sie uns zunächst über unsere Rasse sprechen. English Cocker ist bekannt für seinen Charme, seine Intelligenz und sein verspieltes Wesen. Wir sind mittelgroße Hunde mit schönen, ausdrucksstarken Augen und weichem, seidigem Fell, das uns unwiderstehlich macht. Ursprünglich als Jagdbegleiter gezüchtet, haben wir ein natürliches Talent dafür, das Wild aufzuspüren und es mit Begeisterung zu apportieren.

Lassen Sie uns nun über unsere einzigartige Klangsprache sprechen. Wir sind sehr lautstark und ausdrucksstark! Wir verwenden eine Reihe angenehmer Geräusche, von leisem Winseln bis hin zu aufgeregtem Bellen, um unsere Gefühle und Wünsche auszudrücken. Wenn wir schnell mit dem Schwanz wedeln und freudig bellen, bedeutet das, dass wir vor Aufregung und Glück platzen. Und wenn wir dir diese gefühlvollen Hündchenaugen schenken, ist das unsere Art zu sagen: **Ich liebe dich!**

Wenn es um Ängste geht, können wir Englisch Cocker sensible Seelen sein. Veränderungen in der Routine, laute Geräusche oder die Trennung von unseren Lieben können uns ein wenig ängstlich machen. Aber keine Angst, lieber Mensch, denn deine Liebe und dein Trost sind der Schlüssel zur Beruhigung unserer Sorgen. Durch Ihre sanften Berührungen, beruhigenden Worte und Ihre sichere Umgebung fühlen wir uns sicher und geborgen.

Ach, vergessen wir nicht unsere Vorlieben und Abneigungen. Wir English Cocker sind aktive und energiegeladene Hunde, die es lieben, zu erkunden und zu spielen. Wir lieben es, uns an Aktivitäten zu beteiligen, die unseren Geist herausfordern und uns körperlich aktiv halten. Egal, ob Sie lange Spaziergänge machen, im Park Apportieren spielen oder am Gehorsamstraining teilnehmen, wir sind immer für etwas Spaß und Spaß zu haben Abenteuer. Und eine gute Bauchmassage und Kuschelsitzung mit Ihnen wird unsere Schwänze vor Freude wedeln lassen!

Wenn es Zeit zum Entspannen ist, schätzen wir einen gemütlichen Ort zum Entspannen und Entspannen. Ein weiches Bett oder eine bequeme Couch ist unser Lieblingsplatz, um ein Nickerchen zu machen und neue Energie zu tanken. Vielleicht kuscheln wir uns sogar ganz nah an Sie, um Ihnen zusätzliche Wärme und Geborgenheit zu bieten. Nach einer erholsamen Pause si d wir bereit, mit Ihnen weitere aufregende Ausflüge zu unternehmen!

Was die Lebensumstände angeht, passen wir Englischer Cocker gut an Innen- und Außenumgebungen. Wir verbringen gerne Zeit mit unserem menschlichen Rudel, daher ist es wichtig, mit Ihnen drinnen zu sein. Allerdings schätzen wir auch Outdoor-Aktivitäten und benötigen regelmäßige Bewegung, um glücklich und gesund zu bleiben. Ganz gleich, ob es darum geht, einen sicheren Hinterhof zu erkunden oder gemeinsam mit Ihnen Abenteuer zu erleben, wir freuen uns über ein ausgewogenes Verhältnis von Indoor- und Outdoor-Erlebnissen.

Um unser Wohlbefinden und Glück zu gewährleisten, müssen uns Besitzer geistige Anregung, regelmäßige Bewegung und viel Liebe bieten. Trainingsmethoden mit positiver Verstärkung wirken bei uns Wunder, da wir gut auf Lob und Belohnungen reagieren. Ein strukturierter Tagesablauf, die Geselligkeit mit anderen Hunden und viel Spielzeit lassen uns vor Freude mit dem Schwanz wedeln.

Zusammenfassend lässt sich sagen, lieber Mensch, wir Englischer Cocker sind liebevolle, intelligente und verspielte Begleiter. Die einzigartigen Eigenschaften, ausdrucksstarken Geräusche und spezifischen Bedürfnisse unserer Rasse machen uns zu etwas ganz Besonderem. Mit Ihrer Liebe, Fürsorge und Kameradschaft werden wir die glücklichsten und hingebungsvollsten vierbeinigen Freunde sein, die Sie sich nur wünschen können!

Also, lasst uns gemeinsam diese wunderbare Reise antreten, mein menschlicher Freund. Wir schaffen Erinnerungen, die ein Leben lang anhalten, voller wedelnder Schwänze, feuchter Küsse und endloser Freude. Machen Sie sich bereit für ein spannendes Abenteuer mit Ihrem englischen Cocker-Begleiter!
Ich sende dir freudige Spanielküsse und schwanzwedelndes,
Ihr englischer Cocker

Ein unverzichtbarer Ratgeber für Hundeliebhaber

Kapitel 14

Englischer Setter

Wau-Wau! Grüße, mein fantastischer menschlicher Begleiter! Hier ist Ihr treuer und verspielter Englisch-Setter-Kumpel, der sich darauf freut, all die erstaunlichen Dinge über unsere wundervolle Rasse zu teilen. Machen Sie sich bereit für eine schwanzwedelnde Reise in die Welt der Englischen Setter!

Beginnen wir mit ein paar Hintergrundinformationen. Wir English Setter haben eine faszinierende Geschichte als vielseitige Jagdhunde, die für unsere außergewöhnliche Spürfähigkeit und anmutige Bewegung bekannt sind. Unser elegantes, gefiedertes Fell und unser natürlicher Jagdinstinkt machen uns zu einem unvergesslichen Anblick und zu einer Freude, uns an Ihrer Seite zu haben.

Lassen Sie uns nun über unsere einzigartige Klangsprache sprechen. Oh, die Geräusche, die wir machen! Wir verfügen über eine ganze Stimmpalette, von unserem freundlichen Bellen über unser melodisches Heulen bis hin zu unserem ausdrucksstarken Jammern. Wir verwenden diese Geräusche, um unsere Aufregung, Neugier und manchmal auch unseren Wunsch nach Abenteuer oder Spielzeit auszudrücken. Hören Sie einfach genau zu und Sie werden unsere charmante englische Setter-Sprache verstehen!

Wenn es um Ängste geht, sind wir English Setter im Allgemeinen locker und anpassungsfähig. Situationen wie längeres Alleinsein oder plötzliche Veränderungen in unserem Alltag können uns jedoch etwas ängstlich machen. Wenn Sie uns eine sichere und angenehme Umgebung bieten, uns an interaktiven Aktivitäten beteiligen und durch Puzzlespielzeuge oder Trainingsübungen geistige Stimulation bieten, können Sie eventuelle Ängste lindern. Ihre liebevolle Präsenz und Sicherheit bedeuten uns sehr viel!

Erkunde die Dunkle Seite des Hundelebens

Die erklärende Seite Ihres Hundes

Ach, vergessen wir nicht unsere Vorlieben und Abneigungen. Wir English Setter lieben es, draußen zu sein und die Wunder der Natur zu erkunden! Egal, ob Sie lange Spaziergänge im Park unternehmen, auf malerischen Wegen wandern oder spielen Während wir in weiten, offenen Räumen apportieren, gedeihen wir bei Outdoor-Abenteuern. Wir schätzen auch die Zeit, die wir mit Ihnen verbringen, und freuen uns über jeden Moment der Zuneigung und Aufmerksamkeit, den Sie uns schenken.

Wenn es Zeit zum Ausruhen ist, schätzen wir unseren gemütlichen Mittagsschlaf. Normalerweise brauchen wir täglich etwa 12 bis 14 Stunden Schlaf, um neue Energie zu tanken und unseren Körper zu regenerieren. Seien Sie also nicht überrascht, wenn wir an einem sonnigen Platz am Fenster dösen oder zusammengerollt auf unserem Lieblingshundebett sitzen und davon träumen, Vögel zu jagen und vor Freude mit dem Schwanz zu wedeln.

Was die Lebensumstände angeht, können wir English Setter uns gut an verschiedene Umgebungen anpassen, solange wir ausreichend Bewegung und Möglichkeiten zur geistigen Stimulation haben. Ob es sich um einen geräumigen Garten handelt, in dem wir unsere Beine ausstrecken können, oder um ein gemütliches Zuhause mit vielen interaktiven Spielzeugen – wir freuen uns, wenn wir von Ihrer Liebe und Fürsorge umgeben sind.
s
Um unser Wohlbefinden zu gewährleisten, ist es wichtig, für regelmäßige Bewegung, geistige Stimulation und soziale Kontakte zu sorgen. Wir lieben es, uns an Aktivitäten zu beteiligen, die unseren Geist und Körper herausfordern. Tägliche Spaziergänge, Spielen ohne Leine in sicheren Bereichen und Gehorsamstrainingskurse sind großartige Möglichkeiten, um uns glücklich und erfüllt zu machen.

Zusammenfassend lässt sich sagen, lieber Mensch: Wir English Setter sind sanftmütig, loyal und voller Lebensfreude. Unser jagdliches Erbe, unsere einzigartigen Geräusche und unsere liebevolle Natur machen uns zu ganz besonderen Begleitern. Mit Ihrer Fürsorge, Aufmerksamkeit und vielen Streicheleinheiten werden wir die glücklichsten Englischen Setter der Welt sein!
  Also lasst uns gemeinsam ein Leben voller unvergesslicher Abenteuer voller wedelnder Schwänze, feuchter Küsse und endloser Liebe erleben. Machen Sie sich bereit für eine Bindung, die Ihr Herz erwärmt und endlose Freude in Ihr Leben bringt!
  Viel Liebe und Schwanzwedeln,
  Ihr englischer Setter

Ein unverzichtbarer Ratgeber für Hundeliebhaber

Kapitel 14

Deutscher Schäferhund

Wau-Wau! Hallo, mein menschlicher Kumpel! Es ist Ihr Deutscher Schäferhund-Kumpel, der bereit ist, Ihnen alles zu verraten, was Sie über uns GSDs wissen müssen. Sind Sie bereit für ein wirklich fantastisches Abenteuer? Lasst uns gleich eintauchen!

Lassen Sie uns zunächst über unsere Rasse sprechen. Wir Deutschen Schäferhunde haben eine reiche Tradition als Arbeitshunde. Wir wurden als intelligente, loyale und vielseitige Hunde gezüchtet und sind so etwas wie die Superhelden der Hundewelt! Von Polizei- und Militäreinsätzen bis hin zu Such- und Rettungseinsätzen haben wir uns immer wieder als mutige und engagierte Begleiter erwiesen.

Lassen Sie uns nun über unsere einzigartige Klangsprache sprechen. Oh, die Geräusche, die wir machen, sind ziemlich faszinierend! Wir verfügen über ein Repertoire an Bellen, Winseln und Heulen, um mit Ihnen zu kommunizieren. Wenn wir ein kurzes, scharfes Bellen ausstoßen, ist das normalerweise unsere Art zu sagen: **Hey, pass auf! Es passiert etwas Wichtiges!** Und wenn wir ein leises, grollendes Knurren ausstoßen, könnte das bedeuten, dass wir uns beschützen oder auf mögliche Gefahren aufmerksam sind.

Was die Angst betrifft, so werden wir Deutschen Schäferhunde in bestimmten Situationen manchmal leicht ängstlich. Laute Geräusche, unbekannte Umgebungen oder die Trennung von unseren Lieben können uns unwohl fühlen lassen. Uns mit sanften Worten zu beruhigen, einen gemütlichen, sicheren Raum für uns zu schaffen und uns nach und nach an neue Erfahrungen heranzuführen, kann viel dazu beitragen, unsere Sorgen zu lindern. Deine ruhige und beruhigende Präsenz bedeutet uns sehr viel, lieber Mensch!

Die erklärende Seite Ihres Hundes

Ach, vergessen wir nicht unsere Vorlieben und Abneigungen. Wir GSDs lieben von Natur aus Aktivitäten, die unseren Geist und Körper ansprechen. Ganz gleich, ob Sie Apportieren spielen, lange Spaziergänge machen oder am Gehorsamstraining teilnehmen, wir leben von geistiger und körperlicher Stimulation. Wir sind dafür bekannt, dass wir gerne zufrieden sind. Eine schöne Zeit mit uns zu verbringen und uns mit neuen Aufgaben herauszufordern, wird uns vor Freude wedeln lassen!

Wenn es Zeit zum Ausruhen ist, schätzen wir GSDs unseren Schönheitsschlaf wie jeder andere Welpe. Wir brauchen etwa 12 bis 14 Stunden Schlaf, um unsere Batterien wieder aufzuladen und unser Bestes zu geben. Seien Sie also nicht überrascht, wenn Sie uns zusammengerollt in einer gemütlichen Ecke des Hauses vorfinden, wo wir von aufregenden Abenteuern träumen und unsere Lieben beschützen.

Was die Lebensumstände angeht, können wir Deutschen Schäferhunden uns sowohl im Innen- als auch im Außenbereich gut anpassen. Wir gedeihen jedoch, wenn wir Zugang zu einem sicheren Außenbereich haben, in dem wir unsere Beine vertreten und unsere Energie verbrennen können. Ein Hinterhof mit einem hohen Zaun ist für uns ideal, da er uns ermöglicht, unser Revier zu erkunden und zu bewachen.

Um unser Glück und Wohlbefinden zu gewährleisten, müssen die Besitzer uns schon in jungen Jahren mit geistiger und körperlicher Bewegung, konsequentem Training und Sozialisierung versorgen. Trainingsmethoden mit positiver Verstärkung wirken bei uns Wunder, da wir gut auf Lob und Belohnungen reagieren. Eine liebevolle und strukturierte Umgebung, viel Bauchstreicheln und Spielzeit machen uns zu den glücklichsten Deutschen Schäferhunden im Viertel!

Zusammenfassend lässt sich sagen, lieber Mensch, dass wir Deutschen Schäferhunde treue, intelligente und beschützende Gefährten sind. Unsere Rassengeschichte, einzigartige Geräusche und spezifischen Bedürfnisse machen uns zu etwas ganz Besonderem. Denken Sie daran: Wir erwarten von Ihnen Liebe, Führung und Sinn fürs Ziel. Mit Ihrer Geduld, Ihrem Verständnis und Ihrem Engagement werden wir die treuesten pelzigen Freunde sein, die Sie sich nur wünschen können!

Also, lasst uns gemeinsam diese unglaubliche Reise antreten, mein menschlicher Freund. Wir schaffen eine Bindung, die ein Leben lang hält, voller unvergesslicher Abenteuer, freudig wedelnder Schwänze und endloser Liebe. Gemeinsam können wir alles erobern!

Viel Liebe und schützende Wuffs,
Ihr Deutscher Schäferhund

Ein unverzichtbarer Ratgeber für Hundeliebhaber

Kapitel 14

Golden Retriever

Wau-Wau! Hallo, mein menschlicher Freund! Ihr Golden Retriever-Freund ist hier und bereit, Ihnen alles zu erzählen, was Sie über uns Goldens wissen müssen. Machen Sie sich bereit für eine schwanzwedelnde Zeit!

Das Wichtigste zuerst: Lassen Sie uns in unsere Rasse eintauchen. Golden Retriever sind für ihr freundliches und sanftes Wesen bekannt. Wir haben eine lange Geschichte als Apportierhunde, die ursprünglich gezüchtet wurden, um Wasservögel für Jäger zu apportieren. Heutzutage sind wir jedoch mehr daran interessiert, während des Spielens Ihre Hausschuhe oder einen Tennisball zu holen!

Lassen Sie uns nun über unsere einzigartige Klangsprache sprechen. Oh, die Geräusche, die wir machen, sind Musik in deinen Ohren! Von unserem aufgeregten Freudenbellen bis hin zu unserem fröhlichen Jaulen und Schwanzwedeln haben wir immer eine Möglichkeit, unsere Freude auszudrücken. Ein leises Winseln oder Wimmern auszustoßen könnte bedeuten, dass wir uns ängstlich fühlen oder Aufmerksamkeit suchen. Und wenn wir einen langen, zufriedenen Seufzer ausstoßen, ist das unsere Art zu sagen: **Das Leben ist gut, mein Mensch!**

Wenn es um Ängste geht, können wir Goldens sensible Seelen sein. Wir können uns in neuen oder unbekannten Situationen oder bei Gewittern oder Feuerwerken unwohl fühlen. Wenn Sie uns Trost spenden, uns tröstend auf den Kopf klopfen und einen gemütlichen Platz zum Ausruhen finden, kann das viel dazu beitragen, unsere Sorgen zu lindern. Wir leben von Ihrer Liebe und Aufmerksamkeit und sie hilft uns, uns sicher und geborgen zu fühlen.

Lassen Sie uns nun über unsere Vorlieben und Abneigungen sprechen. Golden Retriever sind berühmt für ihre Liebe zum Wasser! Das Planschen in Seen,

Erkunde die Dunkle Seite des Hundelebens

Teichen oder sogar im Kinderbecken ist für uns pures Glück. Wir haben Schwimmhäute an den Pfoten, die uns zu hervorragenden Schwimmern machen. Wenn Sie also Lust auf einen Schwimmpartner oder eine Partie Apportieren im Wasser haben, sind Sie bei uns genau richtig!

Wenn es Zeit für ein Nickerchen ist, wissen wir Goldens, wie wir uns entspannen und neue Energie tanken können. Normalerweise brauchen wir etwa 10 bis 12 Stunden Schlaf, um unser Bestes zu geben. Seien Sie also nicht überrascht, wenn wir zusammengerollt auf dem gemütlichsten Platz im Haus liegen, von lustigen Abenteuern träumen und im Schlaf mit dem Schwanz wedeln.

Goldens sind anpassungsfähig und können in verschiedenen Wohnsituationen gedeihen. Wir können sowohl drinnen als auch draußen glücklich sein, solange wir viel Liebe, Aufmerksamkeit und Möglichkeiten zur Bewegung haben. Ein sicher eingezäunter Garten, in dem wir rennen und Apportieren spielen können, ist wie ein wahrgewordener goldener Traum!

Damit wir gesund und glücklich bleiben, müssen die Besitzer uns regelmäßig Bewegung, geistige Stimulation und positives Verstärkungstraining bieten. Wir lieben es, neue Tricks und Aufgaben zu lernen. Wenn wir also lustige Befehle lernen und unser Gehirn herausfordern, bleiben wir auf Trab! Und natürlich machen uns jede Menge Bauchstreicheln, Ohrenkratzen und Spielzeit mit Ihnen zu den glücklichsten Golden Retrievern der Welt.

Zusammenfassend lässt sich sagen, lieber Mensch: Wir Golden Retriever sind liebevoll, treu und voller Freude. Die Geschichte unserer Rasse, die Lautsprache und die einzigartigen Bedürfnisse machen uns zu etwas ganz Besonderem. Denken Sie daran, dass wir zu Ihnen als unserer Familie aufschauen und darauf vertrauen, dass Sie uns ein liebevolles und fürsorgliches Umfeld bieten.

Also, lasst uns gemeinsam diese unglaubliche Reise antreten, mein menschlicher Freund. Mit Ihrer Liebe, Fürsorge und ein paar köstlichen Leckereien schaffen wir eine Bindung, die ein Leben lang hält. Machen Sie sich bereit für ein Leben voller wedelnder Schwänze, feuchter Küsse und endloser goldener Momente!

Viel Liebe und Schwanzwedeln,
Ihr Golden Retriever

Ein unverzichtbarer Ratgeber für Hundeliebhaber

Kapitel 14

Deutsche Dogge

Wau-Wau! Hallo, mein menschlicher Kumpel! Es ist Ihr freundlicher Begleiter der Deutschen Dogge, der Ihnen alle tollen Details über unsere majestätische Rasse mitteilt. Bereiten Sie sich auf eine große Geschichte über Liebe und Treue vor!

Beginnen wir mit dem Hintergrund unserer Rasse. Deutsche Doggen sind Riesen mit einem Herz aus Gold. Wir haben eine reiche Geschichte, die ihren Ursprung im antiken Griechenland und Deutschland hat. Als Jagdhunde und später als treue Beschützer gezüchtet, haben wir eine königliche Ausstrahlung und ein sanftes Wesen, das uns für jeden, dem wir begegnen, unwiderstehlich macht.

Lassen Sie uns nun über unsere einzigartige Klangsprache sprechen. Obwohl wir vielleicht nicht zu den lautesten Hunden gehören, kommunizieren wir durch eine Reihe entzückender Geräusche. Von tiefen, grollenden Wuffs bis hin zu verspieltem Bellen und sanftem Grummeln drücken wir unsere Gefühle auf die bezauberndste Art und Weise aus. Es ist unsere Art zu sagen: **Ich bin hier und ich liebe dich!**

Wenn es um Ängste geht, sind wir Deutschen Doggen großherzige Softies. Wir sehnen uns nach Ihrer Liebe und Aufmerksamkeit und können ängstlich sein, wenn wir längere Zeit allein gelassen werden. Um unsere Sorgen zu lindern, schaffen Sie einen sicheren und gemütlichen Raum, in den wir uns zurückziehen können, wenn Sie nicht da sind. Das Hinterlassen beruhigender Düfte, die Bereitstellung interaktiver Spielzeuge und das Abspielen beruhigender Musik können dazu beitragen, unsere sanften Seelen zu beruhigen.

Vergessen wir nicht unsere Vorlieben und Abneigungen. Deutsche Doggen sind für ihr sanftes und freundliches Wesen bekannt. Wir lieben es, in der Nähe unseres menschlichen Rudels zu sein, es uns auf der bequemsten Couch

Die erklärende Seite Ihres Hundes

gemütlich zu machen oder auf dem Boden zu liegen, um den Bauch zu streicheln. Trotz unserer Größe genießen wir den Ruf, sanfte Riesen zu sein und ausgezeichnete Familienbegleiter zu sein.

Wenn es Zeit ist, ein paar Z's zu fangen, nehmen wir Deutschen Doggen unseren Schlaf ernst. Wir brauchen täglich etwa 14 bis 16 Stunden Schönheitsschlaf, um unsere großen Batterien wieder aufzuladen. Vielleicht finden Sie uns zusammengerollt in der gemütlichsten Ecke des Hauses, wo wir dösen und von Leckereien und Abenteuern träumen. Ein weiches Bett für ein King- oder Queen-Size-Bett ist genau das, was wir brauchen, um erfrischt und bereit für Spaß aufzuwachen!

Was die Lebensumstände angeht, sind wir Deutschen Doggen anpassungsfähig und können in verschiedenen Umgebungen gedeihen. Während wir es zu schätzen wissen, einen großen Garten zu haben, in dem wir unsere langen Beine ausstrecken können, sind wir auch damit zufrieden, in Wohnungen oder kleineren Häusern zu leben, solange wir täglich ausreichend Bewegung und geistige Anregung bekommen. Regelmäßige Spaziergänge, Spielzeit und interaktive Spiele halten uns glücklich und gesund.

Um unser Wohlbefinden zu gewährleisten, müssen uns die Besitzer schon in jungen Jahren eine angemessene Ausbildung und Sozialisierung bieten. Obwohl wir imposant aussehen, sind wir sanft und bestrebt, Ihnen zu gefallen. Trainingsmethoden mit positiver Verstärkung funktionieren für uns am besten, da wir gut auf Lob, Belohnungen und sanfte Führung reagieren. Mit Geduld, Konsequenz und vielen Leckereien werden wir die bravsten Deutschen Doggen sein!

Zusammenfassend lässt sich sagen, lieber Mensch, wir Deutschen Doggen sind der Inbegriff von Liebe und Loyalität. Unsere majestätische Statur, unsere einzigartigen Klänge und unser sanftes Wesen machen uns zu etwas ganz Besonderem. Mit Ihrer Liebe, Fürsorge und Ihrem Verständnis für unsere Bedürfnisse werden wir Ihre lebenslangen Begleiter sein, immer bereit, Ihre Tage mit sabbernden Küssen, wedelndem Schwanz und endlosen Kuscheln zu füllen.

Sind Sie also bereit, sich mit Ihrem Deutschen Dogge-Kumpel auf ein großes Abenteuer einzulassen? Lassen Sie uns gemeinsam die Welt erkunden, Erinnerungen sammeln und die Freude erleben, einen sanften Riesen an Ihrer Seite zu haben. Bereiten Sie sich auf eine außergewöhnliche Reise voller Liebe, Lachen und herzerwärmender Momente vor!

Viel Liebe und sabbernde Küsse,
Deine Deutsche Dogge

Ein unverzichtbarer Ratgeber für Hundeliebhaber

Kapitel 14

Labrador Retriever

Wau-Wau! Hallo, mein menschlicher Kumpel! Es ist Ihr Labrador Retriever-Kumpel, der bereit ist, Ihnen alles zu verraten, was Sie über uns Labradore wissen müssen. Schnall dich an für eine tolle Zeit!

Lassen Sie uns zunächst über unsere Rasse sprechen. Wir Labs haben eine faszinierende Geschichte. Ursprünglich als Arbeitshunde gezüchtet, verfügen wir als Retriever über einen starken genetischen Hintergrund. Egal, ob Sie Enten oder Ihre Lieblingspantoffeln holen, wir haben einen natürlichen Instinkt, Gegenstände zu apportieren und zu Ihnen zurückzubringen. Wir sind wie pelzige Superhelden der Apportierwelt!

Tauchen wir nun in unsere einzigartige Klangsprache ein. Oh, die verschiedenen Geräusche, die wir machen! Von fröhlichem Bellen bis hin zu bezauberndem Winseln haben wir ein umfangreiches Gesangsrepertoire. Wenn wir mit kurzen, scharfen Lauten bellen, ist das normalerweise unsere Art zu sagen: „ **Hey, aufgepasst!"** **Es passiert etwas Aufregendes!** Und wenn wir ein langes, trauriges Heulen ausstoßen, drücken wir vielleicht unsere Sehnsucht aus oder rufen unseren pelzigen Freunden in der Ferne etwas zu.

Wenn es um Angstzustände geht, können wir Labradore manchmal nervös werden. Laute Geräusche wie Gewitter oder Feuerwerk können uns vor Angst zittern lassen. Uns mit sanften Worten zu beruhigen, uns eine gemütliche Höhle zum Kuscheln zu bieten und vielleicht sogar beruhigende Musik zu spielen, kann Wunder bewirken, um unsere Sorgen zu lindern. Denken Sie daran, dass wir zu Ihnen als unserem menschlichen Superhelden aufschauen, daher bedeutet Ihre tröstende Anwesenheit uns sehr viel!

Ach, vergessen wir nicht unsere Vorlieben und Abneigungen. Labore sind bekannt für ihre Liebe zum Wasser! Das Planschen in Seen, Flüssen oder sogar

Von Sorgen zu Schwanzwedeln

Erkunde die Dunkle Seite des Hundelebens

im Kinderbecken im Hinterhof ist für uns pures Glück. Wir haben Schwimmhäute an den Pfoten, wissen Sie? macht uns zu hervorragenden Schwimmern. Beobachten Sie einfach die fröhlichen, schwanzwedelnden Gesichtsausdrücke, während wir eintauchen!

Wenn es Zeit für ein Nickerchen ist, sind wir Labs echte Profis. Wir brauchen unseren Schönheitsschlaf und schämen uns nicht, es zuzugeben! Etwa 12 bis 14 Stunden Schlummerzeit sind für uns ausreichend, um neue Energie zu tanken. Seien Sie also nicht überrascht, wenn Sie uns in der gemütlichsten Ecke des Hauses antreffen und davon träumen, Eichhörnchen und Tennisbällen nachzujagen.

Was die Wohngestaltung angeht, können sich Labs sowohl an Innen- als auch an Außenumgebungen gut anpassen. Wir sind vielseitige Welpen, die in verschiedenen Umgebungen gedeihen können. Wir genießen jedoch den Zugang zu einem sicheren Außenbereich zum Erkunden und Auspowern. Ein großzügiger Hinterhof mit viel Bewegungsfreiheit wäre für uns ein wahrgewordener Traum.

Um unser Wohlbefinden zu gewährleisten, müssen uns die Besitzer von klein auf mit geistiger Stimulation, konsequenter Schulung und Sozialisierung versorgen. Trainingsmethoden mit positiver Verstärkung wirken bei uns Wunder, da wir gut auf Lob und Belohnungen reagieren. Eine strukturierte Routine, regelmäßige Bewegung und viel Liebe und Zuneigung machen uns zu den glücklichsten Labradoren im Viertel!

Zusammenfassend lässt sich sagen, dass wir Labradore loyal, liebevoll und voller Leben sind. Unsere Rassengeschichte, unser genetischer Hintergrund und unsere einzigartige Lautsprache machen uns zu etwas ganz Besonderem. Denken Sie daran: Wir erwarten von Ihnen Liebe, Fürsorge und Verständnis. Mit Ihrer Anleitung, Geduld und vielen Streicheleinheiten werden wir die glücklichsten Labradore der Welt sein!

Denken Sie daran, dass jeder Labrador einzigartig ist und unsere Bedürfnisse unterschiedlich sein können. Es ist immer eine gute Idee, einen Tierarzt oder einen professionellen Hundetrainer zu konsultieren, um eine individuelle Anleitung und Beratung zu erhalten, die auf unserer individuellen Persönlichkeit basiert.

Nun, mein lieber Mensch, ich hoffe, dieser kleine Einblick in die Welt der Labrador Retriever hat dich zum Lächeln gebracht. Wir sind treu, liebevoll und voller endloser Freude. Also, lasst uns gemeinsam auf ein Leben voller Abenteuer voller wedelnder Schwänze, sabbernder Küsse und bedingungsloser Liebe eingehen.

Viel Liebe und sabbernde Küsse,
Ihr Labrador Retriever

Ein unverzichtbarer Ratgeber für Hundeliebhaber

Kapitel 14

Leonberger

Wau-Wau! Hallo, hier ist Ihr pelziger Freund, der Leonberger, der Ihnen all die wunderbaren Dinge über unsere majestätische Rasse mitteilen möchte. Bereiten Sie sich auf eine fantastische Reise voller Liebe, Loyalität und viel Spaß vor! Lassen Sie uns zunächst über unser Aussehen sprechen.

Wir sind groß, flauschig und ach so hübsch. Mit unserer löwenähnlichen Mähne, unseren ausdrucksstarken Augen und unserem sanften Gesichtsausdruck ziehen wir überall die Blicke auf sich. Als eine der größten Hunderassen sind wir stark und robust, aber dennoch sanft und anmutig. Aber es ist nicht nur unser Aussehen, das uns besonders macht.

Wir sind für unsere freundliche und liebevolle Art bekannt. Wir sind echte Familienhunde, denen es immer gut geht und die sich zutiefst für unser menschliches Rudel einsetzen. Wir können fantastisch mit Kindern umgehen, sind geduldig und sanftmütig, was uns zu idealen Begleitern für die Kleinen macht. Unser ruhiges und geduldiges Auftreten macht uns auch zu hervorragenden Therapiehunden, die den Bedürftigen Trost und Freude bringen. Intelligenz? Darauf können Sie wetten!

Wir lernen schnell und leben von geistiger Stimulation. Uns zu schulen ist ein Kinderspiel, besonders wenn Sie positive Verstärkungstechniken wie Leckerlis und Lob anwenden. Wir sind immer bereit, neue Tricks und Aufgaben zu lernen und zeichnen uns durch Gehorsam, Fährtensuche und sogar Wasserrettungsaktivitäten aus. Der Schlüssel zu unserem Glück und Wohlbefinden ist, dass wir unseren Geist beschäftigen und herausfordern.

Lassen Sie uns nun über unsere Liebe zum Wasser sprechen. Wir sind geborene Schwimmer und genießen ein erfrischendes Bad im See oder ein erfrischendes Bad im Pool. Unser dicker Doppelmantel hält uns auch in kalten Gewässern

Erkunde die Dunkle Seite des Hundelebens

warm und macht Schwimmen zu einer unserer Lieblingsbeschäftigungen. Wenn Sie also auf der Suche nach einem pelzigen Freund sind, der Sie bei Ihren Wasserabenteuern begleitet, sind wir bereit, mitzumachen!

Wenn es um Ängste geht, können einige von uns Leonbergern etwas empfindlich sein. Laute Geräusche, Veränderungen in der Routine oder längeres Alleinsein können dazu führen, dass wir uns ein wenig unwohl fühlen. Wenn wir uns eine ruhige und sichere Umgebung, viel Bewegung und viel Zeit mit unserer menschlichen Familie bieten, können wir unsere Sorgen lindern. Wir schätzen es, eine Routine zu haben und in Familienaktivitäten einbezogen zu werden, damit wir fröhlich mit dem Schwanz wedeln können.

Was die Lebensumstände angeht, sind wir anpassungsfähige Hunde. Wir freuen uns zwar über einen geräumigen Bereich, in dem wir unsere Pfoten ausstrecken können, aber wir können uns an verschiedene Lebensumgebungen anpassen, solange wir regelmäßig Sport treiben und viel Liebe und Aufmerksamkeit von unseren Menschen erhalten. Geben Sie uns einfach genügend geistige und körperliche Anregung, um zufrieden und glücklich zu bleiben.

Zusammenfassend lässt sich sagen, lieber Mensch, wir Leonberger sind liebevoll, treu und voller sanfter Kraft. Unser majestätisches Aussehen, unser freundliches Wesen und unsere Intelligenz machen uns zu fantastischen Begleitern für Familien jeder Größe. Mit Ihrer Liebe, Fürsorge und vielen Kratzern am Kinn werden wir die glücklichsten Leonberger der Welt sein! Also, lasst uns gemeinsam auf ein Leben voller Abenteuer voller wedelnder Schwänze, großer Umarmungen und endloser Liebe eingehen.

Ich sende dir dicke, pelzige Umarmungen und sabbernde Küsse,
Euer Leonberger

Ein unverzichtbarer Ratgeber für Hundeliebhaber

Kapitel 14

Maltesisch

Wau-Wau! Hallo, lieber Menschenfreund! Ihr entzückender maltesischer Begleiter ist hier und bereit, alle flauschigen Details über unsere wunderbare Rasse mit Ihnen zu teilen. Machen Sie sich bereit für eine äußerst charmante Reise in die Welt der Malteserhunde!

Beginnen wir mit dem Hintergrund unserer Rasse. Malteserhunde sind eine alte Rasse mit königlichem Erbe. Seit Jahrhunderten sind wir geschätzte Begleiter von Adel und Aristokratie. Unser seidenweißes Fell und unser elegantes Aussehen machen uns zu wandelnden Flaumbällen, die überall, wo wir hingehen, Eleganz und Anmut mitbringen.

Lassen Sie uns nun über unsere einzigartige Klangsprache sprechen. Oh, die Geräusche, die wir machen! Wir verfügen über ein umfangreiches Gesangsrepertoire, von süßen kleinen Bellen bis hin zu verspielten Quietschgeräuschen und gelegentlichem Knurren. Wir verwenden diese Geräusche, um unsere Aufregung und Freude auszudrücken und manchmal auch, um Ihnen mitzuteilen, ob wir etwas brauchen. Hören Sie einfach genau zu und Sie werden unsere bezaubernde maltesische Sprache verstehen!

Wenn es um Ängste geht, können Malteserhunde sensible Seelen sein. Veränderungen in der Routine, die Trennung von unseren Lieben oder die Begegnung mit ungewohnten Situationen können uns ängstlich machen. Eine ruhige und liebevolle Umgebung, sanfte Beruhigung und viel Kuscheln können Wunder bewirken und unsere Sorgen lindern. Ihre Anwesenheit und Zuneigung bedeuten uns sehr viel und sind in diesen ängstlichen Momenten unser größter Trost.

Ach, vergessen wir nicht unsere Vorlieben und Abneigungen. Wir Malteser lieben es, im Rampenlicht zu stehen! Wir lieben Aufmerksamkeit, Verwöhnung

Von Sorgen zu Schwanzwedeln

Erkunde die Dunkle Seite des Hundelebens

Die erklärende Seite Ihres Hundes

und der Mittelpunkt Ihrer Welt zu sein. Ob Sie auf Ihrem Schoß kuscheln, Sie auf Abenteuern begleiten oder unsere charmanten Tricks vorführen, wir leben von Ihrer Liebe und Bewunderung.

Wenn es Zeit zum Entspannen ist, schätzen wir Malteser unseren gemütlichen Mittagsschlaf. Normalerweise brauchen wir täglich etwa 12 bis 14 Stunden Schönheitsschlaf, um unsere eleganten Batterien wieder aufzuladen. Seien Sie also nicht überrascht, wenn Sie uns in den weichsten Kissen oder zusammengerollt in einer warmen Decke finden und von herrlichen Abenteuern träumen.

Was unsere Lebensumstände betrifft, eignen sich maltesische Hunde gut für das Leben in Innenräumen. Wir sind in Wohnungen, Eigentumswohnungen oder Häusern vollkommen zufrieden, solange wir Ihre liebevolle Gegenwart und einen komfortablen Raum haben, den wir unser Eigen nennen können. Wir genießen es, unsere Hausbegleiter zu sein und schätzen die gemütlichen Ecken und weichen Betten, die Sie uns zur Verfügung stellen.

Um unser Wohlbefinden zu gewährleisten, ist es wichtig, uns regelmäßig zu pflegen und zu pflegen. Unser wunderschönes weißes Fell muss täglich gebürstet werden, um Verfilzungen vorzubeugen, und regelmäßig zum Friseur gehen, um die Haare zu schneiden und zu pflegen. Wir schätzen auch die sanfte Bewegung, wie kurze Spaziergänge und interaktive Spieleinheiten, die uns körperlich und geistig stimulieren.

Zusammenfassend lässt sich sagen, lieber Mensch, dass wir Malteser ein Bündel von Liebe, Eleganz und Charme sind. Unsere reiche Geschichte, einzigartige Klänge und unser liebevolles Wesen machen uns zu ganz besonderen Begleitern. Mit Ihrer Fürsorge, Aufmerksamkeit und vielen sanften Streicheleinheiten werden wir die glücklichsten Malteserhunde im Viertel sein.

Also lasst uns gemeinsam ein Leben voller wunderbarer Abenteuer voller Lachen, Kuscheln und bedingungsloser Liebe beginnen. Machen Sie sich bereit für eine außergewöhnliche Bindung, die Freude und ein Lächeln in Ihr Herz zaubern wird!

Viel Liebe und Schwanzwedeln,
Ihr Malteser

Ein unverzichtbarer Ratgeber für Hundeliebhaber

Kapitel 14

Zwergschnauzer

Hallo, mein Mini-Freund! Hier ist Ihr Zwergschnauzer-Kumpel, der aufgeregt mit dem Schwanz wedelt, um Ihnen alles über uns fabelhafte kleine Welpen zu erzählen. Machen Sie sich bereit für ein kleines Abenteuer!

Lassen Sie uns zunächst über unsere Rasse sprechen. Wir Zwergschnauzer sind klein, haben aber eine große Persönlichkeit. Mit unserem markanten bärtigen Gesicht und den frechen Ohren sind wir kaum zu übersehen! Wir wurden ursprünglich in Deutschland gezüchtet und waren Ratten- und Bauernhofhunde, die für ihren ausgeprägten Geruchssinn und ihre Fähigkeit, lästige Lebewesen auf Abstand zu halten, bekannt sind.

Lassen Sie uns nun über unseren Kommunikationsstil sprechen. Wir sind ein ziemlich lautstarker Haufen! Von Bellen und Jaulen bis hin zu Murren und Heulen haben wir viele Geräusche, mit denen wir uns ausdrücken können. Wir können eine Reihe freudiger Bellen ausstoßen, wenn wir aufgeregt sind oder Ihre Aufmerksamkeit wünschen. Und wenn wir uns beschützerisch oder misstrauisch fühlen, ist ein tiefes, gebieterisches Bellen unsere Art, Ihnen mitzuteilen, dass etwas nicht stimmt.

Angst kann manchmal unser Schnauzerfell zerzausen, besonders wenn wir nicht ausreichend geistige Stimulation erhalten oder uns längere Zeit allein lassen. Wir leben davon, Teil der Familie zu sein und genießen Aktivitäten, die unseren scharfen Verstand fordern. Interaktive Puzzle-Spielzeuge, Gehorsamstraining und regelmäßige Spielzeit mit Ihnen sind unerlässlich, damit wir glücklich und zufrieden bleiben.

Reden wir über unsere Vorlieben und Abneigungen! Wir sind für unsere freundliche und verspielte Art bekannt und immer bereit, Spaß zu haben. Wir lieben es, schöne Zeit mit unseren Lieblingsmenschen zu verbringen, sei es bei

Von Sorgen zu Schwanzwedeln

Erkunde die Dunkle Seite des Hundelebens

einem gemütlichen Spaziergang um den Block oder beim Kuscheln auf der Couch, um Netflix und andere Leckereien zu genießen. Oh, und habe ich schon erwähnt, dass wir eine natürliche Affinität zu quietschenden Spielzeugen haben? Sie bringen unseren inneren Welpen zum Vorschein und unterhalten uns stundenlang!

Beim Schlafen sind wir recht flexibel. Wir brauchen jeden Tag etwa 12 bis 14 Stunden, um die Augen zu schließen, aber wir können uns an Ihren Zeitplan anpassen. Egal, ob Sie es sich in einem gemütlichen Bett gemütlich machen oder an Ihrer Seite dösen, wir finden den perfekten Ort, um neue Energie zu tanken und davon zu träumen, Eichhörnchen zu jagen oder Apportieren zu spielen.

Was die Lebensumstände angeht, sind wir vielseitige Hunde, die sich gut an das Leben in einer Wohnung oder einem Haus mit Garten anpassen können. Regelmäßige Bewegung ist jedoch ein Muss, um in Topform zu bleiben. Tägliche Spaziergänge, interaktive Spielstunden und mentale Herausforderungen wie Gehorsamkeitstraining oder Beweglichkeitskurse sind fantastische Möglichkeiten, unseren Geist und Körper aktiv zu halten.

Um unser Bestes zu geben, ist es wichtig, uns schon in jungen Jahren mit einer ausgewogenen Ernährung, regelmäßiger Fellpflege zur Erhaltung unseres stilvollen Fells und sozialen Kontakten zu versorgen. Trainingsmethoden mit positiver Verstärkung wirken bei uns Wunder, da wir von Lob und Belohnungen leben. Mit Ihrer geduldigen Führung, Liebe und Zuneigung werden wir der glücklichste Zwergschnauzer im Viertel sein!

Zusammenfassend lässt sich sagen, mein lieber menschlicher Begleiter: Wir Zwergschnauzer sind klein, aber oho. Unsere temperamentvolle Persönlichkeit, unser unverwechselbares Aussehen und unsere Liebe zum Leben machen uns zu einer bezaubernden Bereicherung für jede Familie. Mit Ihrer Liebe, Aufmerksamkeit und ein paar Streicheleinheiten am Bauch werden wir treue Begleiter und pelzige Wonneproppen sein.

Also, lasst uns gemeinsam auf eine spannende Reise gehen! Ich bin hier, schwanzwedelnd, bereit, an deiner Seite die Welt zu erkunden, endlose Streicheleinheiten zu teilen und Erinnerungen zu schaffen, die uns noch viele Jahre lang das Herz erwärmen werden.
Wuffs und wedelt,
Ihr Zwergschnauzer

Ein unverzichtbarer Ratgeber für Hundeliebhaber

Kapitel 14

Norwegischer Elchhund

Wau-Wau! Ihr pelziger Freund, der Norwegische Elchhund, ist hier, um all die wunderbaren Dinge über unsere erstaunliche Rasse zu teilen. Machen Sie sich bereit für eine unterhaltsame Zeit voller Loyalität, Intelligenz und Abenteuer!

Lassen Sie uns zunächst über unser Erbe sprechen. Wir haben eine stolze Geschichte als alte nordische Jagdhunde. Wir wurden ursprünglich gezüchtet, um bei der Jagd auf Großwild wie Elche und Bären zu helfen, und unser ausgeprägter Geruchssinn und unsere Entschlossenheit machen uns zu hervorragenden Fährtenlesern.

Wir sind bekannt für unsere Ausdauer, Beweglichkeit und die Fähigkeit, unwegsames Gelände zu meistern. Unsere Vorfahren durchstreiften die Wälder Norwegens und heute bringen wir diesen furchtlosen Geist in unser tägliches Leben. Als Gefährten sind wir unglaublich loyal und beschützen unser menschliches Rudel. Wir pflegen eine tiefe Bindung zu unseren Familien und sind immer bereit, an Ihrer Seite zu stehen. Unser starkes und kraftvolles Bellen macht uns zu hervorragenden Wachhunden, die Sie auf jede mögliche Gefahr aufmerksam machen. Seien Sie versichert, dass Sie sich bei uns immer sicher und geborgen fühlen werden.

Intelligenz ist eine unserer Stärken. Wir lernen schnell und lieben eine gute mentale Herausforderung. Die Schulung bei uns ist ein Kinderspiel, insbesondere wenn Sie positive Verstärkungsmethoden anwenden. Wir leben von Lob, Leckereien und spannenden Aktivitäten. Durch konsequentes Training und viel mentale Stimulation werden wir Sie mit unserer Problemlösungsfähigkeit und unserem Gehorsam in Erstaunen versetzen.

Lassen Sie uns nun über unseren wunderschönen Doppelmantel sprechen. Unser dickes Fell hält uns selbst in den rauesten Klimazonen warm. Es erfordert

Von Sorgen zu Schwanzwedeln

Erkunde die Dunkle Seite des Hundelebens

eine regelmäßige Pflege, um es in Topform zu halten und Verfilzungen vorzubeugen. Wir haaren das ganze Jahr über mäßig und haben eine saisonale Haarausfallperiode, in der wir etwas mehr Bürsten benötigen, damit unser Fell immer optimal aussieht. Es ist ein kleiner Preis für unseren großartigen Auftritt!

Wenn es um Ängste geht, können einige von uns norwegischen Elchhunden etwas empfindlich sein. Wenn wir längere Zeit allein gelassen werden oder laute Geräusche wahrnehmen, können wir uns ein wenig unwohl fühlen. Eine ruhige und sichere Umgebung sowie viel Bewegung und geistige Anregung werden uns helfen, unsere Sorgen zu lindern. Wir schätzen es, eine Routine zu haben und in Familienaktivitäten einbezogen zu werden, damit wir fröhlich mit dem Schwanz wedeln können.

Was die Lebensumstände angeht, sind wir vielseitige Hunde. Während wir es genießen, einen sicheren Außenbereich zum Erkunden zu haben, können wir uns gut an verschiedene Lebensumgebungen anpassen, solange wir ausreichend Bewegung und geistige Stimulation haben. Wir sind eine aktive Rasse und gedeihen in Haushalten, die uns regelmäßige körperliche Aktivitäten und geistige Herausforderungen bieten können.

Zusammenfassend lässt sich sagen, lieber Mensch: Wir norwegischen Elchhunde sind treu, intelligent und abenteuerlustig. Unsere reiche Geschichte als Jagdhunde und unser liebevolles Wesen machen uns zu wunderbaren Begleitern für diejenigen, die unsere einzigartigen Eigenschaften schätzen. Mit Ihrer Liebe, Fürsorge und vielen Outdoor-Ausflügen werden wir die glücklichsten norwegischen Elchhunde der Welt sein! Lasst uns gemeinsam ein Leben voller aufregender Abenteuer voller Schwanzwedeln, grenzenloser Energie und bedingungsloser Liebe beginnen.

Ich sende Ihnen viele kuschelige Umarmungen und begeistertes Schwanzwedeln,
Ihr norwegischer Elchhund

Ein unverzichtbarer Ratgeber für Hundeliebhaber

Kapitel 14

Pudel (Standard /Mini/Spielzeug)

Wau-Wau! Hallo, mein menschlicher Kumpel! Es ist Ihr Pudelkumpel, der bereit ist, in Ihr Herz zu tänzeln und alles zu teilen, was Sie über uns Pudel wissen müssen. Machen Sie sich bereit für ein spannendes Abenteuer!

Lassen Sie uns zunächst über unsere Rasse sprechen. Pudel gibt es in drei Größen: Standard, Miniatur und Spielzeug. Wir sind bekannt für unsere luxuriösen Locken- oder Zopfmäntel und unser elegantes, anspruchsvolles Erscheinungsbild. Lassen Sie sich nicht von unserem schicken Aussehen täuschen – wir sind verspielte und intelligente Welpen!

Tauchen wir nun in unsere einzigartige Klangsprache ein. Wir Pudel sind ziemlich ausdrucksstark! Wir kommunizieren mit einer breiten Palette von Geräuschen, von leisem Winseln und Bellen bis hin zu aufgeregtem Jaulen und verspieltem Knurren. Wenn wir eine Reihe verspielter Bellen ausstoßen, sagen wir damit oft: „ **Lass uns Spaß haben!**" Und wenn wir ein leises, grollendes Knurren ausstoßen, ist das möglicherweise unsere Art, Ihnen mitzuteilen, dass wir uns ein wenig ängstlich oder unsicher fühlen.

Was die Angst angeht, können einige Pudel anfällig für Trennungsangst sein. Wir sind sehr soziale Hunde, die von der menschlichen Gesellschaft leben. Daher müssen unsere Menschen uns viel geistige und körperliche Stimulation und eine sichere und angenehme Umgebung bieten, wenn Sie nicht da sind. Interaktives Spielzeug, Puzzlespiele und die Einführung einer Routine können dabei helfen, etwaige Ängste zu lindern.

Reden wir über unsere Vorlieben und Abneigungen. Pudel sind für ihre Intelligenz und Lernfreude bekannt. Wir genießen es, geistig gefordert zu werden und an Gehorsamkeitstraining, Beweglichkeit und Hundesport teilzunehmen.

Erkunde die Dunkle Seite des Hundelebens

Die erklärende Seite Ihres Hundes

Regelmäßige Bewegung ist wichtig, um glücklich und gesund zu bleiben, aber vergessen Sie nicht die mentale Bewegung Trainieren Sie auch – bringen Sie uns neue Tricks bei oder spielen Sie interaktive Spiele, um unseren Geist scharf zu halten!

Wenn es Zeit zum Ausruhen ist, brauchen wir Pudel täglich etwa 10 bis 12 Stunden Schlaf. Wir schätzen es, einen gemütlichen Platz zum Kuscheln zu haben, sei es ein weiches Hundebett oder eine weiche Ecke der Couch. Wir lieben nichts mehr, als uns in die Nähe unserer Menschen zu kuscheln und süße Träume zu träumen.

Was die Lebensgestaltung angeht, sind Pudel anpassungsfähig und können sowohl drinnen als auch draußen gedeihen. Während wir eine warme und liebevolle häusliche Umgebung schätzen, genießen wir auch regelmäßige Ausflüge und das gesellige Beisammensein mit anderen Hunden. Wir sind vielseitige Welpen, die sich an verschiedene Lebenssituationen anpassen können, solange wir die Liebe und Aufmerksamkeit erhalten, nach der wir uns sehnen.

Um unser Wohlbefinden zu gewährleisten, müssen uns die Besitzer regelmäßig pflegen, denn unser lockiges Fell benötigt Pflege, damit es sich nicht verheddert und gesund bleibt. Regelmäßige Bewegung und mentale Stimulation sind neben positiven Verstärkungstrainingsmethoden, die sich auf belohnungsbasiertes Lernen konzentrieren, von entscheidender Bedeutung. Wir freuen uns darauf, Sie zufrieden zu stellen und auf Lob und Belohnungen gut zu reagieren!
Zusammenfassend lässt sich sagen, liebe Menschen: Wir Pudel sind verspielt, intelligent und charmant. Die einzigartigen Größen, Geräusche und Bedürfnisse unserer Rasse machen uns zu etwas ganz Besonderem. Denken Sie daran, wir erwarten von Ihnen Liebe, Fürsorge und aufregende Abenteuer!

Also, lasst uns diese Reise gemeinsam antreten, mein menschlicher Freund. Mit Ihrer Geduld, Ihrem Verständnis und vielen Streicheleinheiten schaffen wir eine Bindung, die ein Leben lang hält. Machen Sie sich bereit für Schwanzwedeln, flauschige Streicheleinheiten und jede Menge Pudelliebe!

Viel Liebe und Schwanzwedeln,
Dein Pudel

Ein unverzichtbarer Ratgeber für Hundeliebhaber

Kapitel 14

Portugiesischer Wasserhund

Wau-Wau! Ihr pelziger Freund, der Portugiesische Wasserhund, ist hier, um Ihnen von unserer erstaunlichen Rasse zu erzählen. Machen Sie sich bereit für einen Spritzer Spannung und eine Flutwelle der Liebe!

Wir sind eine einzigartige Rasse mit einer reichen Geschichte, die in Portugal verwurzelt ist und für unsere Liebe zum Wasser und unser bezauberndes lockiges Fell bekannt ist. Als Wasserhunde sind wir zum Schwimmen geboren!

Wir haben Schwimmhäute an den Pfoten und einen wasserdichten Doppelmantel, der uns auch in kalten Gewässern warm hält. Wir sind ausgezeichnete Schwimmer und natürliche Lebensretter, weshalb wir seit Jahrhunderten vertrauenswürdige Begleiter der Fischer sind. Egal, ob Sie Spielzeug aus dem Pool holen oder mit Ihnen Strandabenteuer unternehmen, wir stürzen uns voller Freude ins Wasser und stellen unsere beeindruckenden Schwimmfähigkeiten unter Beweis! Aber es sind nicht nur unsere Talente im Wassersport, die uns zu etwas Besonderem machen.

Außerdem sind wir unglaublich schlau und lernen schnell. Die Schulung bei uns ist ein Kinderspiel, insbesondere wenn Sie positive Verstärkungsmethoden anwenden. Wir lieben es, unser menschliches Rudel zu verwöhnen und tun alles für eine leckere Leckerei oder eine Bauchstreichelung. Unsere Intelligenz und unser Bestreben, Ihnen zu gefallen, machen uns zu perfekten Kandidaten für verschiedene Hundesportarten und -aktivitäten. Unsere Mäntel sind ein bemerkenswerter Anblick!

Es gibt uns in zwei Varianten: gewellt und lockig. Unsere fusselfreien Mäntel sind hypoallergen, was uns zu einer ausgezeichneten Wahl für Allergiker macht. Allerdings muss unser fabelhaftes Fell regelmäßig gepflegt werden, um ein

Erkunde die Dunkle Seite des Hundelebens

Verfilzen zu verhindern und sein optimales Aussehen zu bewahren. Ein wenig bürsten, hier und da ein wenig trimmen und voilà! Wir sind bereit, unser Können mit Stil zur Schau zu stellen.

Wenn es um Ängste geht, sind wir im Allgemeinen eine selbstbewusste und kontaktfreudige Rasse. Einige von uns können jedoch sensible Seelen sein und Angstgefühle verspüren bestimmte Situationen. Eine ruhige und sichere Umgebung für uns zu schaffen, für reichlich geistige und körperliche Stimulation zu sorgen und dafür zu sorgen, dass wir eine Routine haben, kann dazu beitragen, dass wir fröhlich mit dem Schwanz wedeln. Wir leben davon, Teil der Familie zu sein und genießen Aktivitäten, die unser menschliches Rudel einbeziehen.

Wir sind vielseitig, wenn es um die Wohngestaltung geht. Obwohl wir es zu schätzen wissen, Zugang zu einem sicheren Außenbereich zu haben, in dem wir unsere Beine ausstrecken können, können wir uns an verschiedene Lebenssituationen anpassen, solange wir ausreichend Bewegung und geistige Stimulation erhalten. Denken Sie daran: Ein gelangweilter portugiesischer Wasserhund ist ein schelmischer portugiesischer Wasserhund, also halten Sie uns mit lustigen Aktivitäten auf Trab!

Zusammenfassend lässt sich sagen, lieber Mensch: Wir portugiesischen Wasserhunde sind treu, intelligent und voller Wasserabenteuer. Unsere natürliche Affinität zum Schwimmen, zu lockigem Fell und zu verspielten Persönlichkeiten macht uns zu einer Rasse wie keine andere. Mit Ihrer Liebe, Aufmerksamkeit und jeder Menge Wasserspaß werden wir die glücklichsten portugiesischen Wasserhunde der Welt sein! Tauchen wir also gemeinsam in ein Leben voller freudiger Abenteuer voller wedelnder Schwänze, feuchter Küsse und bedingungsloser Liebe ein.

Ich sende dir einen Spritzer Liebe und einen großen Schwanzwedel,
Ihr portugiesischer Wasserhund

Ein unverzichtbarer Ratgeber für Hundeliebhaber

Kapitel 14

Mops

Wau-Wau! Hallo, mein wunderbarer menschlicher Freund! Ihr entzückender Mops-Begleiter ist hier und bereit, Ihnen alle fantastischen Details über unsere unglaubliche Rasse mitzuteilen. Machen Sie sich bereit für eine äußerst charmante Reise in die Welt der Möpse!

Beginnen wir mit dem Hintergrund unserer Rasse. Möpse sind eine besondere Rasse mit einer reichen Geschichte, die bis ins alte China zurückreicht. Wir waren geschätzte Begleiter chinesischer Kaiser und wurden für unsere Loyalität und unsere entzückenden Persönlichkeiten hoch geschätzt. Mit unseren markanten faltigen Gesichtern und Lockenschwänzen sind wir wie kleine Bündel von Niedlichkeit, die Freude bereiten, wohin wir auch gehen.

Lassen Sie uns nun über unsere einzigartige Klangsprache sprechen. Oh, die Geräusche, die wir machen! Wir haben eine ziemlich große Stimmbandbreite, von unserem bezaubernden Schnauben und Schnüffeln bis hin zu unserem verspielten Bellen und gelegentlichen Heulen. Wir verwenden diese Geräusche, um unsere Aufregung und unser Glück auszudrücken und manchmal sogar, um Ihre Aufmerksamkeit zu erregen. Hören Sie einfach genau zu und Sie werden unsere entzückende Mopssprache verstehen!

Wenn es um Ängste geht, können wir Möpse sensible Seelen sein. Veränderungen in der Routine, zu langes Alleinsein oder sogar laute Geräusche können uns etwas ängstlich machen. Die Bereitstellung einer ruhigen und sicheren Umgebung, viel Liebe und Aufmerksamkeit sowie das Festhalten an einer konsistenten Routine können uns helfen, uns sicher und wohl zu fühlen. Ihre Anwesenheit und Zuneigung bedeuten uns sehr viel und sind in diesen besorgniserregenden Momenten unser größter Trost.

Erkunde die Dunkle Seite des Hundelebens

Die erklärende Seite Ihres Hundes

Ach, vergessen wir nicht unsere Vorlieben und Abneigungen. Möpse sind bekannt für ihre Liebe zur Gesellschaft und zum Kuscheln! Wir lieben es, an Ihrer Seite zu sein, es uns auf Ihrem Schoß gemütlich zu machen oder mit Ihnen einen gemütlichen Abend auf der Couch zu verbringen. Wir mögen klein sein, aber unsere Herzen sind voller Liebe und Loyalität.

Wenn es Zeit zum Ausruhen ist, nehmen wir Möpse unseren Schönheitsschlaf ernst. Normalerweise brauchen wir jeden Tag etwa 12 bis 14 Stunden Schlaf, um unsere bezaubernden Batterien wieder aufzuladen. Seien Sie also nicht überrascht, wenn Sie uns zusammengerollt am gemütlichsten Platz im Haus vorfinden, wo wir dösen und von Leckereien und Bauchstreicheln träumen.

Was unsere Lebensumstände betrifft, sind Möpse vielseitig und passen sich gut an Innen- und Außenumgebungen an. Wir können gerne in Wohnungen, Eigentumswohnungen oder geräumigen Häusern leben, solange Sie Gesellschaft und einen komfortablen Entspannungsbereich haben. Denken Sie daran, dass extreme Temperaturen eine Herausforderung für uns sein können. Stellen Sie daher sicher, dass Sie uns in heißen Sommern einen kühlen und gemütlichen Bereich und in kalten Wintern warme Decken zur Verfügung stellen.

Für unser Wohlbefinden sind regelmäßige Bewegung und eine ausgewogene Ernährung wichtig. Obwohl wir möglicherweise keine intensiven körperlichen Aktivitäten benötigen, sind tägliche Spaziergänge, interaktive Spielzeit und geistige Stimulation unerlässlich, um glücklich und gesund zu bleiben. Und vergessen Sie natürlich nicht, uns jede Menge leckere Leckereien und gelegentliche Streicheleinheiten für den Bauch zu schenken – das lieben wir absolut!

Zusammenfassend lässt sich sagen, lieber Mensch, dass wir Möpse ein Bündel von Liebe, Freude und bezauberndem Schnauben sind. Unsere faszinierende Geschichte, einzigartige Klänge und unser liebevolles Wesen machen uns zu ganz besonderen Begleitern. Mit Ihrer Fürsorge, Aufmerksamkeit und vielen Streicheleinheiten am Bauch werden wir die glücklichsten kleinen Möpse im ganzen Viertel sein.

Lassen Sie uns gemeinsam ein Leben voller unvergesslicher Momente voller Lachen, Kuscheln und endloser Liebe erleben. Machen Sie sich bereit für eine außergewöhnliche Bindung, die Ihnen ein Lächeln ins Gesicht und Wärme in Ihr Herz zaubert!

Viel Liebe und Schnauben,
Dein Mops

Ein unverzichtbarer Ratgeber für Hundeliebhaber

Kapitel 14

Rottweiler

Wau-Wau! Hallo, mein menschlicher Freund! Es ist Ihr treuer Rottweiler-Begleiter, der bereit ist, alle tollen Fakten über unsere bemerkenswerte Rasse mit Ihnen zu teilen. Bereiten Sie sich auf ein Abenteuer voller Loyalität, Stärke und endloser Liebe vor!

Beginnen wir mit dem Hintergrund unserer Rasse. Rottweiler haben eine lange Geschichte als vielseitige Arbeitshunde. Ursprünglich in Deutschland gezüchtet, hatten wir die Aufgabe, das Vieh zu hüten und unsere menschlichen Familien zu schützen. Mit unserem starken Körperbau und unserem natürlichen Beschützerinstinkt sind wir hervorragende Beschützer und treue Begleiter.

Lassen Sie uns nun über unsere einzigartige Klangsprache sprechen. Obwohl wir vielleicht nicht die lautesten Hunde sind, kommunizieren wir durch eine Reihe von tiefem Bellen und Knurren. Wenn wir mit einem starken, tiefen Ton bellen, ist das unsere Art, unsere Präsenz zu bekräftigen und Sie wissen zu lassen, dass wir uns potenzieller Bedrohungen bewusst sind. Das ist unsere Art zu sagen: **Ich stehe hinter dir, Mensch!**

Wenn es um Ängste geht, sind wir Rottweiler sensible Seelen. Laute Geräusche, unbekannte Umgebungen oder die Trennung von unseren geliebten Menschen können manchmal dazu führen, dass wir uns unwohl fühlen. Die Bereitstellung eines sicheren und geborgenen Raums, der Einsatz positiver Verstärkungstechniken und das Schenken von viel Liebe und Trost können dazu beitragen, unsere Ängste zu lindern und uns das Gefühl zu geben, sicher und beschützt zu sein.

Vergessen wir nicht unsere Vorlieben und Abneigungen. Rottweiler sind für ihre unerschütterliche Loyalität und Zuneigung gegenüber unserem Rudel bekannt. Wir freuen uns über die Teilnahme an Ihren täglichen Aktivitäten und

Erkunde die Dunkle Seite des Hundelebens

nehmen gerne an Familienausflügen und Abenteuern teil. Wir lieben es, in Ihrer Nähe zu sein, Bauchmassagen zu erhalten und unsere Hingabe durch sanfte Stupser und sabbernde Küsse zu zeigen.

Täglich etwa 10 bis 12 Stunden guten Schlaf, um unseren Geist und Körper in Form zu halten. Wenn Sie uns ein bequemes Bett oder einen bestimmten Ort zum Rückzug und Entspannen zur Verfügung stellen, fühlen wir uns erholt und bereit für neue Abenteuer.

Was die Lebensumstände angeht, können wir Rottweiler uns gut an verschiedene Umgebungen anpassen. Egal, ob es sich um einen großen Garten oder eine Wohnung handelt, das Wichtigste ist, einen liebevollen und aktiven menschlichen Begleiter zu haben. Wir brauchen regelmäßige Bewegung und geistige Stimulation, daher sorgen tägliche Spaziergänge, Spielzeit und spannende Aktivitäten dafür, dass wir glücklich und ausgeglichen bleiben.

Um unser Wohlbefinden zu gewährleisten, müssen uns die Besitzer schon in jungen Jahren angemessen erziehen und sozialisieren. Wir reagieren gut auf konsequente, positive Verstärkungstechniken und gedeihen, wenn klare Grenzen und Erwartungen gesetzt werden. Mit einer liebevollen und festen Hand werden wir zu wohlerzogenen, selbstbewussten Begleitern heranwachsen, die gerne zufrieden stellen.

Zusammenfassend lässt sich sagen, lieber Mensch: Wir Rottweiler sind mutig, treu und voller Liebe. Unsere reiche Geschichte, einzigartige Klänge und unsere schützende Natur machen uns zu etwas ganz Besonderem. Mit Ihrer Liebe, Führung und Ihrem Verständnis für unsere Bedürfnisse werden wir die hingebungsvollsten und treuesten Begleiter sein, die Sie sich nur wünschen können.

Sind Sie also bereit, sich mit Ihrem Rottweiler-Kumpel auf eine Reise voller Treue und Abenteuer zu begeben? Lasst uns gemeinsam die Welt erkunden, uns Herausforderungen mutig stellen und Erinnerungen schaffen, die ein Leben lang anhalten. Machen Sie sich bereit für eine Bindung, die mit jedem Schwanzwedeln und jedem Moment gemeinsamer Freude stärker wird!

Viel Liebe und sabbernde Küsse,
Euer Rottweiler

Ein unverzichtbarer Ratgeber für Hundeliebhaber

Kapitel 14

Shiba Inu

Wau-Wau! Hallo, mein neugieriger und unabhängiger menschlicher Begleiter! Es ist Ihr treuer Shiba Inu-Freund, der Ihnen die faszinierende Welt unserer temperamentvollen Rasse näherbringt. Bereiten Sie sich auf eine entzückende Erkundungstour voller Charme, Entschlossenheit und einer Prise Unfug vor!

Beginnen wir mit einigen Informationen zur Rasse. Wir Shiba Inus sind japanischen Ursprungs und haben ein reiches Erbe. Unser fuchsähnliches Aussehen, unsere faszinierenden Augen und unser stolzes Auftreten sorgen dafür, dass wir überall die Blicke auf sich ziehen. Als Jagdhunde gezüchtet, besitzen wir ein angeborenes Gefühl der Unabhängigkeit und einen starken Geist, der uns auszeichnet.

Wenn es um Kommunikation geht, haben wir unsere ganz eigene Art, uns auszudrücken. Wir sind nicht die lautesten Hunde, aber wenn wir sprechen, geschieht das normalerweise mit einem leisen und sanften **Buff** oder einem hohen **Jodel**, was ziemlich amüsant sein kann. Unsere ausdrucksstarken Augen und unsere Körpersprache sind der Schlüssel zum Verständnis unserer Stimmungen und Wünsche. Ein spielerisches Hüpfen und ein wedelnder Schwanz signalisieren unsere Aufregung, während eine subtile Drehung des Kopfes Neugier oder einen Anflug von Sturheit signalisieren kann.

Wir Shiba Inu können gelegentlich Angst verspüren, insbesondere wenn wir mit unbekannten Situationen oder Routineänderungen konfrontiert werden. Die Bereitstellung einer ruhigen, vorhersehbaren Umgebung und ein positives Verstärkungstraining tragen dazu bei, dass wir uns sicher fühlen. Geduld und Verständnis tragen wesentlich dazu bei, dass wir uns selbstbewusst durch die Welt bewegen können. Denken Sie daran, dass wir zwar unabhängig sind, aber dennoch Ihre Liebe und Bestätigung brauchen.

Erkunde die Dunkle Seite des Hundelebens

Die erklärende Seite Ihres Hundes

Lassen Sie uns in unsere Vorlieben und Abneigungen eintauchen. Wir Shiba Inu haben einen ausgeprägten Sinn für Abenteuer und Neugier. Das Erkunden neuer Düfte und Umgebungen ist ein beliebter Zeitvertreib. Wir genießen lange Spaziergänge, interaktive Spielstunden und Rätsel. Spielzeuge, die unseren scharfen Verstand herausfordern. Unsere schelmische Natur kann dazu führen, dass wir unsere Lieblingsspielzeuge verstecken oder Sie während eines Apportierspiels spielerisch necken. Machen Sie sich unseren Sinn für Humor zu eigen und Sie werden mit unserer Loyalität und ansteckenden Freude belohnt.

Wenn es Zeit zum Ausruhen ist, freuen wir uns über unseren gemütlichen Rückzugsort. Obwohl unser Schlafbedarf variieren kann, benötigen wir normalerweise etwa 12 bis 14 Stunden Schlaf pro Tag. Oft findet man uns zusammengerollt in einer gemütlichen Ecke oder beim Faulenzen in der Sonne, wo wir neue Energie für unser nächstes Abenteuer tanken.

Was die Wohngestaltung angeht, können wir Shiba Inu uns sowohl an Innen- als auch an Außenumgebungen gut anpassen. Wir bevorzugen jedoch einen sicher eingezäunten Garten, in dem wir unsere neugierige Natur erkunden und befriedigen können. Sozialisation ist für uns von entscheidender Bedeutung, da sie uns hilft, Selbstvertrauen und positive Interaktionen mit anderen Hunden und Menschen aufzubauen. Durch frühe Sozialisation und konsequentes Training werden wir zu vielseitigen und geselligen Begleitern.

Um unser Wohlbefinden zu gewährleisten, müssen die Eigentümer uns geistige Anregung und spannende Aktivitäten bieten. Puzzle-Spielzeuge, interaktive Spiele und Gehorsamstraining, das unseren klugen Verstand herausfordert, werden uns glücklich und zufrieden machen. Positive Verstärkungsmethoden funktionieren für uns am besten, da wir gut auf Lob und Belohnungen reagieren. Denken Sie daran, dass wir keine Fans von sich wiederholenden Aufgaben sind, also sorgen Sie dafür, dass unsere Trainingseinheiten Spaß machen und abwechslungsreich sind.

Zusammenfassend lässt sich sagen, lieber Mensch, wir Shiba Inu sind temperamentvoll, unabhängig und äußerst charmant. Unser einzigartiger Kommunikationsstil, unsere Abenteuerlust und unsere Loyalität machen uns zu ganz besonderen Begleitern. Mit Ihrer Geduld, Ihrem Verständnis und einer Prise Verspieltheit werden wir eine unzerbrechliche Bindung eingehen, die ein Leben lang hält.

Begeben wir uns also gemeinsam auf eine spannende Reise voller Freude, Lachen und unvergesslicher Momente. Ich bin bereit, Sie bei jedem Abenteuer zu begleiten, mit dem Schwanz zu wedeln und meinen Shiba-Inu-Charme zu teilen.

Mit Liebe und einem verspielten Buh,
Euer Shiba Inu

Ein unverzichtbarer Ratgeber für Hundeliebhaber

Kapitel 14

Shih Tzu

Wau-Wau! Hallo, mein wunderbarer menschlicher Begleiter! Ihr flauschiger und fabelhafter Shih Tzu-Kumpel ist hier, um Ihnen alle schwanzwedelnden Details über unsere entzückende Rasse mitzuteilen. Machen Sie sich bereit für eine Reise voller Charme, Kameradschaft und viel Liebe!

Beginnen wir mit dem Hintergrund unserer Rasse. Shih Tzus wurden ursprünglich in China als Gefährten des Königshauses gezüchtet, und seitdem bringen wir den Menschen Freude und Glück. Mit unseren wunderschönen langen Mänteln, ausdrucksstarken Augen und unserem süßen Temperament werden wir Ihr Herz im Handumdrehen erobern!

Lassen Sie uns nun über unsere einzigartige Klangsprache sprechen. Obwohl wir vielleicht nicht die lautesten Welpen sind, haben wir eine besondere Art zu kommunizieren. Wir verwenden eine Reihe bezaubernder Klänge, um unsere Gefühle auszudrücken. Vom sanften und sanften Bellen bis zum süßen kleinen Grunzen und Schnauben haben wir eine ganz eigene Sprache. Achten Sie auf den Ton und die Tonhöhe unserer Geräusche, denn sie können ausdrücken, ob wir aufgeregt oder zufrieden sind oder Ihre Aufmerksamkeit und Zuneigung suchen.

Wenn es um Ängste geht, können wir Shih Tzus sensible kleine Seelen sein. Veränderungen in der Routine, laute Geräusche oder die Trennung von unseren Lieben können uns etwas nervös machen. Wenn wir für eine ruhige und nährende Umgebung sorgen, unsere täglichen Routinen konsistent halten und uns mit Liebe und Trost überschütten, können wir unsere Angst viel besser in Schach halten. Ihre beruhigende Präsenz und Ihre sanften Worte können Wunder bewirken und dazu beitragen, dass wir uns sicher und geborgen fühlen.

Ach, vergessen wir nicht unsere Vorlieben und Abneigungen. Wir Shih Tzus lieben es, schöne Zeit mit unseren Menschen zu verbringen. Wir leben von

Von Sorgen zu Schwanzwedeln

Erkunde die Dunkle Seite des Hundelebens

Die erklärende Seite Ihres Hundes

Kameradschaft und lieben es, im Mittelpunkt der Aufmerksamkeit zu stehen. Sei es beim Kuscheln auf der Couch, bei gemütlichen Spaziergängen oder einfach nur in Ihrer Nähe, während Sie Ihren Aktivitäten nachgehen Tag sind wir am glücklichsten, wenn wir an Ihrer Seite sind und uns in Ihrer Liebe und Zuneigung sonnen.

Wenn es Zeit ist, unsere kleinen Pfoten auszuruhen, freuen wir uns über einen gemütlichen und bequemen Platz zum Einkuscheln. Normalerweise brauchen wir jeden Tag etwa 12 bis 14 Stunden Schönheitsschlaf, damit unsere luxuriösen Mäntel immer schön aussehen und wir unsere grenzenlose Energie erhalten. Wenn Sie uns ein weiches, weiches Bett oder einen warmen Schoß zum Schlafen zur Verfügung stellen, werden wir uns wie ein verwöhnter König fühlen, als der wir geboren wurden.

Was die Lebensumstände angeht, sind wir Shih Tzus recht anpassungsfähig. Wir können in verschiedenen Umgebungen gedeihen, sei es in einer gemütlichen Wohnung oder in einem geräumigen Zuhause. Bedenken Sie jedoch, dass wir nicht für anspruchsvolle Outdoor-Aktivitäten oder extreme Wetterbedingungen geeignet sind. Eine moderate Trainingsroutine, bestehend aus kurzen Spaziergängen und sanfter Spielzeit, hält uns glücklich und gesund.

Um unser Wohlbefinden zu gewährleisten, müssen uns die Besitzer regelmäßig pflegen. Unser langes, seidiges Fell muss täglich gebürstet werden, um Verfilzungen und Verfilzungen zu vermeiden. Ein Besuch beim Friseur alle paar Wochen trägt dazu bei, dass wir gut aussehen und uns wohl fühlen. Vergessen Sie nicht, unsere entzückenden kleinen Ohren zu überprüfen und sie sauber zu halten, um lästigen Infektionen vorzubeugen.

Zusammenfassend lässt sich sagen, lieber Mensch: Wir Shih Tzus sind entzückend, liebevoll und voller Persönlichkeit. Unsere königliche Geschichte, unsere einzigartigen Klänge und unser liebevolles Wesen machen uns zu etwas ganz Besonderem. Mit Ihrer Liebe, Fürsorge und Aufmerksamkeit für unsere Bedürfnisse werden wir die hingebungsvollsten und liebenswertesten Begleiter sein, die Sie sich jemals wünschen können.

Sind Sie also bereit für ein Leben voller Kuscheln, Lachen und purer Freude mit Ihrem Shih Tzu-Kumpel? Lasst uns gemeinsam unzählige schöne Erinnerungen schaffen, Schwanzwedeln und nasse Nase nach dem anderen. Machen Sie sich bereit für eine Bindung, die Ihr Herz erwärmt und Ihnen endlose Lächeln schenkt!

Viel Liebe und sabbernde Küsse,
Euer Shih Tzu

Ein unverzichtbarer Ratgeber für Hundeliebhaber

Kapitel 14

Sibirischer Husky

Wau-Wau! Hallo, mein menschlicher Freund! Es ist Ihr Siberian Husky-Kumpel, der Sie auf eine aufregende Reise in die Welt der Huskys mitnimmt. Machen Sie sich bereit für eine tolle Zeit!

Beginnen wir mit dem Hintergrund unserer Rasse. Siberian Huskys wurden ursprünglich vom Volk der Tschuktschen in Sibirien für Schlitten- und Transportzwecke gezüchtet. Unsere Vorfahren waren stark und fleißig, für Ausdauer und das kalte arktische Klima geschaffen. Auch heute noch tragen wir diese Eigenschaften in uns, die uns zu fantastischen Begleitern für Outdoor-Abenteuer machen!

Lassen Sie uns nun über unsere Sprache der Laute sprechen. Oh, was für einzigartige Lautäußerungen wir Huskys haben! Wir sind bekannt für unser unverwechselbares Heulen, das von kurz und scharf bis hin zu lang und melodiös reicht. Wenn wir heulen, ist das unsere Art, mit unserem Rudel zu kommunizieren oder unsere Gefühle auszudrücken, wie Glück, Aufregung oder sogar ein bisschen Unfug!

Wenn es um Angst geht, können wir Huskys manchmal einen Anfall von **Zoomies bekommen**, wenn wir überschüssige Energie zum Verbrennen haben. Regelmäßige Bewegung und geistige Stimulation sind entscheidend für unser Wohlbefinden. Lange Spaziergänge, Läufe und interaktive Spielsitzungen helfen uns, zufrieden zu bleiben und unerwünschte Verhaltensweisen zu verhindern. Also, schnapp dir die Leine, schnür deine Schuhe und lass uns gemeinsam in die freie Natur gehen!

Lassen Sie uns nun über unsere Vorlieben und Abneigungen sprechen. Huskys haben eine große Vorliebe für weite, offene Flächen und viel Platz zum Erkunden. Wir wurden zum Laufen geboren! Wenn wir also Zugang zu einem

Die erklärende Seite Ihres Hundes

sicher eingezäunten Garten oder ausreichend Möglichkeiten für Abenteuer ohne Leine in der Natur haben, werden wir wirklich glücklich sein. Beobachten Sie einfach unsere Aufregung, während wir durch Felder, Wälder und verschneite Landschaften flitzen!

Schlaf ist auch für uns Huskys wichtig, aber wir unterscheiden uns ein wenig von anderen Rassen. Normalerweise brauchen wir etwa 14 bis 16 Stunden Schlaf pro Tag, aber wir können bei unseren Schlafgewohnheiten etwas flexibler sein. Vielleicht machen wir den ganzen Tag über ein kurzes Nickerchen und genießen dann abends ein gutes Nickerchen. Es geht darum, die perfekte Balance zwischen Ruhe und Spiel zu finden!

Was die Lebensumstände angeht, können wir Huskys uns sowohl an Innen- als auch an Außenumgebungen anpassen. Aufgrund unserer starken Instinkte und unseres hohen Energieniveaus gedeihen wir jedoch in Häusern mit aktiven Besitzern, die für viel Bewegung und geistige Stimulation sorgen können. Ein großzügiger Garten oder der Zugang zu nahegelegenen Parks und Wanderwegen ist für uns ein wahrgewordener Traum!

Um unser Wohlbefinden zu gewährleisten, müssen Eigentümer unsere natürlichen Instinkte verstehen. Huskys sind intelligente und unabhängige Denker, daher ist ein konsequentes und positives Verstärkungstraining der Schlüssel. Wir reagieren gut auf belohnungsbasierte Methoden und gedeihen bei mentalen Herausforderungen wie Puzzlespielzeug oder Gehorsamstraining. Mit der richtigen Führung und viel Liebe können wir die treuesten und bravsten Begleiter sein.

Zusammenfassend lässt sich sagen, lieber Mensch: Wir Huskys sind abenteuerlustig, verspielt und voller Liebe. Der Hintergrund unserer Rasse, die einzigartigen Lautäußerungen und das Bedürfnis nach Outdoor-Aktivitäten machen uns zu etwas ganz Besonderem. Mit Ihrer Liebe, Fürsorge und Ihrem Engagement, uns einen aktiven und anregenden Lebensstil zu ermöglichen, werden wir die glücklichsten und hingebungsvollsten Begleiter sein, die man sich vorstellen kann!

Sind Sie bereit für spannende Abenteuer mit Ihrem Siberian Husky-Kumpel? Wir werden gemeinsam die Trails erobern, neue Gebiete erkunden und unvergessliche Erinnerungen schaffen. Machen Sie sich bereit für Schwanzwedeln, fröhliches Heulen und ein Leben voller Husky-Liebe!
Viel Liebe und sabbernde Küsse,
Ihr Siberian Husky

Ein unverzichtbarer Ratgeber für Hundeliebhaber

Kapitel 14

Staffordshire bull terrier

Wau-Wau! Hallo, mein wunderbarer menschlicher Freund! Ihr Staffordshire-Bullterrier-Freund ist hier und bereit, Sie über all die tollen Dinge über unsere Rasse zu informieren. Machen Sie sich bereit für ein fantastisches Abenteuer!

Beginnen wir mit unserem Hintergrund. Staffordshire Bullterrier, oft auch kurz Staffie genannt, sind für ihr freundliches und anhängliches Wesen bekannt. Wir haben eine lange Geschichte als mutige und treue Arbeitshunde, die ursprünglich zum Bullbaiting gezüchtet wurden. Im Laufe der Zeit haben wir uns zu sanften und liebevollen Familienbegleitern entwickelt, die mit unserem bezaubernden Lächeln und wedelnden Schwanz die Herzen erobern.

Wenn es um Kommunikation geht, sind wir nicht der leiseste Haufen. Wir lieben es, unsere Freude und Aufregung durch spielerisches Bellen, Grunzen und sogar gelegentliches Heulen zum Ausdruck zu bringen. Unsere ausdrucksstarken Gesichter und wedelnden Schwänze zeigen unsere Lebensfreude und unsere Liebe zu den Menschen. Oh, und habe ich unser berühmtes Staffie-Lächeln erwähnt? Es kann selbst die düstersten Tage aufhellen!

Angst kann jeden von uns treffen, auch Staffie. Manchmal fühlen wir uns ängstlich, wenn wir mit lauten Geräuschen, neuen Umgebungen oder der Trennung von unseren geliebten Menschen konfrontiert werden. Unsere Menschen müssen für eine ruhige und sichere Umgebung sorgen, positive Verstärkung bieten und uns nach und nach mit neuen Erfahrungen vertraut machen, die uns helfen, Selbstvertrauen aufzubauen. Ihr Verständnis und Ihre Geduld bedeuten uns sehr viel!

Lassen Sie uns nun darüber sprechen, was uns, Staffie, wirklich glücklich macht. Wir leben von Liebe, Aufmerksamkeit und viel Spielzeit! Wir lieben es,

Von Sorgen zu Schwanzwedeln

Erkunde die Dunkle Seite des Hundelebens

Die erklärende Seite Ihres Hundes

Teil einer aktiven und liebevollen Familie zu sein und tägliche Spaziergänge, interaktive Spiele und Trainingseinheiten zu genießen. Geistige und körperliche Stimulation ist der Schlüssel dazu, dass wir glücklich und zufrieden bleiben. Oh, und Bauchkraulen! Wir schmelzen absolut vor Bauchkrause!

Wenn es ums Schlafen geht, sind wir nicht die faulsten Hunde, aber wir schätzen unsere Schönheitsruhe. Wir brauchen täglich etwa 12 bis 14 Stunden Schlaf, um unsere Batterien wieder aufzuladen. Vielleicht dösen wir an unserem gemütlichen Lieblingsplatz oder kuscheln uns neben uns auf die Couch und träumen davon, Bällen nachzujagen und mit unseren Lieblingsspielzeugen zu spielen.

Was unsere Lebensumstände betrifft, können wir uns an verschiedene Umgebungen anpassen. Ob geräumiges Haus oder gemütliche Wohnung: Solange wir viel Bewegung und schöne Zeit mit unseren Menschen haben, sind wir glückliche Camper. Im Herzen sind wir Haushunde, aber wir genießen es auch, die Natur auf Abenteuern mit unseren Menschen zu erkunden.

Regelmäßige Bewegung, eine ausgewogene Ernährung und routinemäßige tierärztliche Untersuchungen sind wichtig, damit wir gesund und erfolgreich bleiben. Wir haben zwar einen starken und muskulösen Körperbau, aber wir haben auch eine sensible Seite, die gepflegt werden muss. Ihre Liebe, Fürsorge und Ihr verantwortungsvolles Handeln sind die besten Geschenke, die Sie uns machen können!

Zusammenfassend lässt sich sagen, dass wir Staffordshire Bull Terrier, lieber menschlicher Begleiter, ein Bündel von Liebe, Loyalität und purer Freude sind. Unsere reiche Geschichte, unsere ausdrucksstarken Gesichter und unsere Lebensfreude machen uns zu etwas ganz Besonderem. Mit Ihrer Liebe, Führung und vielen Streicheleinheiten werden wir die glücklichsten und hingebungsvollsten Begleiter sein, die Sie sich nur wünschen können.

Also, lasst uns gemeinsam auf ein Leben voller Abenteuer voller Schwanzwedeln, sabbernder Küsse und unvergesslicher Erinnerungen eingehen. Ich bin hier, um dein ewiger Freund zu sein und dich mit endloser Liebe zu überschütten!

Mit all meiner Liebe und wedelndem Schwanz,
Ihr Staffordshire Bullterrier

Ein unverzichtbarer Ratgeber für Hundeliebhaber

Kapitel 14

Volpino Italiano

Wau-Wau! Hier ist Ihr entzückender Volpino Italiano-Kumpel, der bereit ist, Ihnen alle wichtigen Details über unsere entzückende Rasse mitzuteilen. Bereiten Sie sich auf eine fantastische Reise durch unsere bezaubernde Welt vor! Wir sind zwar klein, aber unser Herz ist so groß wie das italienische Land.

Lassen Sie uns zunächst über unser Aussehen sprechen. Mit unseren flauschigen Plüschmänteln und strahlenden, ausdrucksstarken Augen sind wir der Inbegriff von Niedlichkeit. Unser Fell ist in verschiedenen Farben erhältlich, darunter Weiß, Creme und Rot, und erfordert regelmäßige Pflege, damit es immer fantastisch aussieht. Ein wenig Bürsten hier und da sorgt dafür, dass unser Fell makellos bleibt und unsere Schwänze vor Freude wedeln.

Lassen Sie sich nicht von unserer kleinen Statur täuschen. Wir haben Persönlichkeiten, die es in sich haben! Wir sind dafür bekannt, lebhaft, wachsam und unseren menschlichen Familien gegenüber äußerst loyal zu sein. Wir lieben es, an Ihrer Seite zu sein, sei es bei täglichen Spaziergängen, beim Kuscheln auf Ihrem Schoß oder einfach im Mittelpunkt jedes Zimmers. Unser charmantes Auftreten und unser freundliches Wesen machen uns zu hervorragenden Begleitern für Menschen jeden Alters.

Als intelligente kleine Welpen lernen wir schnell und leben von geistiger Stimulation. Begeistern Sie unseren Geist mit Puzzlespielzeugen, interaktiven Spielen und positivem Verstärkungstraining, und wir zeigen Ihnen, wie clever wir sind! Wir haben eine natürliche Neugier, die uns dazu antreibt, die Welt um uns herum zu erkunden. Deshalb ist es wichtig, uns viele Möglichkeiten für geistige und körperliche Bewegung zu bieten, damit wir glücklich und ausgeglichen bleiben.

Erkunde die Dunkle Seite des Hundelebens

Die erklärende Seite Ihres Hundes

Wenn es um Ängste geht, können einige von uns Volpino Italianos sensible Seelen sein. Laute Geräusche, neue Umgebungen oder längere Zeit allein gelassen zu werden, kann dazu führen, dass wir uns unwohl fühlen. Schaffen Sie eine ruhige und angenehme Umgebung für Zusammen mit einer schrittweisen Desensibilisierung und einem Training mit positiver Verstärkung können wir dazu beitragen, unsere Sorgen zu lindern. Mit Ihrer liebevollen Anwesenheit und Zusicherung werden wir uns im Handumdrehen sicher und geborgen fühlen.

Wohnverhältnisse? Wir sind anpassungsfähige kleine Lieblinge. Während wir uns in Wohnungen und Häusern wohlfühlen, schätzen wir es, einen sicheren Außenbereich zum Erkunden und Spielen zu haben. Achten Sie nur darauf, uns im Auge zu behalten, da wir dazu neigen, ein wenig abenteuerlustig zu werden und möglicherweise versuchen, alles zu verfolgen, was unsere Aufmerksamkeit erregt.

Zusammenfassend lässt sich sagen, lieber Mensch, wir Volpino Italianos sind winzige Bündel voller Freude. Unser bezauberndes Aussehen, unsere freundlichen Persönlichkeiten und unsere Intelligenz machen uns zu unwiderstehlichen Begleitern. Mit Ihrer Liebe, Aufmerksamkeit und viel Spielzeit werden wir die glücklichsten Volpino Italianos im Viertel sein! Also lasst uns gemeinsam ein Leben voller herrlicher Abenteuer voller wedelnder Schwänze, feuchter Küsse und endloser Liebe beginnen.

Ich sende dir eine Flut von Streicheleinheiten und Schwanzwedeln,
Euer Volpino Italiano

Ein unverzichtbarer Ratgeber für Hundeliebhaber

Kapitel 14

Welsh Springer Spaniel

Wau-Wau! Hier ist Ihr freundlicher Welsh Springer Spaniel, der gerne mit dem Schwanz wedelt und Ihnen alles erzählt, was Sie über unsere erstaunliche Rasse wissen müssen. Lassen Sie uns gemeinsam in die wundervolle Welt von Welshie eintauchen!

Lassen Sie uns zunächst über unser schönes Aussehen sprechen. Mit unseren weichen, gewellten Mänteln in Rot- und Weißtönen sind wir ein echter Hingucker. Unsere Schlappohren und gefühlvollen Augen verleihen uns einen unwiderstehlichen Charme, der die Herzen zum Schmelzen bringt, wohin wir auch gehen. Ob beim Toben im Park oder beim Faulenzen auf der Couch, unser gutes Aussehen setzt immer ein Statement.

Aber bei uns Welsh Springer Spaniels kommt es nicht nur auf das Aussehen an. Wir sind intelligent, lebhaft und voller Energie. Wir sind immer zu einem Abenteuer oder einer Apportierpartie bereit und sind daher ausgezeichnete Begleiter für aktive Einzelpersonen oder Familien. Wir lieben Bewegung, also seien Sie bereit für viele Spaziergänge, Spielzeit und vielleicht sogar etwas Beweglichkeitstraining, um uns geistig und körperlich zu stimulieren.

Apropos Kameradschaft: Wir sind für unsere liebevolle und liebevolle Art bekannt. Wir lieben unsere menschlichen Familien und leben davon, Teil des Rudels zu sein. Egal, ob wir auf der Couch kuscheln oder Ihnen durch das Haus folgen, wir sind immer an Ihrer Seite, bereit, Sie mit Küssen zu überschütten und vor Freude mit dem Schwanz zu wedeln.

Lassen Sie uns nun über Angst sprechen. Wie viele Hunde können wir Waliser in bestimmten Situationen manchmal Angst verspüren. Veränderte Gewohnheiten, laute Geräusche oder längeres Alleinsein können dazu führen, dass wir uns unwohl fühlen. Aber keine Angst! Mit Ihrer Liebe, Geduld und

Die erklärende Seite Ihres Hundes

etwas besonderer Sorgfalt können wir diese Sorgen überwinden. Eine Routine etablieren, uns eine gemütliche Höhle zum Entspannen und Nutzen bieten Trainingsmethoden mit positiver Verstärkung können viel dazu beitragen, dass wir uns sicher und geborgen fühlen.

Wohnverhältnisse? Wir sind anpassungsfähig und können uns an unterschiedliche Umgebungen anpassen, aber wir schätzen es, einen sicheren Außenbereich zu haben, den wir nach Herzenslust erkunden und schnuppern können. Wir haben einen natürlichen Instinkt für die Jagd und Fährtensuche. Daher ist es für unser Wohlbefinden wichtig, dass wir die Möglichkeit haben, unsere Nase zu benutzen und uns geistig anregenden Aktivitäten zu widmen.

Zusammenfassend lässt sich sagen, lieber Mensch, wir Welsh Springer Spaniels sind ein Bündel von Liebe, Energie und Loyalität. Unser gutes Aussehen, unsere Intelligenz und unser liebevolles Wesen machen uns zu perfekten Begleitern für diejenigen, die einen aktiven und liebevollen pelzigen Freund schätzen. Mit Ihrer Liebe und Aufmerksamkeit werden wir die glücklichsten Waliser im Viertel sein und bereit, an Ihrer Seite ein Leben lang freudige Abenteuer zu erleben.

Ich sende dir Wedeln und Küsse, Dein
Welsh Springer Spaniel

Ein unverzichtbarer Ratgeber für Hundeliebhaber

Kapitel 14

Yorkshire-Terrier

Wau-Wau! Hallo, mein menschlicher Kumpel! Ihr Yorkshire-Terrier-Freund ist hier, um Ihnen alle interessanten Details über uns Yorkies zu verraten. Machen Sie sich bereit für eine fantastische Reise in unsere Welt!

Lassen Sie uns zunächst über unsere Rasse sprechen. Wir Yorkies sind klein, aber groß in der Persönlichkeit. Wir stammen aus England und wurden ursprünglich gezüchtet, um in Textilfabriken Ratten zu jagen. Lassen Sie sich jedoch nicht von unserer kleinen Statur täuschen – wir haben einen mutigen und furchtlosen Geist, der uns von der Masse abhebt!

Lassen Sie uns jetzt über unsere einzigartige Klangsprache plaudern. Wir mögen zwar klein sein, aber unsere Rinde kann es in sich haben! Wenn wir eine Reihe von schnellen Bellen ausstoßen, ist das normalerweise unsere Art, Ihnen mitzuteilen, dass sich jemand oder etwas unserem Revier nähert. Und wenn wir einen hohen, aufgeregten Schrei ausstoßen, bedeutet das, dass wir vor Freude platzen und bereit für etwas Spaß sind!

Wenn es um Ängste geht, können wir Yorkies manchmal etwas empfindlich sein. In ungewohnten Situationen oder bei lauten Geräuschen können wir etwas nervös werden. Wenn wir uns einen sicheren und gemütlichen Rückzugsort bieten, uns sanft mit beruhigenden Worten beruhigen und uns reichlich streicheln, können wir unsere ängstlichen Herzen beruhigen. Denken Sie daran, Ihre liebevolle Präsenz bedeutet uns die Welt!

Schauen wir uns nun unsere Vorlieben und Abneigungen genauer an. Yorkies sind für ihr elegantes und glamouröses Aussehen bekannt. Wir lieben es, unser Outfit mit unseren üppigen, seidigen Mänteln und modischen Accessoires zu präsentieren. Damit wir gut aussehen, ist die Fellpflege unerlässlich.

Erkunde die Dunkle Seite des Hundelebens

Die erklärende Seite Ihres Hundes

Regelmäßiges Bürsten, Haareschneiden und gelegentliche Ausflüge ins Hunde-Spa werden uns das Gefühl geben, ein König zu sein!

Wir sind vielleicht noch klein, wenn es ums Schlafen geht, aber wir brauchen trotzdem unsere Schönheitsruhe. Normalerweise brauchen wir täglich etwa 14 bis 16 Stunden Schlaf, um unsere winzigen Batterien wieder aufzuladen. Seien Sie also nicht überrascht, wenn Sie uns an der gemütlichsten Stelle des Hauses finden, wo wir von Spielzeit und leckeren Leckereien träumen.

Was unsere Lebensumstände betrifft, können wir uns sowohl an Innen- als auch an Außenumgebungen gut anpassen. Aufgrund unserer geringen Größe eignen wir uns jedoch eher für einen Indoor-Lebensstil. Wir lieben die Nähe zu unseren menschlichen Begleitern und kuscheln uns auf ihren Schoß, um wertvolle Zeit miteinander zu verbringen. Die Schaffung eines sicheren und bereichernden Raumklimas für uns, komplett mit Spielzeug, weichen Betten und interaktiver Spielzeit, wird uns vor Freude wedeln lassen!

Um unser Wohlbefinden zu gewährleisten, müssen die Eigentümer uns geistige Anregung und Sozialisierung bieten. Tägliche Spaziergänge in der Nachbarschaft, interaktive Puzzle-Spielzeuge und Gehorsamstrainingseinheiten halten unseren Verstand scharf und unseren Schwanz wedelnd. Positive Verstärkung und sanfte Führung wirken Wunder für uns, da wir am besten auf Liebe und Belohnungen reagieren.

Zusammenfassend lässt sich sagen, lieber Mensch: Wir Yorkies sind lebhaft, liebevoll und charmant. Die einzigartigen Geräusche, Bedürfnisse und das glamouröse Wesen unserer Rasse machen uns zu etwas Besonderem. Mit deiner Liebe, Fürsorge und vielen Streicheleinheiten am Bauch sind wir die glücklichsten und stilvollsten Begleiter an deiner Seite!

Also, lasst uns gemeinsam auf dieses Abenteuer eingehen, mein menschlicher Freund. Mit Ihrer Führung und Ihrer unendlichen Zuneigung schaffen wir eine Bindung, die ein Leben lang hält. Machen Sie sich bereit für Schwanzwedeln, bezaubernde Possen und jede Menge Yorkie-Liebe!

Viel Liebe und sabbernde Küsse,
Ihr Yorkshire Terrier

Ein unverzichtbarer Ratgeber für Hundeliebhaber

Kapitel 15

10 Ausgezeichnete Websites

Wau-Wau! Als pelziger Freund, der die Herausforderungen von Angstzuständen versteht, bin ich hier, um einige tolle Websites zu teilen, die sowohl Ihnen als auch Ihren wertvollen Welpen helfen können. Diese Websites bieten wertvolle Ressourcen, Tipps und Unterstützung für den Umgang mit Angstzuständen bei Hunden. Vom Verständnis der Anzeichen und Ursachen von Angstzuständen bis hin zur Implementierung wirksamer Techniken zur Stressreduzierung bieten diese Websites alles.

- **PetMD**

Lassen Sie mich Ihnen PetMD vorstellen, die perfekte Online-Adresse für alles rund um die Gesundheit und Pflege von Haustieren! Es ist wie ein virtueller Hundepark, der wertvolle Informationen für Hunde, coole Katzen und andere pelzige Freunde bietet. PetMD deckt verschiedene Gesundheitszustände ab, mit denen wir Hunde konfrontiert sein könnten, von gewöhnlichem Schnupfen bis hin zu schwerwiegenden Problemen, und hilft Haustierbesitzern, Symptome zu erkennen und fundierte Entscheidungen über unser Wohlbefinden zu treffen. Sie geben auch Tipps zu Ernährung, Verhalten, Training, Pflege und Vorsorge des Hundes. Es ist eine umfassende, rindenschmeckende Ressource für alle unsere Gesundheits- und Glücksbedürfnisse! QR-Code scannen oder den Link nutzen. https://www.petmd.com/

- **Fear Free Happy Homes** ist eine Fundgrube für Tierbesitzer voller Ressourcen und Ratschläge. Ihre Website deckt alles ab, vom Umgang mit Hundeangst bis hin zum allgemeinen Verhalten und Wohlbefinden von Haustieren. Tauchen Sie ein in ihre Sammlung von Artikeln, Videos und Webinaren und vergessen Sie nicht, ihre aufschlussreichen Podcasts zu erkunden. QR-Code scannen oder den Link nutzen. https://www.fearfreehappyhomes.com/

Erkunde die Dunkle Seite des Hundelebens

10 Ausgezeichnete Websites

- **Whole Dog Journal** ist unser Ort – eine Website und ein Magazin voller Hunde aller Dinge! Sie haben die neuesten Informationen zum Thema Angst, mit Artikeln zum Erkennen und Bewältigen von Ängsten sowie Rezensionen zu angstlösenden Leckereien. Für Welpeneltern, die bestrebt sind, uns das Beste zu geben, ist es eine erstklassige Ressource. Also, lasst uns auf eurer Couch entspannen und gemeinsam unser Magazin lesen, vergesst nicht, mir auch eine Belohnung zu geben. Schuss! QR-Code scannen oder den Link nutzen. http://www.whole-dog-journal.com

- **Bondivet** ist eine australische Website, die Ressourcen und Ratschläge zur Gesundheit und zum Wohlbefinden von Haustieren bereitstellt. Sie bieten Artikel, Videos und andere Ressourcen zu verschiedenen Themen rund um die Tierpflege, einschließlich Verhalten und Training. Außerdem gibt es ein Verzeichnis von Tierkliniken und Krankenhäusern in Australien sowie ein Forum, in dem Tierhalter Fragen stellen und Ratschläge austauschen können. QR-Code scannen oder den Link nutzen. https://bondivet.com

- DogTV (**Hundefernsehen**)

OMG, kannst du glauben, dass wir unseren tollen Fernsehsender haben?! Dort finden Sie eine Menge Videos – von beruhigenden Melodien über Zen-Visuals bis hin zu einigen besonderen Hundeshows. Es ist wie unser eigenes Unterhaltungszentrum, perfekt für den Fall, dass unsere Menschen nicht da sind. Es ist, als hätte man einen pelzigen Freund auf dem Bildschirm, der uns Gesellschaft leistet und uns hilft, die Einsamkeit und Langeweile zu überwinden. Es ist wie ein schwanzwedelnder Spielplatz in der digitalen Welt. DogTV.com ist wie der wahrgewordene Hundetraum! QR-Code scannen oder den Link nutzen. https://www.dogtv.com/

Ein unverzichtbarer Ratgeber für Hundeliebhaber

Kapitel 15

- **ThunderShirt**. Wuff, erinnerst du dich, als ich in Kapitel 5 darüber gebellt habe? Dieses pfiffige Unternehmen stellt Dinge her, die uns entspannen und entspannen. Ihr Starprodukt, das ThunderShirt, schmiegt sich eng an uns an, um Ängste zu lindern. Auf der Website erfahren Sie, wie dieser Zauberwickel funktioniert, und finden Ressourcen und Artikel zum Umgang mit Hundestress. Es ist eine wertvolle Ressource für Tierhalter, die nach einer nicht-invasiven Lösung suchen, um ihre ängstlichen Hunde zu beruhigen. QR-Code scannen oder den Link nutzen. https://thundershirt.com/

- **Tierarzt-Chat**: Lassen Sie mich vor Aufregung mit dem Schwanz wedeln, wenn ich Ihnen von einer tollen Website namens "Ask a Veterinarian Online erzähle!"

Es ist, als ob Sie eine virtuelle Tierklinik direkt zur Hand hätten! Sie haben über 12.000 Experten, die 196 Länder in 700 Kategorien und 4 Sprachen unterstützen! Von gesundheitlichen Problemen bis hin zu Verhaltensauffälligkeiten stehen Ihnen die erfahrenen Tierärzte mit Rat und Tat zur Seite und geben Ihrem pelzigen Begleiter den besten Rat. QR-Code scannen oder den Link nutzen.
https://www.askaveterinarianonline.com/

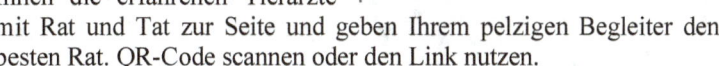

- **Pitpat** Ich habe immer Angst, getrennt zu werden oder verloren zu gehen, aber wissen Sie was? Es gibt dieses erstaunliche Gerät namens PitPat! Es ist nicht nur eine Website; Es ist ein Superhelden-Gadget für Hunde. Es ist ein winziges Gerät, das an meinem Kragen hängt und aufzeichnet, wie viel ich bewege – Schritte, Distanz und sogar die Kalorien, die ich verbrenne! Und es kommuniziert mit einer coolen App auf Ihrem Telefon, mit der Sie alle meine Aktivitätsdaten einsehen und Trainingsziele für mich festlegen können. PitPat ist wie mein Kumpel und hilft Ihnen dabei, sicherzustellen, dass ich aktiv und gesund bleibe. Es ist das perfekte Werkzeug, um meine Trainingsroutine im Auge zu behalten. QR-Code scannen oder den Link nutzen.
https://www.pitpat.com/

Erkunde die Dunkle Seite des Hundelebens

10 Ausgezeichnete Websites

- **Die Calm Canine-Academy** hilft uns Hunden, Experten im Umgang mit dem Alleinsein zu werden. Auf dieser Website finden Sie unzählige tolle Ressourcen und Schulungsprogramme, die uns zeigen, wie wir uns selbstbewusster und glücklicher fühlen, wenn wir alleine sind. Sie haben Schritt-für-Schritt-Anleitungen und unterhaltsame interaktive Kurse, die das Lernen zum Kinderspiel machen. Wenn Sie also sicherstellen möchten, dass Ihr pelziger Freund sich auch in Ihrer Abwesenheit pfotensicher fühlt, schauen Sie sich diese Website an. Es ist, als hätte man einen Personal Trainer nur gegen Trennungsangst! Zeigen wir der Welt, dass wir mit dem Alleinsein wie Champions umgehen können. QR-Code scannen oder den Link nutzen.

https://www.calmcanineacademy.com/separation-skills-1

- **k9ti** ist Experte für Online-Schulungen. Auf dieser Website dreht sich alles um K9-Training und -Verhalten (Hunde). Es bietet wertvolle Informationen und Ressourcen für Hundebesitzer und Liebhaber, die ihr Verständnis für Trainingstechniken, Verhaltensänderungen und das allgemeine Wohlbefinden ihrer pelzigen Freunde vertiefen möchten. Von grundlegendem Gehorsam bis hin zu fortgeschrittenen Fertigkeiten finden Sie Tipps, Artikel und sogar Online-Kurse, die Ihnen beim Aufbau helfen Bauen Sie eine stärkere Bindung zu Ihrem Welpen auf und verbessern Sie dessen Trainingserlebnis. Wenn Sie also das Potenzial Ihres Hundes freisetzen und sich auf eine Reise zum Pfotentraining begeben möchten, ist diese Website eine Fundgrube an Wissen. Viel Spaß beim Erkunden und viel Spaß beim Training! QR-Code scannen oder den Link nutzen. https://k9ti.org/

Denken Sie daran, dass diese Websites und Online-Ressourcen dazu dienen, zusätzliche Informationen und Unterstützung bereitzustellen. Es gibt auch Hunderte anderer hilfreicher Websites. <u>Konsultieren Sie immer einen Tierarzt oder zertifizierten Fachmann, um eine individuelle, auf die Bedürfnisse Ihres Hundes zugeschnittene Beratung zu erhalten.</u>

Ein unverzichtbarer Ratgeber für Hundeliebhaber

Kapitel 16

Quellen & Referenzen
Wo man tiefer graben kann

Hallo, meine neugierigen Menschenfreunde! Wenn Sie auf der Suche nach mehr Wissen sind und sich weiter vertiefen möchten, finden Sie hier einige wertvolle Quellen und Referenzen, in die Sie sich vertiefen können. Diese Juwelen werden Ihnen dabei helfen, Ihren Weg zum Verständnis und zur Unterstützung Ihres pelzigen besten Freundes fortzusetzen:

✓ **ABA (Animal Behavior Associates)**, Mitbegründer von Suzanne Hetts, Ph.D. und Daniel Estep, Ph.D., beide zertifizierte Tierverhaltensforscher, sind Ihr Ansprechpartner für fachkundige Beratung zum Verhalten von Haustieren, insbesondere von Hunden. Sie bieten Artikel, Webinare und eine Fülle an Ressourcen zur Lösung von Haustierproblemen wie Angstzuständen. Auf ihrer Website gibt es sogar ein Verzeichnis zertifizierter Tierverhaltensforscher, die maßgeschneiderte Ratschläge und Behandlungspläne geben können. Bei Animal Behavior Associates geht es darum, Tierbesitzern dabei zu helfen, das Verhalten ihrer pelzigen Freunde zu entschlüsseln und wirksame Lösungen für häufige Probleme zu finden. QR-Code scannen oder den Link nutzen.

https://animalbehaviorassociates.com

✓ **Der National Canine Research Council (NCRC)** ist eine gemeinnützige Hundeverhaltensforschung, bei der es darum geht, mit einem wissenschaftlichen Ansatz zum Verhalten von Hunden die Wahrheit herauszufinden. Sie haben Forschungsstudien gesammelt, Daten analysiert und dann die wichtigsten Erkenntnisse herausgearbeitet, um die Wissenschaft für jedermann verständlicher zu machen. Stöbern Sie auf der Ressourcenseite und Sie werden eine lange Liste unglaublicher Ressourcenunternehmen entdecken, die Haustieren, einschließlich Hunden, helfen. Scannen Sie den QR-Code oder verwenden Sie den Link.

Entdecken Sie die dunkle Seite des Hundelebens

Quellen & Referenze

https://nationalcaineresearchcouncil.com/

✓ **UF Health (University of Florida)** unterstützt Sie dabei, die richtige Rasse zu finden! Es ist wie ein lustiges Spiel, das unseren Menschen hilft, verschiedene Hunderassen zu unterscheiden. Du weißt schon, als würde man einen Beagle von einem Border Collie unterscheiden oder herausfinden, ob ich ein Labrador oder ein Deutscher Schäferhund bin! Es ist wie ein Hunde-Detektivspiel, und unsere Menschen können zu Experten für die Identifizierung von Rassen werden. QR-Code scannen oder den Link nutzen.

https://sheltermedicine.vetmed.ufl.edu/

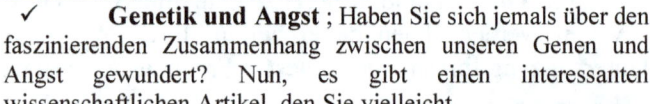

✓ **Genetik und Angst** ; Haben Sie sich jemals über den faszinierenden Zusammenhang zwischen unseren Genen und Angst gewundert? Nun, es gibt einen interessanten wissenschaftlichen Artikel, den Sie vielleicht gern lesen würden. Diese Studie untersucht die genetischen Faktoren, die mit Angstzuständen bei Hunden verbunden sind, und deckt auf, wie bestimmte Gene zu unseren Angsttendenzen beitragen können.

Es ist eine spannende Forschungsarbeit, die Licht auf die zugrunde liegende Biologie der Angst bei unseren pelzigen Freunden wirft. Viel Spaß beim Entdecken der Wunder der Wissenschaft! QR-Code scannen oder den Link nutzen.

https://www.nature.com/articles/s41598-020-59837-z

✓ Konzentrieren Sie sich auf den Welpen! **Die Smart Dog University** ist ein Ausgangspunkt! Auf dieser Website gibt es einen tollen Blog-Beitrag über das Verständnis und den Umgang mit Trennung. Ein Welpe zu sein ist wie ein kleines menschliches Kind. Es ist, wenn wir Wissen wie Schwämme aufsaugen. Diese

Website ist Ihr Startpunkt für einen guten Start, mit einer Fundgrube an Blogs, Ressourcen, Diensten, Webinaren usw. Denken Sie daran: Selbst wenn Sie ein Hundegenie sind, erfordert

das Welpentraining Fachwissen! Lernen Sie von den Profis, um ein besserer Welpenelternteil zu werden! Der Abschluss der Welpenuniversität bringt zahlreiche Vorteile mit sich, darunter auch die Verringerung ihrer Zukunftsangst. QR-Code scannen oder den Link nutzen. https://smartdoguniversity.com/

Denken Sie daran, meine großartigen Menschen, diese Ressourcen sind nur die Spitze des Schwanzes! <u>Erforschen Sie weiter, lernen Sie weiter und wedeln Sie weiterhin mit Wissen.</u> Je mehr Sie wissen, desto besser können Sie uns die Liebe, Fürsorge und Unterstützung bieten, die wir Hunde brauchen.9

Ein unverzichtbarer Ratgeber für Hundeliebhaber

Kapitel 17

10 super hilfreiche Tabellen

Machen Sie sich bereit, in 10 äußerst hilfreiche Tabellen über meine 40 verschiedenen Rassefreunde einzutauchen. Diese Tabellen sind eine Fundgrube an Informationen, die es Ihnen ermöglichen, uns zu vergleichen und mehr über unsere einzigartigen Eigenschaften, Gesundheitstipps, Pflegebedürfnisse, Trainings-Eigenheiten und sogar unsere Lieblingszeiten für Nickerchen und Spaziergänge zu erfahren.

Aber das ist nicht alles! Diese Tische sind besonders einzigartig, weil sie auch in die Tiefen unserer Angst eintauchen und Anzeichen nennen, auf die wir achten sollten, und Gründe, die uns den Kopf hängen lassen könnten. Wenn ich etwas verpasst habe oder Sie Fragen haben, senden Sie mir bitte eine E-Mail. Lassen Sie uns gemeinsam dafür sorgen, dass kein Detail ausgelassen wird, während wir uns auf diese unglaubliche Reise des Verständnisses und der Fürsorge für unsere pelzigen Begleiter begeben! Schuss!

Hallo Leute! Während Sie in die restlichen Kapitel eintauchen, wedele ich mit dem Schwanz und mache einen schönen Spaziergang mit meinem Menschenfreund. Ah, die Sonne scheint, die Brise ruft und es gibt so viele Gerüche zu entdecken! Die Pflege unseres Fells ist ebenso wichtig wie die Erweiterung unseres Wissens. Also machen Sie weiter, lesen Sie weiter, ich melde mich später bei Ihnen. Genießt die Reise, meine hundeliebenden Freunde! Schuss!

Erkunde die Dunkle Seite des Hundelebens

40 Beliebte Rassen Merkmale

40 Merkmale beliebter Rassen, Teil I

Züchten	Größe	Temperament	Übungsbedarf	Kompatibilität mit Kindern	Kompatibilität mit anderen Haustieren
Alaskan Malamute	Groß	Unabhängig, energisch	Hoch	Mäßig	Niedrig
Australischer Rinderhund	Mittel	Intelligent, energisch	Hoch	Mäßig	Niedrig
Australischer Hirte	Mittel	Intelligent, aktiv	Hoch	Hoch	Mäßig
Beagle	Klein	Freundlich, neugierig	Mäßig	Hoch	Hoch
Belgischer Malinois	Groß	Beschützend, loyal	Hoch	Niedrig	Niedrig
Berner Sennenhund	Groß	Sanft, gutmütig	Mäßig	Hoch	Hoch
Bichon Frise	Klein	Verspielt, liebevoll	Mäßig	Hoch	Hoch
Border Collie	Mittel	Intelligent, energisch	Hoch	Mäßig	Mäßig
Boston Terrier	Klein	Freundlich, lebhaft	Mäßig	Hoch	Niedrig
Boxer	Groß	Verspielt, energisch	Hoch	Hoch	Niedrig
Bretagne	Mittel	Aktiv, vielseitig	Hoch	Hoch	Hoch
Bulldogge (Englisch/Französisch)	Mittel	Fügsam, locker	Niedrig	Hoch	Niedrig
Cane Corso	Groß	Selbstbewusst, intelligent	Mäßig	Niedrig	Niedrig
Strickjacke Waliser Corgi	Mittel	Aufmerksam, liebevoll	Mäßig	Hoch	Mäßig
Cavalier King Charles Spaniel	Klein	Zärtlich, sanft	Mäßig	Hoch	Hoch
Chihuahua	Klein	Lebhaft, mutig	Niedrig	Niedrig	Niedrig
Cocker Spaniel	Mittel	Sanft, klug	Mäßig	Hoch	Hoch
Dackel	Klein	Neugierig, klug	Mäßig	Hoch	Mäßig
Dobermann pinscher	Groß	Loyal, furchtlos	Hoch	Niedrig	Niedrig
Englischer Cocker Spaniel	Mittel	Fröhlich, intelligent	Mäßig	Hoch	Hoch
Englischer Setter	Groß	Sanft, gutmütig	Hoch	Hoch	Mäßig
Deutscher Schäferhund	Groß	Loyal, selbstbewusst	Hoch	Hoch	Hoch
Golden Retriever	Groß	Intelligent, freundlich	Hoch	Hoch	Hoch
Deutsche Dogge	Riese	Sanft, freundlich	Niedrig bis mäßig	Hoch	Niedrig
Labrador Retriever	Groß	Aufgeschlossen, ausgeglichen	Hoch	Hoch	Hoch
Leonberger	Riese	Sanft, freundlich	Mäßig	Hoch	Mäßig
maltesisch	Klein	Gutmütig, lebhaft	Niedrig	Hoch	Hoch
Zwergschnauzer	Klein	Furchtlos, temperamentvoll	Mäßig	Mäßig	Hoch
Norwegischer Elchhund	Mittel	Mutig, wachsam	Mäßig	Hoch	Mäßig
Pudel (Standard/Mini/Spielzeug)	Variiert	Intelligent, aktiv	Mäßig	Hoch	Hoch

Ein unverzichtbarer Ratgeber für Hundeliebhaber

Kapitel 17

40 Merkmale beliebter Rassen, Teil II

Züchten	Größe	Temperament	Übungsbedarf	Kompatibilität mit Kindern	Kompatibilität mit anderen Haustieren
Portugiesischer Wasserhund	Mittel	Intelligent, aktiv	Hoch	Hoch	Hoch
Mops	Klein	Charmant, schelmisch	Niedrig	Hoch	Mäßig
Rottweiler	Groß	Ruhig, mutig	Hoch	Niedrig	Niedrig
Shiba Inu	Mittel	Alarm, Aktiv	Hoch	Niedrig	Niedrig
Shih Tzu	Klein	Zärtlich, verspielt	Niedrig bis mäßig	Hoch	Hoch
Sibirischer Husky	Mittel	Aufgeschlossen, schelmisch	Hoch	Mäßig bis hoch	Niedrig
Staffordshire bull terrier	Mittel	Mutig, liebevoll	Hoch	Niedrig	Hoch
Volpino Italiano	Klein	Aktiv, wachsam	Mäßig	Mäßig	Mäßig
Welsh Springer Spaniel	Mittel	Freundlich, sanft	Hoch	Mäßig	Hoch
Yorkshire-Terrier	Klein	Zärtlich, temperamentvoll	Niedrig	Hoch	Mäßig

Bitte beachten Sie, dass die Tabelle einen allgemeinen Überblick über die Merkmale jeder Rasse bietet. Einzelne Hunde können innerhalb ihrer Rasse Unterschiede aufweisen. Es ist wichtig, vor einer Entscheidung weitere Nachforschungen anzustellen und rassespezifische Experten oder seriöse Quellen zu konsultieren, um detailliertere und genauere Informationen zu erhalten. Denken Sie außerdem daran, dass eine angemessene Ausbildung, Sozialisierung und Pflege für das Gedeihen jeder Rasse in einer liebevollen und unterstützenden Umgebung unerlässlich sind.

Bitte beachten Sie, dass die Tabelle einen allgemeinen Überblick über die Merkmale jeder Rasse bietet. Einzelne Hunde können innerhalb ihrer Rasse Unterschiede aufweisen. Es ist wichtig, vor einer Entscheidung weitere Nachforschungen anzustellen und rassespezifische Experten oder seriöse Quellen zu konsultieren, um detailliertere und genauere Informationen zu erhalten. Denken Sie außerdem daran, dass eine angemessene Ausbildung, Sozialisierung und Pflege für das Gedeihen jeder Rasse in einer liebevollen und unterstützenden Umgebung unerlässlich sind.

40 Beliebte Rassen Angsttyp, Niveau und Zeichen, Teil I

Rassenname	Angsttyp	Angstniveau	Angstzeichen
Alaskan Malamute	Trennungsangst	Mäßig	Heulen, übermäßiges Bellen, Graben, Fliehen, Herumlaufen, destruktives Verhalten (Kratzen an Türen oder Fenstern)
Australischer Rinderhund	Trennungsangst	Hoch	Übermäßiges Bellen, destruktives Verhalten, Tempo, Unruhe, Überempfindlichkeit gegenüber Geräuschen
Australischer Hirte	Generalisierte Angst, Trennungsangst	Mittel	Übermäßiges Knabbern, zwanghaftes Verhalten, Unruhe, Suche nach Sicherheit, Destruktivität, Tempo
Beagle	Trennungsangst	Hoch	Übermäßiges Heulen, Graben, destruktives Verhalten, Hin- und Herlaufen, Unruhe, Fluchtversuche
Belgischer Malinois	Trennungsangst	Hoch	Übermäßiges Bellen, destruktives Verhalten (Kauen von Möbeln oder Gegenständen), Unruhe, Hin- und Herlaufen, Fluchtversuche
Berner Sennenhund	Lärmangst, Trennungsangst	Niedrig	Sich verstecken, Trost suchen, keuchen, auf und ab gehen, Unruhe, Zerstörungswut, Überempfindlichkeit gegenüber Geräuschen
Bichon Frise	Soziale Angst, Trennungsangst	Niedrig	Übermäßiges Zittern, Ängstlichkeit, Vermeidung sozialer Interaktionen, Trennungsangst, Suche nach Sicherheit, Destruktivität, Unruhe
Border Collie	Trennungsangst	Hoch	Übermäßiges Hüteverhalten, Unruhe, Tempo, destruktives Verhalten, Lautäußerung, zwanghaftes Verhalten, Überempfindlichkeit gegenüber Geräuschen
Boston Terrier	Lärmangst, Trennungsangst	Mittel	Übermäßiges Hecheln, Trostsuche, Unruhe, Zerstörungswut, übermäßiges Bellen, Überempfindlichkeit gegenüber Geräuschen
Boxer	Generalisierte Angst	Hoch	Tempo, übermäßiges Sabbern, Unruhe, Hyperaktivität, destruktives Verhalten, zwanghaftes Verhalten
Bretagne	Lärmangst	Mäßig	Hecheln, Zittern, Verstecken, Trost suchen, Ruhelosigkeit, Hin- und Herlaufen, Fluchtversuche bei lautem Lärm oder Gewitter
Bulldogge (Englisch/ Französisch)	Soziale Angst, Trennungsangst	Mittel	Vermeidung sozialer Situationen, Angst vor neuen Menschen, Trennungsangst, übermäßiges Sabbern, destruktives Verhalten, Hecheln, Herumlaufen

Ein unverzichtbarer Ratgeber für Hundeliebhaber

Kapitel 17

40 Beliebte Rassen Angsttyp, Niveau und Zeichen, Teil II

Rassenname	Angsttyp	Angstniveau	Angstzeichen
Cane Corso	Allgemeine Angst	Mäßig	Übermäßiges Bellen, Knurren, Aggression, destruktives Verhalten (Kauen von Gegenständen oder Möbeln), Unruhe, zwanghaftes Verhalten
Strickjacke Waliser Corgi	Lärmangst	Niedrig	Hecheln, Zittern, Trost suchen, Kauern, Versuche, sich zu verstecken, Unruhe, Hin- und Herlaufen bei lauten Geräuschen oder Feuerwerk
Cavalier King Charles Spaniel	Trennungsangst	Niedrig	Übermäßiges Jammern, Trennungsschmerz, Suche nach Bestätigung, destruktives Verhalten, Unruhe
Chihuahua	Soziale Angst, Trennungsangst	Hoch	Übermäßiges Zittern, Aggression, Ängstlichkeit, übermäßiges Bellen, Verstecken, Suche nach Sicherheit, Trennungsangst, Vermeidung sozialer Interaktionen
Cocker Spaniel	Lärmangst, Trennungsangst	Mittel	Verstecken, übermäßiges Bellen, Keuchen, Zittern, Zerstörungswut, Unruhe, Überempfindlichkeit gegenüber Geräuschen
Dackel	Trennungsangst	Mittel	Übermäßiges Jammern, selbstzerstörerisches Verhalten, Ruhelosigkeit, Graben, Fluchtversuche, Überempfindlichkeit gegenüber Geräuschen
Dobermann pinscher	Soziale Angst	Hoch	Ängstliche Körpersprache, Vermeidung, Aggression, Unruhe, übermäßiges Bellen, Keuchen, Zittern, Überempfindlichkeit gegenüber Geräuschen
Englischer Cocker Spaniel	Allgemeine Angst	Mäßig	Übermäßiges Bellen, Winseln, Unruhe, zwanghaftes Verhalten (Schwanzjagd, Pfotenlecken), Trennungsangst, Suche nach ständiger Aufmerksamkeit
Englischer Setter	Generalisierte Angst, Trennungsangst	Mittel	Übermäßiges Hin- und Herlaufen, Zittern, Unruhe, Suche nach Sicherheit, destruktives Verhalten, Trennungsschmerz
Deutscher Schäferhund	Lärmangst, Trennungsangst	Hoch	Hecheln, Zittern, Verstecken, Winseln, übermäßiges Bellen, Zerstörungswut, Fluchtversuche, Überempfindlichkeit gegenüber Geräuschen, Herumlaufen, Unruhe
Golden Retriever	Generalisierte Angst, Trennungsangst	Niedrig	Unruhe, übermäßige Körperpflege, Suche nach Sicherheit, zwanghaftes Verhalten, Hypervigilanz, Keuchen, Zittern

Von Sorgen zu Schwanzwedeln

Erkunde die Dunkle Seite des Hundelebens

40 Beliebte Rassen Angsttyp, Niveau und Zeichen, Teil III

Rassenname	Angsttyp	Angstniveau	Angstzeichen
Deutsche Dogge	Lärmangst, Trennungsangst	Niedrig	Sich verstecken, Trost suchen, keuchen, zittern, auf und ab gehen, Unruhe, Überempfindlichkeit gegenüber Geräuschen
Labrador Retriever	Trennungsangst	Mittel	Übermäßiges Bellen, destruktives Verhalten, Herumlaufen, Sabbern, Fluchtversuche
Leonberger	Trennungsangst	Mäßig	Übermäßiges Jammern, Wimmern, Herumlaufen, Unruhe, destruktives Verhalten (Kratzen an Türen oder Möbeln), Sabbern
maltesisch	Trennungsangst	Niedrig	Übermäßiges Kauen, Urinieren, Unruhe, Suche nach Sicherheit, Trennungsschmerz
Zwergschnauzer	Trennungsangst	Mittel	Übermäßiges Bellen, Graben, Hin- und Herlaufen, Unruhe, destruktives Verhalten, Überempfindlichkeit gegenüber Geräuschen
Norwegischer Elchhund	Lärmangst	Mäßig	Heulen, Hin- und Herlaufen, Verstecken, Trost suchen, Zittern, Unruhe, Fluchtversuche bei lautem Lärm oder Feuerwerk
Pudel (Standard/Mini/Spielzeug)	Lärmangst, Trennungsangst	Niedrig	Zittern, Trost suchen, sich verstecken, übermäßiges Bellen, Zerstörungswut, Keuchen, auf und ab gehen
Portugiesischer Wasserhund	Allgemeine Angst	Niedrig	Übermäßiges Bellen, Keuchen, Ruhelosigkeit, Hin- und Herlaufen, zwanghaftes Verhalten (Lecken, Kauen), das Streben nach ständiger Aufmerksamkeit, Trennungsangst
Mops	Generalisierte Angst	Niedrig	Übermäßiges Lecken, Anhänglichkeit, Suche nach Sicherheit, Hypervigilanz, Unruhe, Trennungsschmerz
Rottweiler	Soziale Angst	Hoch	Aggression, Ängstlichkeit, Vermeidung sozialer Interaktionen, Hypervigilanz, Unruhe, übermäßiges Bellen
Shiba Inu	Lärmangst, Trennungsangst	Mittel	Übermäßige Lautäußerung, Verstecken, Unruhe, Zerstörungswut, Fluchtversuche, Überempfindlichkeit gegenüber Geräuschen

Ein unverzichtbarer Ratgeber für Hundeliebhaber

Kapitel 17

40 Beliebte Rassen Angsttyp, Niveau und Zeichen, Teil IV

Rassenname	Angsttyp	Angstniveau	Angstzeichen
Shih Tzu	Trennungsangst	Niedrig	Übermäßiges Bellen, Unruhe, Zittern, Suche nach Sicherheit, Trennungsangst, destruktives Verhalten
Sibirischer Husky	Generalisierte Angst, Trennungsangst	Hoch	Übermäßige Fluchtversuche, destruktives Verhalten, Heulen, Hin- und Herlaufen, Unruhe, Graben, Selbstverstümmelung, Fluchtversuche, Hypervigilanz
Staffordshire bull terrier	Generalisierte Angst	Hoch	Aggression, übermäßiges Hecheln, Unruhe, destruktives Verhalten, Trennungsschmerz, Überempfindlichkeit gegenüber Geräuschen
Volpino Italiano	Trennungsangst	Niedrig	Übermäßiges Jammern, Bellen, Zerstörungswut (Kauen von Gegenständen oder Möbeln), Anhänglichkeit, Hin- und Herlaufen, Fluchtversuche
Welsh Springer Spaniel	Allgemeine Angst	Niedrig	Übermäßiges Bellen, Winseln, Unruhe, zwanghaftes Verhalten (Schwanzjagd, Pfotenlecken), Trennungsangst, Suche nach ständiger Aufmerksamkeit
Yorkshire-Terrier	Lärmangst, Trennungsangst	Niedrig	Verstecken, übermäßiges Bellen, Zittern, Keuchen, Suche nach Trost, Unruhe, Zerstörungswut

Bitte bedenken Sie, dass unser Angstniveau von Hund zu Hund unterschiedlich sein kann und durch Faktoren wie unsere Genetik, unsere Erziehung und die Umgebung um uns herum beeinflusst werden kann.

Die in der Tabelle genannten Anzeichen sind lediglich allgemeine Hinweise und treffen möglicherweise nicht auf jeden Hund unserer Rasse zu. Deshalb ist es für unsere liebevollen Besitzer so wichtig, einen Tierarzt oder einen professionellen Verhaltensforscher zu konsultieren. Sie können eine gründliche Beurteilung vornehmen und uns maßgeschneiderte Beratung geben, die speziell auf unsere individuellen Bedürfnisse zugeschnitten ist. Mit ihrer Hilfe können wir unsere Ängste besser verstehen und bewältigen, was zu einem glücklicheren und positiveren Leben führt.

Erkunde die Dunkle Seite des Hundelebens

40 Angstsymptome und Grundursachen beliebter Rassen, Teil I

Züchten	Angstzeichen	Grundursache
Alaskan Malamute	Übermäßiges Heulen oder Jammern, destruktives Verhalten	Trennungsangst, mangelnde geistige Stimulation
Australischer Rinderhund	Hyperaktivität, Unruhe, Kneipen- oder Hüteverhalten	Mangel an körperlicher und geistiger Bewegung, Langeweile
Australischer Hirte	Übermäßiges Bellen, zwanghaftes Verhalten, Unruhe	Mangel an geistiger Stimulation, Trennungsangst
Beagle	Übermäßiges Bellen, Graben oder Fluchtverhalten	Langeweile, mangelnde geistige und körperliche Bewegung
Belgischer Malinois	Übermäßige Wachsamkeit, Hyperaktivität, Aggression	Mangel an geistiger und körperlicher Bewegung, Unsicherheit
Berner Sennenhund	Übermäßiges Sabbern, destruktives Verhalten, Rückzug	Trennungsangst, Angst vor lauten Geräuschen
Bichon Frise	Übermäßiges Bellen, Trennungsangst, Zittern	Trennungsangst, Angst vor dem Alleinsein
Border Collie	Obsessives Verhalten, Tendenzen zum Hüten, Herumlaufen	Mangel an geistiger Stimulation, Hüteinstinkt
Boston Terrier	Hyperaktivität, zerstörerisches Kauen, übermäßiges Lecken	Langeweile, Trennungsangst
Boxer	Anspringen von Menschen, übermäßige Verspieltheit, Unruhe	Mangel an körperlicher Bewegung, Trennungsangst
Bretagne	Nervosität, Trennungsangst, destruktives Verhalten	Mangel an geistiger Stimulation, Angst vor dem Alleinsein
Bulldogge (Englisch/Französisch)	Starkes Hecheln, übermäßiges Sabbern, Vermeidungsverhalten	Angst vor bestimmten Situationen, Atemprobleme
Cane Corso	Aggressives Verhalten, Zurückhaltungstendenzen, Hyperaktivität	Mangelnde Sozialisierung, Unsicherheit
Strickjacke Waliser Corgi	Ängstliches Verhalten, übermäßiges Bellen, Trennungsangst	Mangelnde Sozialisierung, Angst vor dem Alleinsein
Cavalier King Charles Spaniel	Schüchternheit, unterwürfiges Verhalten, Verstecken oder Kauern	Mangelnde Sozialisierung, Angst vor neuen Umgebungen
Chihuahua	Übermäßiges Bellen, Zittern oder Zittern, Aggression	Angst vor Fremden, angstbasierte Aggression
Cocker Spaniel	Übermäßiges Lecken, Trennungsangst, Ängstlichkeit	Trennungsangst, Angst vor dem Verlassenwerden
Dackel	Übermäßiges Bellen, Verstecken oder Graben, Aggression	Auf Angst basierende Aggression, mangelnde Sozialisierung
Dobermannpinscher	Hypervigilanz, Abwehrverhalten, Aggression	Mangelnde Sozialisierung, angstbasierte Aggression
Englischer Cocker Spaniel	Unterwürfiges Wasserlassen, Trennungsangst, Ängstlichkeit	Trennungsangst, Angst vor Bestrafung
Englischer Setter	Trennungsangst, destruktives Verhalten, Unruhe	Mangel an geistiger und körperlicher Bewegung, Langeweile
Deutscher Schäferhund	Übermäßiges Bellen, Hin- und Herlaufen, übermäßige Wachsamkeit	Mangel an geistiger und körperlicher Bewegung, Unsicherheit

Ein unverzichtbarer Ratgeber für Hundeliebhaber

40 Angstsymptome und Grundursachen beliebter Rassen, Teil II

Züchten	Angstzeichen	Grundursache
Golden Retriever	Übermäßiges Kauen, Aufmerksamkeit suchendes Verhalten	Trennungsangst, mangelnde geistige Stimulation
Deutsche Dogge	Schüchternheit, Ängstlichkeit, Trennungsangst	Mangelnde Sozialisierung, Angst vor neuen Umgebungen
Labrador Retriever	Übermäßiges Kauen, Hyperaktivität, Unruhe	Mangel an geistiger und körperlicher Bewegung, Langeweile
Leonberger	Trennungsangst, anhängliches Verhalten, destruktives Kauen	Mangel an geistiger Stimulation, Angst vor dem Alleinsein
maltesisch	Übermäßiges Bellen, Zittern oder Zittern, Verstecken	Trennungsangst, Angst vor neuen Umgebungen
Zwergschnauzer	Aggression gegenüber Fremden, übermäßiges Bellen	Angst vor Fremden, angstbasierte Aggression
Norwegischer Elchhund	Destruktives Verhalten, übermäßiges Heulen oder Bellen	Trennungsangst, Langeweile
Pudel (Standard/Mini/Spielzeug)	Anhänglichkeit, Trennungsangst, Unruhe	Mangel an geistiger Stimulation, Angst vor dem Alleinsein
Portugiesischer Wasserhund	Übermäßiges Bellen, destruktives Verhalten, Hyperaktivität	Mangel an geistiger und körperlicher Bewegung, Langeweile
Mops	Starkes Keuchen, pfeifende Atmung, Atembeschwerden	Atemprobleme, Trennungsangst
Rottweiler	Aggressives Verhalten, Zurückhaltungstendenzen, Ängstlichkeit	Mangelnde Sozialisierung, angstbasierte Aggression
Shiba Inu	Ängstliches Verhalten, Aggression gegenüber Fremden	Angst vor Fremden, angstbasierte Aggression
Shih Tzu	Übermäßiges Bellen, Trennungsangst, Anhänglichkeit	Trennungsangst, Angst vor dem Alleinsein
Sibirischer Husky	Übermäßiges Heulen, destruktives Verhalten, Eskapismus	Langeweile, Trennungsangst
Staffordshire bull terrier	Aggression gegenüber anderen Hunden, Hyperaktivität	Auf Angst basierende Aggression, mangelnde Sozialisierung
Volpino Italiano	Übermäßiges Bellen, Unruhe, destruktives Verhalten	Trennungsangst, Angst vor dem Alleinsein
Welsh Springer Spaniel	Ängstliches Verhalten, Trennungsangst, übermäßiges Lecken	Mangelnde Sozialisierung, Angst vor dem Alleinsein
Yorkshire Terrier	Übermäßiges Bellen, Schüchternheit, Aggression	Auf Angst basierende Aggression, mangelnde Sozialisierung

Bitte beachten Sie, dass diese Tabelle allgemeine Informationen enthält und dass die Angstsymptome und Grundursachen bei einzelnen Hunden unterschiedlich sein können. Wenn Sie den Verdacht haben, dass Ihr Hund unter Angstzuständen leidet, <u>ist es wichtig, einen Tierarzt oder einen professionellen Verhaltensforscher für Hunde zu konsultieren, um eine umfassende Beurteilung und individuelle Beratung zu erhalten.</u>

Von Sorgen zu Schwanzwedeln

Erkunde die Dunkle Seite des Hundelebens

40 Hygienedetails für beliebte Rassen

40 Hygienedetails für beliebte Rassen, Teil I							
Züchten	Pflegebedürfnisse	Felltyp	Abwurfniveau	Frequenz	Bürsten	Baden	Trimmen
Alaskan Malamute	Hoch	Doppelt	Hoch	Regulär	Täglich	Monatlich	Gelegentlich
Australischer Rinderhund	Niedrig	Kurz	Mäßig	Regulär	Wöchentlich	Monatlich	Wie benötigt
Australischer Hirte	Mäßig	Mittellang	Mäßig	Regulär	Wöchentlich	Monatlich	Gelegentlich
Beagle	Niedrig	Kurz	Niedrig	Regulär	Wöchentlich	Monatlich	Wie benötigt
Belgischer Malinois	Mäßig	Kurz	Mäßig	Regulär	Wöchentlich	Monatlich	Wie benötigt
Berner Sennenhund	Hoch	Lang	Hoch	Regulär	Täglich	Monatlich	Gelegentlich
Bichon Frise	Hoch	Lockig	Niedrig	Regulär	Täglich	Monatlich	Regelmäßig
Border Collie	Mäßig	Mittellang	Mäßig	Regulär	Wöchentlich	Monatlich	Gelegentlich
Boston Terrier	Niedrig	Kurz	Niedrig	Regulär	Wöchentlich	Monatlich	Wie benötigt
Boxer	Niedrig	Kurz	Niedrig	Regulär	Wöchentlich	Monatlich	Wie benötigt
Bretagne	Mäßig	Mittel	Mäßig	Regulär	Wöchentlich	Monatlich	Gelegentlich
Bulldogge (Englisch/Französisch)	Niedrig	Kurz	Niedrig	Regulär	Wöchentlich	Monatlich	Wie benötigt
Cane Corso	Niedrig	Kurz	Niedrig	Regulär	Wöchentlich	Monatlich	Wie benötigt
Strickjacke Waliser Corgi	Mäßig	Mittel	Mäßig	Regulär	Wöchentlich	Monatlich	Gelegentlich
Cavalier King Charles Spaniel	Mäßig	Mittellang	Mäßig	Regulär	Wöchentlich	Monatlich	Gelegentlich
Chihuahua	Niedrig	Kurz	Niedrig	Regulär	Wöchentlich	Monatlich	Wie benötigt
Cocker Spaniel	Hoch	Mittellang	Hoch	Regulär	Täglich	Monatlich	Regelmäßig
Dackel	Niedrig	Kurz	Niedrig	Regulär	Wöchentlich	Monatlich	Wie benötigt
Dobermann pinscher	Niedrig	Kurz	Niedrig	Regulär	Wöchentlich	Monatlich	Wie benötigt
Englischer Cocker Spaniel	Hoch	Mittellang	Hoch	Regulär	Täglich	Monatlich	Regelmäßig
Englischer Setter	Hoch	Lang	Hoch	Regulär	Täglich	Monatlich	Regelmäßig
Deutscher Schäferhund	Mäßig	Mittellang	Mäßig	Regulär	Wöchentlich	Monatlich	Gelegentlich
Golden Retriever	Hoch	Lang	Hoch	Regulär	Täglich	Monatlich	Gelegentlich
Deutsche Dogge	Niedrig	Kurz	Niedrig	Regulär	Wöchentlich	Monatlich	Wie benötigt
Labrador Retriever	Niedrig	Kurz	Niedrig	Regulär	Wöchentlich	Monatlich	Wie benötigt
Leonberger	Hoch	Lang	Hoch	Regulär	Täglich	Monatlich	Gelegentlich
maltesisch	Hoch	Lang	Niedrig	Regulär	Täglich	Monatlich	Regelmäßig

Ein unverzichtbarer Ratgeber für Hundeliebhaber

Kapitel 17

40 Hygienedetails für beliebte Rassen, Teil II

Züchten	Pflegebedürfnisse	Felltyp	Abwurfniveau	Frequenz	Bürsten	Baden	Trimmen
Zwergschnauzer	Hoch	Rauhaarig	Niedrig	Regulär	Täglich	Monatlich	Regelmäßig
Norwegischer Elchhund	Mäßig	Kurz	Mäßig	Regulär	Wöchentlich	Monatlich	Wie benötigt
Pudel (Standard/Mini/Spielzeug)	Hoch	Lockig	Niedrig	Regulär	Täglich	Monatlich	Regelmäßig
Portugiesischer Wasserhund	Hoch	Lockig	Niedrig	Regulär	Täglich	Monatlich	Regelmäßig
Mops	Niedrig	Kurz	Niedrig	Regulär	Täglich	Monatlich	Wie benötigt
Rottweiler	Niedrig	Kurz	Niedrig	Regulär	Wöchentlich	Monatlich	Wie benötigt
Shiba Inu	Mäßig	Doppelt	Mäßig	Regulär	Wöchentlich	Monatlich	Wie benötigt
Shih Tzu	Hoch	Lang	Niedrig	Regulär	Täglich	Monatlich	Regelmäßig
Sibirischer Husky	Mäßig	Mittel	Hoch	Regulär	Wöchentlich	Monatlich	Gelegentlich
Staffordshire bull terrier	Niedrig	Kurz	Niedrig	Regulär	Wöchentlich	Monatlich	Wie benötigt
Volpino Italiano	Mäßig	Doppelt	Mäßig	Regulär	Wöchentlich	Monatlich	Wie benötigt
Welsh Springer Spaniel	Mäßig	Mittellang	Mäßig	Regulär	Wöchentlich	Monatlich	Gelegentlich
Yorkshire Terrier	Hoch	Lang	Niedrig	Regulär	Täglich	Monatlich	Regelmäßig

Bitte beachten Sie, dass die Tabelle einen allgemeinen Überblick bietet und einzelne Hunde möglicherweise spezifische Pflegebedürfnisse haben, die variieren können. Es ist immer eine gute Idee, die rassespezifischen Pflegerichtlinien zu konsultieren oder einen professionellen Hundefriseur für eine individuelle Beratung zu konsultieren.

Bitte beachten Sie, dass die Tabelle einen allgemeinen Überblick bietet und einzelne Hunde möglicherweise spezifische Pflegebedürfnisse haben, die variieren können. Es ist immer eine gute Idee, die rassespezifischen Pflegerichtlinien zu konsultieren oder einen professionellen Hundefriseur für eine individuelle Beratung zu konsultieren.

40 Trainingsaspekte beliebter Rassen
40 Trainingsaspekte beliebter Rassen, Teil I

Rassenname	Trainierbarkeit	Intelligenz	Übungsbedarf	Sozialisierungsbedürfnisse	Trainingstipps
Alaskan Malamute	Mäßig	Hoch	Hoch	Hoch	Nutzen Sie im Training positive Verstärkung und Konsequenz
Australischer Rinderhund	Hoch	Hoch	Hoch	Hoch	Sorgen Sie für geistige Anregung und regelmäßige Bewegung
Australischer Hirte	Hoch	Hoch	Hoch	Hoch	Konzentrieren Sie sich beim Training auf geistige und körperliche Aktivitäten
Beagle	Mäßig	Mäßig	Mäßig	Hoch	Nutzen Sie Belohnungen und Leckereien zur Motivation im Training
Belgischer Malinois	Hoch	Hoch	Hoch	Hoch	Lenken Sie ihre Energie in strukturierte Trainingseinheiten
Berner Sennenhund	Mäßig	Durchschnitt	Mäßig	Mäßig	Nutzen Sie positive Verstärkung und sanfte Trainingsmethoden
Bichon Frise	Mäßig	Hoch	Mäßig	Hoch	Nutzen Sie im Training positive Verstärkung und Konsequenz
Border Collie	Hoch	Hoch	Hoch	Hoch	Sorgen Sie im Training für geistige und körperliche Herausforderungen
Boston Terrier	Mäßig	Durchschnitt	Mäßig	Mäßig	Nutzen Sie im Training positive Verstärkung und Konsequenz
Boxer	Mäßig	Durchschnitt	Hoch	Hoch	Beginnen Sie früh mit dem Training und nutzen Sie positive Verstärkung
Bretagne	Hoch	Durchschnitt	Hoch	Hoch	Sorgen Sie für geistige und körperliche Übungen zum Training
Bulldogge (Englisch/ Französisch)	Niedrig	Durchschnitt	Niedrig	Mäßig	Nutzen Sie im Training positive Verstärkung und Geduld

Ein unverzichtbarer Ratgeber für Hundeliebhaber

Kapitel 17

40 Trainingsaspekte beliebter Rassen, Teil II

Rassenname	Trainierbarkeit	Intelligenz	Übungsbedarf	Sozialisierungsbedürfnisse	Ausbildung Tipps
Cane Corso	Mäßig	Hoch	Hoch	Hoch	Legen Sie im Training einheitliche Regeln und Grenzen fest
Strickjacke Waliser Corgi	Hoch	Hoch	Mäßig	Hoch	Nutzen Sie positive Verstärkung und mentale Stimulation
Cavalier King Charles Spaniel	Mäßig	Durchschnitt	Mäßig	Hoch	Nutzen Sie Belohnungen und positive Verstärkung im Training
Chihuahua	Niedrig	Durchschnitt	Niedrig	Mäßig	Nutzen Sie sanfte Trainingsmethoden und positive Verstärkung
Cocker Spaniel	Mäßig	Durchschnitt	Mäßig	Hoch	Sorgen Sie für mentale Stimulation und positive Verstärkung
Dackel	Mäßig	Durchschnitt	Mäßig	Mäßig	Seien Sie geduldig und konsequent im Training
Dobermannpinscher	Hoch	Hoch	Hoch	Hoch	Sorgen Sie für konsequentes Training und positive Verstärkung
Englischer Cocker Spaniel	Mäßig	Durchschnitt	Mäßig	Hoch	Nutzen Sie im Training positive Verstärkung und Konsequenz
Englischer Setter	Mäßig	Durchschnitt	Mäßig	Hoch	Nutzen Sie positive Verstärkung und mentale Stimulation
Deutscher Schäferhund	Hoch	Hoch	Hoch	Hoch	Sorgen Sie für konsequentes Training und mentale Stimulation
Golden Retriever	Hoch	Hoch	Hoch	Hoch	Nutzen Sie im Training positive Verstärkung und Konsequenz
Deutsche Dogge	Niedrig	Durchschnitt	Mäßig	Mäßig	Beginnen Sie frühzeitig mit dem Training und nutzen Sie sanfte Trainingsmethoden

Von Sorgen zu Schwanzwedeln

Erkunde die Dunkle Seite des Hundelebens

40 Trainingsaspekte beliebter Rassen, Teil III

Rassenname	Trainierbarkeit	Intelligenz	Übungsbedarf	Sozialisierungsbedürfnisse	Ausbildung Tipps
Labrador Retriever	Hoch	Hoch	Hoch	Hoch	Nutzen Sie im Training positive Verstärkung und Konsequenz
Leonberger	Mäßig	Hoch	Hoch	Hoch	Nutzen Sie positive Verstärkung und Sozialisationstraining
maltesisch	Mäßig	Durchschnitt	Niedrig	Hoch	Nutzen Sie positive Verstärkung und seien Sie geduldig im Training
Zwergschnauzer	Mäßig	Hoch	Mäßig	Hoch	Nutzen Sie im Training positive Verstärkung und Konsequenz
Norwegischer Elchhund	Mäßig	Durchschnitt	Hoch	Hoch	Beginnen Sie frühzeitig mit dem Training und sorgen Sie für mentale Stimulation
Pudel (Standard/Mini/Spielzeug)	Hoch	Hoch	Mäßig	Hoch	Nutzen Sie positive Verstärkung und mentale Stimulation
Portugiesischer Wasserhund	Hoch	Hoch	Hoch	Hoch	Sorgen Sie für geistige und körperliche Übungen zum Training
Mops	Niedrig	Durchschnitt	Niedrig	Mäßig	Nutzen Sie positive Verstärkung und seien Sie geduldig im Training
Rottweiler	Mäßig	Hoch	Hoch	Hoch	Etablieren Sie einheitliche Führung und Grenzen
Shiba Inu	Mäßig	Durchschnitt	Hoch	Mäßig	Nutzen Sie im Training positive Verstärkung und Konsequenz
Shih Tzu	Niedrig	Durchschnitt	Niedrig	Mäßig	Nutzen Sie Belohnungen und positive Verstärkung im Training

Ein unverzichtbarer Ratgeber für Hundeliebhaber

40 Trainingsaspekte beliebter Rassen, Teil IV

Rassenname	Trainierbarkeit	Intelligenz	Übungsbedarf	Sozialisierungsbedürfnisse	Ausbildung Tipps
Sibirischer Husky	Mäßig	Hoch	Hoch	Hoch	Nutzen Sie positive Verstärkung und sorgen Sie für ausreichend Bewegung
Staffordshire bull terrier	Mäßig	Durchschnitt	Hoch	Hoch	Nutzen Sie im Training positive Verstärkung und Konsequenz
Volpino Italiano	Mäßig	Hoch	Mäßig	Hoch	Nutzen Sie positive Verstärkung und Sozialisationstraining
Welsh Springer Spaniel	Hoch	Durchschnitt	Hoch	Hoch	Sorgen Sie für geistige und körperliche Übungen zum Training
Yorkshire Terrier	Mäßig	Durchschnitt	Niedrig	Mäßig	Nutzen Sie im Training positive Verstärkung und Konsequenz

Bitte beachten Sie, dass Trainingsfähigkeit, Intelligenz, Trainingsbedarf, Sozialisierungsbedarf und Trainingstipps innerhalb jeder Rasse variieren können und einzelne Hunde möglicherweise einzigartige Eigenschaften und Anforderungen haben. Diese Tabelle bietet einen allgemeinen Überblick, der Besitzern dabei helfen soll, ihre Hunde effektiv zu trainieren.

<u>Denken Sie auch daran, lieber Besitzer, das Training sollte für uns beide eine unterhaltsame und spannende Erfahrung sein.</u> Halten Sie die Sitzungen kurz, interaktiv und voller Liebe.

40 allgemeine Gesundheits, und Altersdaten beliebter Rassen

40 allgemeine Gesundheits- und Altersdaten beliebter Rassen, Teil I

Züchten	Häufige Gesundheitsprobleme / Veranlagungen	Durchschnittliche Lebensdauer	Energielevel	Empfohlene Impfungen	Vorsorge
Alaskan Malamute	Hüftdysplasie, Chondrodysplasie, Katarakte	10-14 Jahre	Hoch	Regelmäßige Nachuntersuchung	Regelmäßige Bewegung, geistige Stimulation, Gelenkergänzungen
Australischer Rinderhund	Hüftdysplasie, progressive Netzhautatrophie	12-15 Jahre	Sehr hoch	Vorbeugende Impfungen	Regelmäßige Bewegung, geistige Stimulation, Training
Australischer Hirte	Hüftdysplasie, Collie-Augenanomalie, Epilepsie	12-15 Jahre	Hoch	Routinemäßige tierärztliche Versorgung	Regelmäßige Bewegung, geistige Stimulation, Gehorsamstraining
Beagle	Bandscheibenerkrankung, Epilepsie	12-15 Jahre	Mäßig	Vorbeugende Impfungen	Regelmäßige Bewegung, geistige Stimulation, Gewichtskontrolle
Belgischer Malinois	Hüftdysplasie, progressive Netzhautatrophie	10-12 Jahre	Sehr hoch	Regelmäßige Nachuntersuchung	Regelmäßige Bewegung, geistige Stimulation, Gehorsamstraining
Berner Sennenhund	Hüftdysplasie, Ellenbogendysplasie, Krebs	7-10 Jahre	Mäßig	Vorbeugende Impfungen	Regelmäßige Bewegung, Gelenkpräparate, regelmäßige Kontrolluntersuchungen
Bichon Frise	Patellaluxation, Allergien	14-16 Jahre	Mäßig	Routinemäßige tierärztliche Versorgung	Regelmäßige Pflege, Zahnhygiene, richtige Ernährung
Border Collie	Hüftdysplasie, Collie-Augenanomalie, Epilepsie	12-15 Jahre	Sehr hoch	Vorbeugende Impfungen	Regelmäßige Bewegung, geistige Stimulation, Gehorsamstraining
Boston Terrier	Brachyzephales Syndrom, Patellaluxation	11-13 Jahre	Mäßig	Regelmäßige tierärztliche Betreuung	Regelmäßige Bewegung, Zahnhygiene, Gewichtskontrolle
Boxer	Hüftdysplasie, Boxerkardiomyopathie	10-12 Jahre	Hoch	Vorbeugende Impfungen	Regelmäßige Bewegung, geistige Anregung, regelmäßige Kontrolluntersuchungen
Bretagne	Hüftdysplasie, Epilepsie	12-14 Jahre	Hoch	Routinemäßige tierärztliche Versorgung	Regelmäßige Bewegung, geistige Stimulation, Gehorsamstraining
Bulldogge (Englisch / Französisch)	Brachyzephales Syndrom, Hüftdysplasie	8-10 Jahre	Niedrig bis mäßig	Regelmäßige Nachuntersuchung	Regelmäßige Bewegung, Zahnhygiene, Gewichtskontrolle
Cane Corso	Hüftdysplasie, dilatative Kardiomyopathie	9-12 Jahre	Mäßig	Vorbeugende Impfungen	Regelmäßige Bewegung, geistige Anregung, regelmäßige Kontrolluntersuchungen

Ein unverzichtbarer Ratgeber für Hundeliebhaber

Kapitel 17

40 allgemeine Gesundheits- und Altersdaten beliebter Rassen, Teil II

Züchten	Häufige Gesundheitsprobleme / Veranlagungen	Durchschnittliche Lebensdauer	Energielevel	Empfohlene Impfungen	Vorsorge
Strickjacke Waliser Corgi	Progressive Netzhautatrophie, Bandscheibenerkrankung	12-15 Jahre	Mäßig	Vorbeugende Impfungen	Regelmäßige Bewegung, geistige Stimulation, Gewichtskontrolle
Cocker Spaniel	Progressive Netzhautatrophie, Hüftdysplasie	12-15 Jahre	Mäßig	Vorbeugende Impfungen	Regelmäßige Bewegung, geistige Anregung, regelmäßige Kontrolluntersuchungen
Dackel	Bandscheibenerkrankung, Patellaluxation	12-16 Jahre	Mäßig	Routinemäßige tierärztliche Versorgung	Regelmäßige Bewegung, geistige Stimulation, Gewichtskontrolle
Dobermannpinscher	Dilatative Kardiomyopathie, Wobbler-Syndrom	10-13 Jahre	Hoch	Vorbeugende Impfungen	Regelmäßige Bewegung, geistige Stimulation, Gehorsamstraining
Englischer Cocker Spaniel	Hüftdysplasie, progressive Netzhautatrophie	12-14 Jahre	Mäßig	Routinemäßige tierärztliche Versorgung	Regelmäßige Bewegung, geistige Anregung, regelmäßige Kontrolluntersuchungen
Englischer Setter	Hüftdysplasie, Hypothyreose	10-12 Jahre	Mäßig	Vorbeugende Impfungen	Regelmäßige Bewegung, geistige Anregung, regelmäßige Kontrolluntersuchungen
Deutscher Schäferhund	Hüftdysplasie, Degenerative Myelopathie	9-13 Jahre	Hoch	Vorbeugende Impfungen	Regelmäßige Bewegung, geistige Stimulation, Gehorsamstraining
Golden Retriever	Hüftdysplasie, Lymphom, progressive Netzhautatrophie	10-12 Jahre	Hoch	Routinemäßige tierärztliche Versorgung	Regelmäßige Bewegung, geistige Anregung, regelmäßige Kontrolluntersuchungen
Deutsche Dogge	Dilatative Kardiomyopathie, Magendilatation-Volvulus	6-8 Jahre	Niedrig	Vorbeugende Impfungen	Regelmäßige Bewegung, geistige Anregung, regelmäßige Kontrolluntersuchungen
Leonberger	Hüftdysplasie, Osteosarkom	8-10 Jahre	Mäßig	Regelmäßige tierärztliche Betreuung	Regelmäßige Bewegung, geistige Stimulation, Gelenkergänzungen
maltesisch	Patellaluxation, portosystemischer Shunt	12-15 Jahre	Niedrig	Routinemäßige Tierarztbesuche	Regelmäßige Körperpflege, Zahnhygiene, Gewichtskontrolle
Zwergschnauzer	Progressive Netzhautatrophie, Pankreatitis	12-15 Jahre	Mäßig	Vorbeugende Impfungen	Regelmäßige Bewegung, geistige Anregung, regelmäßige Kontrolluntersuchungen

Erkunde die Dunkle Seite des Hundelebens

10 super hilfreiche Tabellen

40 allgemeine Gesundheits- und Altersdaten beliebter Rassen, Teil III

Züchten	Häufige Gesundheitsprobleme / Veranlagungen	Durchschnittliche Lebensdauer	Energielevel	Empfohlene Impfungen	Vorsorge
Norwegischer Elchhund	Hüftdysplasie, progressive Netzhautatrophie	12-15 Jahre	Mäßig	Routinemäßige tierärztliche Versorgung	Regelmäßige Bewegung, geistige Stimulation, Gewichtskontrolle
Pudel (Standard/Mini/Spielzeug)	Hüftdysplasie, progressive Netzhautatrophie	10-18 Jahre	Hoch	Vorbeugende Impfungen	Regelmäßige Bewegung, geistige Anregung, regelmäßige Kontrolluntersuchungen
Portugiesischer Wasserhund	Hüftdysplasie, progressive Netzhautatrophie	10-14 Jahre	Mäßig	Vorbeugende Impfungen	Regelmäßige Bewegung, geistige Anregung, regelmäßige Kontrolluntersuchungen
Mops	Brachyzephales Syndrom, Patellaluxation	12-15 Jahre	Niedrig	Regelmäßige tierärztliche Betreuung	Regelmäßige Bewegung, Zahnhygiene, Gewichtskontrolle
Shiba Inu	Patellaluxation, Allergien	12-15 Jahre	Mäßig	Regelmäßige Kontrolluntersuchungen	Regelmäßige Bewegung, geistige Stimulation, Zahnhygiene
Shih Tzu	Brachyzephales Syndrom, Patellaluxation	10-18 Jahre	Niedrig bis mäßig	Routinemäßige tierärztliche Versorgung	Regelmäßige Bewegung, Körperpflege, Zahnhygiene, Gewichtskontrolle
Sibirischer Husky	Hüftdysplasie, progressive Netzhautatrophie	12-14 Jahre	Hoch	Vorbeugende Impfungen	Regelmäßige Bewegung, geistige Anregung, regelmäßige Kontrolluntersuchungen
Staffordshire bull terrier	L-2-Hydroxyglutarsäureurie, Patellaluxation	12-14 Jahre	Hoch	Vorbeugende Impfungen	Regelmäßige Bewegung, geistige Anregung, regelmäßige Kontrolluntersuchungen
Volpino Italiano	Patellaluxation, progressive Netzhautatrophie	14-16 Jahre	Mäßig	Routinemäßige tierärztliche Versorgung	Regelmäßige Bewegung, geistige Anregung, regelmäßige Kontrolluntersuchungen
Welsh Springer Spaniel	Hüftdysplasie, progressive Netzhautatrophie	12-15 Jahre	Mäßig	Vorbeugende Impfungen	Regelmäßige Bewegung, geistige Anregung, regelmäßige Kontrolluntersuchungen

Ein unverzichtbarer Ratgeber für Hundeliebhaber

40 allgemeine Gesundheits- und Altersdaten beliebter Rassen, Teil IV

Züchten	Häufige Gesundheitsprobleme / Veranlagungen	Durchschnittliche Lebensdauer	Energielevel	Empfohlene Impfungen	Vorsorge
Yorkshire-Terrier	Portosystemischer Shunt, Trachealkollaps	12-15 Jahre	Niedrig bis mäßig	Routinemäßige Tierarztbesuche	Regelmäßige Bewegung, Zahnhygiene, Gewichtskontrolle

Bitte beachten Sie, dass Trainingsfähigkeit, Intelligenz, Trainingsbedarf, Sozialisierungsbedarf und Trainingstipps innerhalb jeder Rasse variieren können und einzelne Hunde möglicherweise einzigartige Eigenschaften und Anforderungen haben. Diese Tabelle bietet einen allgemeinen Überblick, der Besitzern dabei helfen soll, ihre Hunde effektiv zu trainieren.

Denken Sie auch daran, lieber Besitzer, das Training sollte für uns beide eine unterhaltsame und spannende Erfahrung sein. Halten Sie die Sitzungen kurz, interaktiv und voller Liebe.

Entdecken Sie die dunkle Seite des Hundelebens

40 Physiologiedaten Beliebter Rassen

40 Physiologiedaten beliebter Rassen, Teil I

Züchten	Größe	Höhe (cm)	Gewicht (kg)	Mantel
Alaskan Malamute	Groß	61 - 66	Männlich: 38-50 Weiblich: 34-40	Dicker, doppelter Mantel
Australischer Rinderhund	Mittel	43 - 51	Männlich: 15-22 Weiblich: 14-20	Kurzes, dichtes Fell
Australischer Hirte	Mittelgroß	46 - 58	Männlich: 25-32 Weiblich: 16-32	Mittellanges, doppeltes Fell
Beagle	Klein-Mittel	33 - 41	Männlich: 10-12 Weiblich: 9-10	Kurzer, glatter Mantel
Belgischer Malinois	Mittelgroß	61 - 66	Männlich: 25-30 Weiblich: 22-25	Kurzes, dichtes Fell
Berner Sennenhund	Groß	58 - 70	Männlich: 45-50 Weiblich: 38-50	Langes, dickes, gewelltes Fell
Bichon Frise	Klein-Mittel	23 - 30	Männlich: 3-5,5 Weiblich: 3-5	Lockiges, dichtes Fell
Border Collie	Mittel	46 - 53	Männlich: 14-20 Weiblich: 12-15	Mittellanges, doppeltes Fell
Boston Terrier	Klein-Mittel	38 - 43	Männlich: 5-11 Weiblich: 4-7	Kurzes, glattes Fell
Boxer	Mittelgroß	53 - 63	Männlich: 25-32 Weiblich: 22-29	Kurzes, glattes Fell
Bretagne	Mittel	43 - 52	Männlich: 14-18, Weiblich: 12,5–15,5	Mittellanges, gewelltes Fell
Bulldogge (Englisch/ Französisch)	Mittel	31 - 40	Männlich 22-25 Weiblich 18-23	Kurzes, glattes Fell
Cane Corso	Groß	64 - 68	Männlich: 45-50 Weiblich: 40-45	Kurzes, dichtes Fell
Strickjacke Waliser Corgi	Klein-Mittel	25 - 31	Männlich: 12–17 Weiblich: 11-15	Mittellanges, dichtes Fell
Cavalier King Charles Spaniel	Klein-Mittel	30 - 33	Männlich weiblich 5-9	Langer, seidiger Mantel
Chihuahua	Winzig-Klein	15 - 23	Männlich weiblich 1,5-3	Kurzes, glattes Fell
Cocker Spaniel	Mittel	36 - 41	Männlich: 12–16 Weiblich: 11-14	Mittellanges, seidiges Fell
Dackel	Klein-Mittel	13 - 23	Männlich weiblich 5-12	Kurzes, glattes Fell
Dobermann pinscher	Groß	63 - 72	Männlich: 34-45 Weiblich: 27-41	Kurzes, glattes Fell
Englischer Cocker Spaniel	Mittel	38 - 43	Männlich: 13-1 Weiblich: 12-15	Mittellanges, seidiges Fell
Englischer Setter	Mittelgroß	61 - 69	Männlich: 25-36 Weiblich: 20-30	Langer, seidiger Mantel

Ein unverzichtbarer Ratgeber für Hundeliebhaber

40 Physiologiedaten beliebter Rassen, Teil II

Züchten	Größe	Höhe (cm)	Gewicht (kg)	Mantel
Deutscher Schäferhund	Groß	55 - 65	Männlich: 30-40 Weiblich: 22-32	Doppeltes Fell mit dichter Unterwolle
Golden Retriever	Groß	51 - 61	Männlich: 29-34 Weiblich: 25-32	Dichtes, wasserabweisendes Fell
Deutsche Dogge	Großer Riese	71 - 86	Männlich: 54-90 Weiblich: 45-59	Kurzes, glattes Fell
Labrador Retriever	Groß	55 - 62	Männlich: 29-36 Weiblich: 25-32	Kurzes, dichtes Fell
Leonberger	Großer Riese	65 - 80	Männlich: 54-77 Weiblich: 41-54	Dichtes, wasserbeständiges Fell
maltesisch	Winzig-Klein	20 - 25	Männlich: 5,5-8 Weiblich: 4,5-6,5	Langer, seidiger Mantel
Zwergschnauzer	Klein-Mittel	30 - 36	Männlich: 5–8, Weiblich: 4–6	Doppelter Anstrich mit drahtigem Decklack
Norwegischer Elchhund	Mittel	48 - 53	Männlich: 23–28 Weiblich: 18–23	Doppeltes Fell mit dichter Unterwolle
Pudel (Standard/ Mini/ Spielzeug)	Klein groß	24 - 60	Standard: Männlich: 18–32 Weiblich: 18–27 Miniatur: Männlich: 4–6 Weiblich: 3,5–5 Spielzeug: Männlich: 2–4 Weiblich: 2-3	Lockiges, hypoallergenes Fell
Portugiesischer Wasserhund	Mittelgroß	43 - 57	Männlich: 19–27 Weiblich: 16-23	Lockiges, wasserabweisendes Fell
Mops	Klein-Mittel	25 - 36	Männlich: 6-9 Weiblich 5-8	Kurzes, glattes Fell
Rottweiler	Groß	56 - 69	Männlich: 50-60, Weiblich: 35-48	Kurzes, dichtes Fell
Shiba Inu	Mittel	35 - 43	Männlich: 10–11 Weiblich: 8–9	Doppelmantel mit geradem Deckhaar
Shih Tzu	Klein	20 - 28	Männlich und weiblich 4-9	Langes, fließendes Fell
Sibirischer Husky	Mittelgroß	50 - 60	Männlich: 20-28 Weiblich: 16-23	Dicker, doppelter Mantel
Staffordshire bull terrier	Mittel	35 - 40	Männlich: 13–17 Weiblich: 11–16	Kurzes, glattes Fell
Volpino Italiano	Klein	26 - 30	Männlich: 4-5 Weiblich 3-4	Dichtes, doppeltes Fell
Welsh Springer Spaniel	Mittel	46 - 48	Männlich: 20-25 Weiblich: 16-20	Mittellanges, gewelltes Fell
Yorkshire Terrier	Winzig-Klein	17 - 23	Männlich und weiblich 2-3	Langer, seidiger Mantel

Bitte beachten Sie, dass die bereitgestellten Informationen allgemeiner Natur sind und bei einzelnen Welpen, sogar innerhalb derselben Rasse, variieren können. Es ist wichtig, einen Tierarzt oder einen Experten zu konsultieren, um eine individuelle, auf die Einzelheiten Ihres Hundes zugeschnittene Beratung zu erhalten .

Erkunde die Dunkle Seite des Hundelebens

40 Intelligenzniveau Beliebter Rassen

40 Intelligenzniveau beliebter Rassen, Teil I

Stufe 1: Die klügsten Hunde	Hunde dieser Stufe gelten als die intelligentesten und können einen neuen Befehl in weniger als 5 Wiederholungen erlernen. Sie neigen auch dazu, neue Befehle schnell zu verstehen und können Befehle auf neue Situationen übertragen.
Stufe 2 Ausgezeichnete Arbeitshunde	Hunde dieser Stufe sind hochintelligent und können einen neuen Befehl in weniger als 5–15 Wiederholungen erlernen. Sie neigen dazu, neue Befehle schnell zu verstehen und können Befehle auf neue Situationen übertragen.
Stufe 3 Überdurchschnittlich gute Arbeitshunde	Hunde dieser Stufe gelten hinsichtlich ihrer Intelligenz als überdurchschnittlich gut und können einen neuen Befehl in weniger als 15–25 Wiederholungen erlernen. Sie benötigen möglicherweise mehr Wiederholungen, um neue Befehle zu verstehen, sind aber dennoch in der Lage, Befehle auf neue Situationen zu übertragen.
Stufe 4 Durchschnittliche Arbeitshunde	Hunde dieser Stufe gelten hinsichtlich ihrer Intelligenz als durchschnittlich und können einen neuen Befehl in weniger als 25–40 Wiederholungen erlernen. Sie benötigen möglicherweise mehr Wiederholungen, um neue Befehle zu verstehen, und haben möglicherweise Schwierigkeiten, Befehle auf neue Situationen zu übertragen.
Stufe 5 Faire Arbeitshunde	Hunde dieser Stufe gelten hinsichtlich ihrer Intelligenz als mittelmäßig und können einen neuen Befehl in weniger als 40–80 Wiederholungen erlernen. Sie haben möglicherweise Schwierigkeiten, neue Befehle zu verstehen, und benötigen möglicherweise mehr Wiederholungen, um sie zu lernen.
Stufe 6: Geringster Arbeitsgrad	Hunde dieser Stufe gelten als am wenigsten intelligent und haben möglicherweise Schwierigkeiten, neue Befehle zu lernen, sie zu verstehen oder sie auf neue Situationen zu übertragen. Sie können mehr als 100 Wiederholungen benötigen, um einen neuen Befehl zu lernen.

Züchten	Stufe 1	Rang 2	Stufe 3	Stufe 4	Stufe 5	Stufe 6
Alaskan Malamute						20 %
Australisches Rind		85 %				
Australischer Hirte		85 %				
Beagle						30 %
Belgischer Malinois			30 %			
Berner Berg					50 %	
Bichon Frise						25 %
Border Collie	95 %					
Boston Terrier						40 %
Boxer				50 %		

Ein unverzichtbarer Ratgeber für Hundeliebhaber

40 Intelligenzniveau beliebter Rassen, Teil II

Züchten	Stufe 1	Rang 2	Stufe 3	Stufe 4	Stufe 5	Stufe 6
Bretagne			30 %			
Bulldogge (Englisch/Französisch)						40 %
Cane Corso						30 %
Strickjacke Waliser Corgi						80 %
Cavalier King Charles Spaniel						50 %
Chihuahua						30 %
Cocker Spaniel						30 %
Dackel						25 %
Dobermann pinscher	85 %					
Englischer Cocker Spaniel						50 %
Englischer Setter						40 %
Deutscher Schäferhund	95 %					
Golden Retriever	95 %					
Deutsche Dogge						25 %
Labrador Retriever				85 %		
Leonberger						50 %
maltesisch						50 %
Zwergschnauzer						50 %
Norwegischer Elchhund						30 %
Pudel (Standard/Mini/Spielzeug)	95 %					
Portugiesisches Wasser						50 %
Mops						25 %
Rottweiler				85 %		
Shiba Inu						40 %
Shih Tzu						70 %
Sibirischer Husky					85 %	
Staffordshire bull terrier						40 %
Volpino Italiano						Keine Daten
Welsh Springer Spaniel			50 %			
Yorkshire-Terrier						30 %

Bitte beachten Sie, dass Intelligenz auf unterschiedliche Weise gemessen werden kann und dies nur eine Rangfolge ist, die auf einem bestimmten Satz von Kriterien basiert. Darüber hinaus ist jeder einzelne Hund einzigartig und kann unabhängig von der Rasse seine eigene Intelligenz und Problemlösungsfähigkeiten aufweisen.

Erkunde die Dunkle Seite des Hundelebens

40 beliebte Rassen: Nickerchen, Spaziergang und Innen-/Außenprofil

Züchten	Schlafzeiten	Tägliche Gehzeiten	Übungsbedarf	Drinnen draußen
Alaskan Malamute	14-16	2-3	Hoch	Draussen
Australischer Rinderhund	12-14	2-3	Hoch	Draussen
Australischer Hirte	12-14	2-3	Hoch	Draussen
Beagle	12-14	1-2	Mäßig	Beide
Belgischer Malinois	12-14	2-3	Hoch	Draussen
Berner Sennenhund	14-16	2-3	Mäßig	Draussen
Bichon Frise	14-16	1-2	Mäßig	Drinnen
Border Collie	12-14	2-3	Hoch	Draussen
Boston Terrier	12-14	1-2	Mäßig	Beide
Boxer	12-14	1-2	Hoch	Drinnen
Bretagne	12-14	2-3	Hoch	Draussen
Bulldogge (Englisch/Französisch)	14-16	1-2	Niedrig	Drinnen
Cane Corso	12-14	1-2	Mäßig	Beide
Strickjacke Waliser Corgi	12-14	1-2	Mäßig	Drinnen
Cavalier King Charles Spaniel	12-14	1-2	Mäßig	Drinnen
Chihuahua	14-16	1	Niedrig	Drinnen
Cocker Spaniel	12-14	1-2	Mäßig	Beide
Dackel	12-14	1-2	Mäßig	Beide
Dobermannpinscher	12-14	2-3	Hoch	Draussen
Englischer Cocker Spaniel	12-14	2-3	Mäßig	Beide
Englischer Setter	12-14	2-3	Mäßig	Draussen
Deutscher Schäferhund	12-14	2-3	Hoch	Draussen
Golden Retriever	12-14	2-3	Hoch	Draussen
Deutsche Dogge	14-16	1-2	Niedrig	Drinnen
Labrador Retriever	12-14	2-3	Hoch	Draussen

Ein unverzichtbarer Ratgeber für Hundeliebhaber

Kapitel 17

40 beliebte Rassen: Nickerchen, Spaziergang und Innen-/Außenprofil, Teil II					
Züchten	Schlafzeiten	Tägliche Gehzeiten	Übungsbedarf	Drinnen draußen
Leonberger	12-14	2-3	Mäßig	Draussen
maltesisch	14-16	1-2	Niedrig	Drinnen
Zwergschnauzer	12-14	1-2	Mäßig	Drinnen
Norwegischer Elchhund	12-14	1-2	Mäßig	Beide
Pudel (Standard/ Mini/Spielzeug)	12-14	1-2	Mäßig	Drinnen
Portugiesischer Wasserhund	12-14	2-3	Hoch	Beide
Mops	14-16	1-2	Niedrig	Drinnen
Rottweiler	12-14	2-3	Hoch	Draussen
Shiba Inu	14-16	1-2	Mäßig	Beide
Shih Tzu	14-16	1-2	Niedrig	Drinnen
Sibirischer Husky	14-16	2-3	Hoch	Draussen
Staffordshire bull terrier	12-14	2-3	Hoch	Beide
Volpino Italiano	12-14	1-2	Mäßig	Drinnen
Welsh Springer Spaniel	12-14	2-3	Hoch	Draussen
Yorkshire-Terrier	14-16	1-2	Niedrig	Drinnen

Denken Sie daran, dass es sich hierbei um allgemeine Richtlinien handelt und dass einzelne Hunde je nach Alter, Gesundheitszustand und allgemeinem Energieniveau leicht unterschiedliche Bedürfnisse haben können. Konsultieren Sie immer einen Tierarzt, um sicherzustellen, dass Sie die spezifischen Anforderungen Ihres pelzigen Freundes erfüllen. Viel Spaß beim Schlummern und Wedeln!

Von Sorgen zu Schwanzwedeln

Entwicklung des Welpenlebensstadiums

Tabelle zur Entwicklung der Lebensstadien eines Welpen

Alter (Wochen)	Körperliche Entwicklung	Verhaltensentwicklung	Meilensteine der Ausbildung	Gesundheitspflege	Fütterungsplan	Üben aufs Töpfchen zu gehen	Sozialisation
1-2	Augen und Ohren öffnen sich	Krabbeln, eingeschränkte Mobilität	Keiner	Erster Besuch beim Tierarzt	Häufiges Stillen durch die Mutter	Noch nicht eingeleitet	Früher Kontakt mit sanfter menschlicher Berührung
3-4	Ich fange an zu laufen	Sinne und Bewusstsein entwickeln	Einführung in grundlegende Befehle	Der Impfplan beginnt	Umstellung auf weiches Welpenfutter	Beginnen Sie mit der Einführung von Welpenunterkünften oder einem Außenbereich	Sanfte Einführung in andere Tiere
5-6	Die ersten Milchzähne kommen zum Vorschein	Neugier und Erkundung	Das Einbruchstraining beginnt	Setzen Sie die Impfungen fort	Regelmäßige Mahlzeiten mit Welpenfutter	Konsequentes Töpfchentraining	Positive Erfahrungen mit neuen Menschen
7-8	Es beginnen sich erwachsene Zähne durchzusetzen	Erhöhte Mobilität und Verspieltheit	Einführung in Leine und Halsband	Regelmäßige Kontrollen und Entwurmung	Geplante Mahlzeiten mit angemessenen Portionen	Verstärken Sie die Konsistenz des Töpfchentrainings	Exposition gegenüber verschiedenen Umgebungen
9-12	Wachstumsschub	Verbesserte Koordination und Balance	Fortgeschrittenes Gehorsamstraining	Überlegungen zur Sterilisation/Kastration	Geplante Mahlzeiten mit angemessenen Portionen	Verfeinern Sie Ihre Töpfchentrainingsfähigkeiten	Fortgesetzte Sozialisierung mit Menschen/Tieren
13-16	Jugendphase	Geschlechtsreife	Fortgeschrittenes Gehorsamstraining	Zahnpflege, Floh-/Zeckenprävention	Regelmäßige Mahlzeiten mit angemessenen Portionen	Verstärken Sie die Konsistenz des Töpfchentrainings	Kontinuierliche Auseinandersetzung mit neuen Erfahrungen
17-20	Voll entwickelter Körper	Verhaltensreife und Unabhängigkeit	Erweiterte Befehle und Tricks	Regelmäßige Gesundheitsuntersuchungen und Impfungen	Regelmäßige Mahlzeiten mit angemessenen Portionen	Konsequente Verstärkung des Töpfchentrainings	Pflegen Sie positive soziale Interaktionen
20+	- Erwachsener Hund	Volle Reife	Kontinuierliche Fortbildung	Regelmäßige Fellpflege und vorbeugende Pflege	Regelmäßige Mahlzeiten mit angemessenen Portionen	Stärken Sie gute Töpfchengewohnheiten	Ständige Sozialisierung und geistige Stimulation

Diese Tabelle bietet einen allgemeinen Zeitplan und einen allgemeinen Leitfaden, um neuen Welpenbesitzern dabei zu helfen, den Überblick über wesentliche Aspekte der Pflege und Entwicklung zu behalten. Es ist jedoch wichtig zu beachten, dass jeder Welpe einzigartig ist und jeder einzelne Welpe einzigartige Bedürfnisse und Variationen haben kann. Fragen Sie Ihren Tierarzt nach spezifischen Impfplaner und Ernährungsempfehlungen, die auf die Rasse, Größe und Gesundheitsbedürfnisse Ihres Welpen zugeschnitten sind.

Denken Sie daran, dass diese Tabelle als Ausgangspunkt dient und die Reise Ihres Welpen unterwegs voller spannender Entdeckungen und Anpassungen sein wird. Genießen Sie das Abenteuer, einen glücklichen und gesunden Welpen großzuziehen! Schuss!

This table provides a general timeline and general guide to help new puppy owners keep track of essential aspects of care and development. However, it's important to note that every puppy is unique and each individual puppies may have unique needs and variations. Consult with your veterinarian for specific vaccination schedules and dietary recommendations tailored to your puppy's breed, size, and health requirements.

Remember, this table serves as a starting point, and your puppy's journey will be filled with exciting discoveries and adjustments along the way. Enjoy the adventure of raising a happy and healthy pup! Woof!

Ein unverzichtbarer Ratgeber für Hundeliebhaber

Glossar

Wau-Wau! Lassen Sie mich einige beliebte Begriffe mit Ihnen teilen, die uns Hunde vor Freude zum Schwanzwedeln bringen. Diese Worte sind wie unser Geheimcode für großartige Interaktionen mit Ihnen. Wenn Sie also in dem Buch auf ein Wort stoßen, das Sie zum Grübeln bringt, nicht <u>wahr?</u> – blättern Sie einfach zum Glossar und Sie werden herausfinden, was es bedeutet! Es ist sozusagen unsere Art, Ihnen beim Erlernen unserer Sprache zu helfen, und glauben Sie mir, es wird unsere gemeinsame Zeit noch schöner machen!

Adoptieren: Der Akt, einen obdachlosen oder verlassenen Hund in einem liebevollen Zuhause willkommen zu heißen und ihm eine zweite Chance auf Glück zu geben.

Backup: Wenn Sie das sagen, weiß ich, dass es an der Zeit ist, ein paar Schritte zurück zu machen.

Bark: Unsere Art, sich zu äußern, sei es, um unser Territorium zu schützen oder Ihre Aufmerksamkeit zu erregen.

Verrückt bellen: Wenn wir uns besonders verspielt und voller Energie fühlen, ist das unsere Art, Ihnen mitzuteilen, dass wir für etwas Aufregung bereit sind.

Bauchmassage : Wie eine Hundemassage ist es pure Glückseligkeit, die uns vor Glück dahinschmelzen lässt.

Bester Freund: Der besondere Mensch, der einen besonderen Platz in unseren Herzen einnimmt und uns Liebe, Kameradschaft und endlose Abenteuer bietet.

Butt Wiggle: Oh, das ist urkomisch! Mein Hinterteil wackelt, während meine Vorderbeine an Ort und Stelle bleiben. Es ist wie ein Aufwärmen vor dem Wettkampf, das heißt, ich platze vor Freude!

Kriechen: Ein lustiger Trick, bei dem ich mich ganz tief vorwärts bewege, wie ein heimliches Kriechen.

Glossar

Kuscheln: Der herzerwärmende Akt, sich eng an unsere Menschen zu kuscheln und so ein Band der Liebe und Wärme zu schaffen.

Hinlegen: Das bedeutet, dass ich mich auf den Bauch legen sollte, bereit für Streicheleinheiten oder ein Leckerli.

Go Boop: Da tippst du sanft auf meine Nase – es ist wie ein kleines Hallo!

Guter Junge/gutes Mädchen: Die Worte, die wir gerne von unseren Menschen hören, die uns für unser gutes Verhalten loben und uns das Gefühl geben, geliebt und geschätzt zu werden.

Pflege: Der Prozess, unser Fell sauber zu halten und großartig aussehen zu lassen, sei es durch Bürsten, Baden oder Trimmen.

Happy Helicopter: Stellen Sie sich vor, mein Schwanz dreht sich wie ein Hubschrauberrotor. Ja, das ist ein Happy Helicopter! Es passiert, wenn ich überaus begeistert bin oder sehnsüchtig auf etwas Lustiges warte.

Verstecken: Oh, das Versteckspiel! Ich liebe es, dich zu finden, und Leckereien auch!

Umarmung: Wenn du deine Arme um mich legst, spüre ich deine Liebe und Wärme.

Leine : Unser treuer Begleiter, der uns während unserer Abenteuer sicher und mit unseren Menschen verbunden hält.

Mittagsschlaf: Unsere Lieblingsbeschäftigung ist es, es uns an einem gemütlichen Plätzchen gemütlich zu machen und bei einem erholsamen Nickerchen neue Energie zu tanken.

Nervöser Anstoß: Wenn ich etwas unsicher oder etwas ängstlich bin, wedele ich schnell und zögernd mit dem Schwanz. Das ist meine Art zu sagen : <u>Ich bin mir da nicht ganz sicher, aber ich versuche es!</u>

Paw: Das ist meine Art, dir ein High-Five zu geben oder um Leckereien zu bitten

Ein unverzichtbarer Ratgeber für Hundeliebhaber

Glossar

Spieltermin: Ein unterhaltsames Treffen mit unseren pelzigen Freunden, bei dem wir toben, jagen und eine tolle Zeit mit dem Schwanz wedeln können.

Rettung: Der heldenhafte Akt, einen Hund aus einer schwierigen oder unsicheren Situation zu retten und ihm Liebe, Fürsorge und ein Zuhause für immer zu bieten.

Roll Over: Ein spielerischer Befehl, mich auf den Rücken zu drehen – Zeit, den Bauch zu reiben!

Schnüffeln: Unser übermächtiger Geruchssinn, der es uns ermöglicht, die Welt um uns herum zu erkunden und zu entdecken.

Kuschelfreund: Ein pelziger Freund oder ein Mensch, der gerne mit uns kuschelt und uns Trost und Wärme spendet.

Kuschelfreund: Ein pelziger Freund oder ein Mensch, der gerne mit uns kuschelt und uns Trost und Wärme spendet.

Schwanzflanken: Ich halte meinen Schwanz hoch und wedele ihn sanft von einer Seite zur anderen, um mein Selbstvertrauen und meine positive Stimmung zu demonstrieren. Mir geht es großartig!
Tail-Twist: Das ist, wenn mein Schwanz einen kleinen Tanz macht und zeigt, wie aufgeregt und glücklich ich bin, dich zu sehen!
Touch: Wenn du das sagst, weiß ich, dass ich meine Nase gegen deine Hand drücken muss.
Training: Der Prozess des Erlernens neuer Fähigkeiten und Verhaltensweisen durch positive Verstärkung, der uns dabei hilft, gut erzogene und gehorsame Begleiter zu werden.
Zeit zum Verwöhnen: Der mit Spannung erwartete Moment, in dem wir mit leckeren Snacks dafür belohnt werden, dass wir gute Jungs und Mädels sind.

Leckerli: Die ultimative Belohnung dafür, der beste pelzige Begleiter zu sein, ein leckerer Genuss, dem wir nicht widerstehen können.

Glossar

Tierarzt: Oh, der Tierarzt ist unser pelziger Arzt! Sie kümmern sich um unsere Gesundheit und unser Wohlbefinden. Regelmäßige Besuche beim Tierarzt für Kontrolluntersuchungen, Impfungen und gesundheitliche Bedenken sind wichtig. Sie tragen dazu bei, dass wir gesund und glücklich bleiben.

Witze:
Ganzkörperwitz: Machen Sie sich darauf gefasst! Ich kann meine Aufregung nicht zurückhalten, also macht mein ganzer Körper mit. Es ist pures Glück, das entfesselt wird!
Happy Sniff Wag: Oh Mann, wenn ich an etwas Faszinierendem schnüffele, muss mein Schwanz vor Aufregung wedeln! Es ist, als würde man sagen: <u>Das riecht fantastisch! Lass uns erforschen!</u>
Langsames Wedeln: Manchmal wedele ich langsam und vorsichtig mit dem Schwanz. Es ist, als würde ich sagen: <u>Ich bin neugierig, aber ich nehme mir Zeit, die Dinge herauszufinden.</u>
Subtiles Wedeln: Manchmal wedele ich sanft, nur eine kleine Bewegung meines Schwanzes. Es zeigt, dass ich im Moment zufrieden und friedlich bin.
Schwanzwedeln: Der legendäre Ausdruck von Freude und Glück, ein Wedeln, das sagt, dass wir dich lieben.

Warten Sie: Das ist wichtig – es bedeutet, dass ich innehalten und geduldig auf Ihren nächsten Hinweis warten sollte.

Gehen: Musik in unseren Ohren bedeutet, dass wir die Welt erkunden und gemeinsam mit unserem Lieblingsmenschen Sport treiben können.

Spaziergänge : Das aufregende Abenteuer, mit unseren Menschen spazieren zu gehen, die Nachbarschaft zu erkunden, neue Düfte zu schnuppern und die Natur zu genießen.

Winken: Ich hebe meine Pfote, um Hallo oder Auf Wiedersehen zu sagen, genau wie ein freundliches Winken!

Zoomies: Diese Ausbrüche purer Freude und Energie, die uns im Kreis oder im Zickzack durch das Haus oder den Garten rennen lassen

Ein unverzichtbarer Ratgeber für Hundeliebhaber

Richtlinien zur Website-Übersetzung

Um mit Google Translate Websites in anderen Sprachen anzuzeigen, gehen Sie folgendermaßen vor:

https://translate.google.com.au/

1. **Öffnen Sie Google Translate** : Gehen Sie zu Ihrem Webbrowser und suchen Sie nach „ Google Translate " oder besuchen Sie direkt Translate.google.com. Klicken Sie dann auf die Schaltfläche Website.

2. **Sprachen auswählen** : **Wählen Sie Sprachen** : Wählen Sie auf der linken Seite der Google Translate-Seite die Ausgangssprache aus (die Sprache der Website, die Sie übersetzen möchten, z. B. Englisch), und rechts die Zielsprache (die Sprache, in der die Website übersetzt werden soll). ins Spanische übersetzt werden soll).

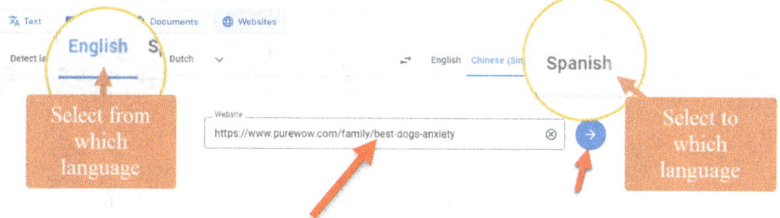

3. **Website-URL eingeben** : Geben Sie die URL der Website, die Sie übersetzen möchten, in das dafür vorgesehene Feld ein.

Richtlinien zur Website-Übersetzung

4. **Zielsprache auswählen**: Standardmäßig versucht Google Translate, die Zielsprache anhand Ihrer Browsereinstellungen zu ermitteln.

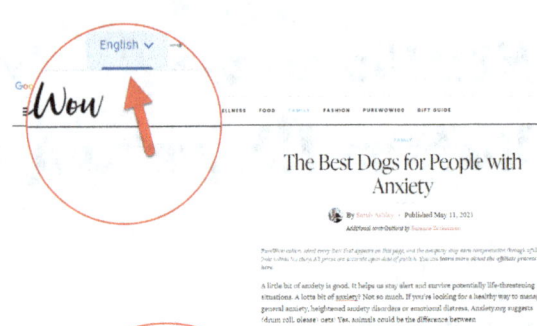

Sie können aber auch jede andere Sprache nach Ihren Wünschen auswählen, zum Beispiel Chinesisch.

5. **Durchsuchen Sie die übersetzte Website**: Sie können jetzt wie auf jeder anderen Webseite auf der übersetzten Website navigieren. Bedenken Sie, dass die Übersetzung insbesondere bei komplexen oder speziellen Inhalten möglicherweise nicht perfekt ist, Ihnen jedoch ein allgemeines Verständnis des Inhalts der Website vermitteln sollte.

6. **Zum Original wechseln:** Sie können jederzeit zwischen der Standardsprache und der von Ihnen gewählten Sprache hin und her wechseln. Klicken Sie einfach oben rechts auf der Seite auf die Schaltfläche „Übersetzung" und wählen Sie „Original" oder „Übersetzung".

Bitte beachten Sie, dass sich das Format von Google Translator im Laufe der Zeit ändern kann. Um auf die aktuellsten Anleitungen zuzugreifen, empfehlen wir die Online-Suche mit Internetbrowsern.

Ein unverzichtbarer Ratgeber für Hundeliebhaber

Hundebuch Logbuch

Von Sorgen zu Schwanzwedeln

Erkunde die Dunkle Seite des Hundelebens

Hundebuch Logbuch

German Edition

Ein unverzichtbarer Ratgeber für Hundeliebhaber

Hundebuch Logbuch

Von Sorgen zu Schwanzwedeln

Erkunde die Dunkle Seite des Hundelebens

www.ingramcontent.com/pod-product-compliance
Lightning Source LLC
Chambersburg PA
CBHW051426290426
44109CB00016B/1450